ルポ 年金官僚

政治、メディア、
積立金に
翻弄された
エリートたちの
全記録

和田泰明
Yasuaki Wada

東洋経済新報社

目次◉ルポ年金官僚

第五章　年金不信の正体　181

第六章　大蔵省資金運用部　233

第七章　民主党年金改革の蹉跌　277

第八章　ＧＰＩＦ改革の真相　353

政権に終わりがあっても、内閣に終わりはない。

——古川貞二郎

序章　元霞が関トップの〝遺言〟

元首相の不在

2022年9月17日午後。空はどんよりと曇っているが、夏はまだ残っていて、黒ずくめのスーツでは汗ばむほどだ。港区芝公園の増上寺光摂殿《ぞうじょうじこうしょうでん》に、750人もの喪服を着た人々が集まった。営まれたのは、9月5日に87歳で死去した古川貞二郎《ふるかわていじろう》の「お別れの会」である。

整然と並ぶスタッキングチェアの最前列に、マスクをした老人が、杖を手にどっかりと座っている。森喜朗《もりよしろう》である。その後ろの席は、マスクをつけていない小泉純一郎《こいずみじゅんいちろう》と福田《ふくだ》康夫《やすお》がいた。しかしこの「元首相」たちの中に、本来いるべき人の姿はなかった。

2か月前、銃弾に倒れた安倍《あべ》晋三《しんぞう》である。

古川は、厚生事務次官、さらに霞が関官僚機構の頂点である内閣官房副長官（事務）を5代の内閣、8年7か月にわたって務めた。20歳年下の安倍とは、森、小泉政権にかけ、福田官房長官の下、ともに官房副長官だった間柄だ。2003年9月、古川が勇退する時、安倍も官邸を去った。現行の年金制度に連なる「100年安心年金」の法案成立に向け、空前の「年金ブーム」が巻き起こっていた頃だ。

年金は、二人に深く関係している。

古川は、国民年金法が成立した翌年の1960年に厚生省に入省。発足したばかりの年金局で駆け出しの5年間を過ごし、国民皆年金制度スタートを間近で見てきた。

安倍は2000年に成立した「ミレニアム改正」に自民党社会部会長として携わった。「年金ブーム」の2004年改正では、官房副長官、党幹事長として保険料率などの調整役を担った。総理に就くと、社会保険庁の後継組織「日本年金機構」の名づけ親となった一方、「消えた年金記録問題」に足をすくわれ、辞任に追い込まれた。2012年にカムバックを果たし、巨額の年金積立金を扱うGPIF（年金積立金管理運用独立行政法人）改革にメスを入れた。

この歳の離れた二人がほぼ同時期に亡くなり、同じ増上寺で弔《とむら》われたのも、年金の一つの時代の終焉《しゅうえん》を暗示しているかのようだった。

運命的とも言える二人の因縁《いんねん》を、私は本書の取材で古川にインタビューした時にも感じていた。

2020年8月28日午後2時前、私は、滝のように流れる汗を拭いながら、千代田区麹町にあるオフィスビルに到着した。その9階に古川は「内外政策研究室」の名で事務所を構えていた。入り口に事務員の女性が一人おり、入って左側が古川の執務室だ。右奥には、掘りごたつのような空間があり、そこで訪ねて来た記者と酒を呑《の》むこともあるという。

応接セットで向かい合った85歳の古川は、コロナ禍でマスクをつけながら、ペットボトルのお茶を飲む間も惜しいというように、甲高い声でパワフルに語り続けた。話題は年金だけでなく、自身の官僚人生全般に及んだ。

終始、眼を細め、楽しげに話していた古川の表情がとたんに険しくなったのは、私が「100年安心年金」について質問した時だった。

「年金というのは5年ごとに計算し直すという基本がありますから、100年も安心ということは本当は言ったらいかんかった話ではないか。常に監視しながら、人口や経済の動向を見ながら、安定を考えていくというのが政治であり行政であると思う」

さらに厚生年金支給開始年齢（現在は65歳）を引き上げる議論から、逃げるべきではないとも指摘した。

「議論は苦しいかもわからんけど、国民に、先行きのことも含めて、わかりやすく説明する。それができない限りどんどん追い込まれて行く。われわれも、いまの政治家もいずれ死ぬ。これから生まれてくる人たちが塗炭《とたん》の苦しみになりかねない。与野党が一体となって政争にしないとなったら、国民から一時的に批判されても、だんだん国民はわかってくれる。そういう知恵をどうして出さないいんだと言いたい」

気づけば3時間近く経過していた。もっぱら聞き役の私はヘトヘトであった。事務員の女性はいつの間にか帰宅していたようだった。

「僕は安倍さんの会見をテレビで見てから帰ります。辞めないと思うけど」

古川はそう言って、私をエレベーターホールまで見送ってくれた。

その日の午後5時から、総理・安倍晋三の緊急記者会見がセットされていた。コロナ対応の名目だが、体調不良による辞任の噂があった。とはいえ第一次政権の「放り投げ辞任」の記憶も新しく、二度目はあるまいとの見方が大勢で、実際「続投へ」と報じたメディアもあった。

私はオフィスビルを出て、強い西陽に顔をしかめながら、スマートフォンをのぞいた。そこは「安倍首相辞意」のニュースで埋め尽くされていた。

首相は、菅義偉《すがよしひで》、岸田文雄《きしだふみお》へと移ろった。

本書の取材がある程度進んだ段階で、私は古川にコメント部分をチェックしてもらうことにした。年齢が年齢だけに、元気なうちにやりとりをしておこうと、予感めいたものがあったのかもしれない。

メールは使えないとのことで、A4の紙4枚にプリントアウトして、自宅にファックスをした。後日電話がきて、会って話そうという。

2021年10月1日午後、私は再びオフィスビルを訪ねた。この日、台風が直撃したがキャンセルにはならなかった。そのせいか事務員の女性はおらず、古川は一人、執務室で待っていた。

私が顔を出すや、古川から紙を手渡された。私がファックスをした文面に、赤字でびっしりと訂正や加筆を施してあるカラーコピーだった。さらにそれに、修正液を使い赤いボールペンで書き足している。私が来る直前まで、推敲《すいこう》していたのだろうか。

古川の手元にはその原本があった。それを一字一句、読み上げていくのだ。途中、納得がいかない部分があると、さらなる訂正を私に書き込むよう告げた。

この細部に徹底的にこだわる姿勢こそ、古川が歴代首相から信頼され、霞が関トップに君臨し続けた理由に違いないと、私は思った。ただ正直に言えば、記者歴20年を超えながら、自分の文章を事細かにいじられるのは気分が良いものではない。

そんな私の心の内を、数多の記者と渡り合ってきた古川は見透かしていただろう。すべてを読み終えると、私をなだめるように言った。

「これは彼らの供養《くよう》にもなるからね。正確に書いてもらいたいんですよ」

古川が敗血症《はいけつしょう》で亡くなるのは、それから1年足らずのことだった。

ベスト&ブライテスト

私の手元に残るA4の紙の冒頭、古川は角ばった癖《くせ》のある赤字でこう書き込んでいる。

当時の年金局には優秀な人材が集まっていて、小山進次郎局長以下全職員が、国民年金制度の発足準備に追われ、活気に満ちていた。後々古川は、霞が関人生の始まりが、あの年金局であったことは、好運だったとしみじみと語る。

現行の公的年金は、1942年、労働者年金保険法を始まりとし、1944年に厚生年金保険法と改称されていまに至っている。その対象には農家、商店主といった自営業者は入っていなかったため、1959年4月に成立したのが国民年金法だ。1961年4月に全面的に施行され、国民皆年金制度がスタートした。「国民年金準備委員会」事務局長、そして1959年5月に発足した厚生省年金局の初代局長に就いたのが、「年金の神様」と称《たた》えられる小山進次郎《こやましんじろう》（38年入省）だ。

その「小山学校」の下で鍛え上げられた官僚のうち、古川も含めた実に4人が後に厚生次官に上り詰めた。厚生省はそんなベスト&ブライテスト（最良にして最も聡明な逸材）を集め、国家的プロジェクトの国民皆年金を始動させたのである。

ただし年金額は十分とは言えなかった。ともかく制度化することを優先したためで、小山は国民年金を「早産児《そうざんじ》」と呼び、小さく産んで大きく育てようと考えていた。その想いは歴代局長に引き継がれ、山本正淑《やまもとまさよし》（40年入省、後に次官）による1965年改正（標準的な給付水準を月1万円とする「1万円年金」）、伊部英男《いべひでお》（43年入省、後に社会保険庁長官）による1969年改正（「2万円年金」）へと結実する。この時の年金課長は「年金の鬼」と呼ばれた山口新一郎《やまぐちしんいちろう》（53年入省、後に年金局長）、係長は山口剛彦《やまぐちたけひこ》（65年入省、後に次官）で、やはり厚生省きっての気鋭ぞろいだった。

ところが、1970年、田中角栄《たなかかくえい》総理の出現によって年金局はキナ臭くなる。1970年、日本は人口の7%以上が65歳という「高齢化社会」に突入。高齢者は自らの権利を声高に叫ぶようになり、角栄がそれに大盤振る舞いで応じるのだ。

政治の暴走を止めるのも官僚の矜持《きょうじ》のはずだ。しかし横田《よこた》陽吉《ようきち》局長（46年入省）はそうはせず、年金財政計算の責任者・数理課長を「出入り禁止」にしてまで突き進む。成立した1973年改正では、消費者物価指数に合わせて自動的に給付額を改定する「自動物価スライド制」や、過去の給料（標準報酬）の再評価が導入され、年金額は一気に跳ね上がった。

「負の遺産」の尻ぬぐい

なぜ横田が政治の言いなりになったのかは本書第三章に譲るが、ここから年金官僚は、想定外の少子高齢化に加え、角栄らによってもたらされた制度、グリーンピア（大規模年金保養基地）に代表される無駄遣いといった「負の遺産」の尻ぬぐいをしていかねばならなくなる。

その後、前出の山口新一郎が年金局長となった。山口はガンに侵されていたが、「制度を根底から変えられるのは自分しかいない」と志願しての就任だった。そうして自営業者、サラリーマン、公務員、教員などばらばらだった年金制度を一体化させる「基礎年金制度」創設を導入、「給付水準の適正化」の呼び名の下、年金を初めて減額する大改正の道筋をつけた。

法案成立を前に、山口は力尽きる。「小山学校」で薫陶《くんとう》を受けた吉原健二《よしはらけんじ》（55年入省、後に次官）が遺志を継ぎ、1985年4月、年金改正法は成立した。

これだけでは「尻ぬぐい」とならなかった。次に挑んだのが、厚生年金の支給開始年齢引き上げだ。支給開始が60歳のところを65歳に遅らせる計画が持ち上がったのは1980年のことだが、世論、政治家の猛反発でなかなか手をつけられないでいた。その高い壁が崩れたきっかけは、1993年の政権交代の混乱である。間隙《かんげき》を縫《ぬ》って、年金制度の1階部分、2階部分を分けて引き上げていく手法で突破を図る。1階部分を引き上げる1994年改正を率いたのが、前述の山口剛彦だ。次の2000年改正で2階部分の引き上げが決まり、65歳支給開始を完了させた。

そんな最中に勃発したのが、大蔵省接待汚職、いわゆる「ノーパンしゃぶしゃぶ事件」や、厚生次官による「特別養護老人ホーム汚職事件」だ。官僚の信頼は地に堕ち、政治主導が強まっていく。

2000年改正を担当した年金局長に、担当審議官になるまで年金局経験のない矢野朝水《やのともみ》（69年入省）が就いたのはそれと無縁ではあるまい。国民目線の改革が求められたのである。

続く2004年改正では、概ね100年にわたって収支のバランスを確保する――要は年金額を目減りさせていく――「マクロ経済スライド」が導入された。厚労大臣・坂口力《さかぐちちから》を擁《よう》する公明党は選挙対策として「100年安心年金」と銘打《めいう》つ。5年ごとに財政の検証が行われ、年金改正法案を出すのだから、誤った発信なのだが、年金官僚に、体を張って止める力はなかった。

この時、マスコミで「年金」の文字が躍《おど》らない日のない一大ブームが起きている。それは日本の歴史上最も人口の多い「団塊の世代《だんかい》」（47〜49年生まれ）が定年退職を控えていたことが大きい。マスコミはこぞって危機を煽《あお》り、法案が強行採決されたものの、直後の参院選で自民党は惨敗する。年金局長・吉武民樹《よしたけたみき》（72年入省）は、年金法案の条文ミスの責任を問われ、訓告処分を受け、退官に追い込まれた。事実上、自民敗北の詰め腹を切らされたのだった。

野党民主党は、「年金不信」を推進力に、独自の年金改革案を旗印にして政権交代を果たす。だがその中身といえば、年金官僚が相手にしないお粗末なものだった。内閣官房内閣審議官として官邸入りしていた香取照幸《かとりてるゆき》（80年入省）を中心に、改革案を葬《ほうむ》り去ることに成功する。

その香取は年金局長となり、厚労大臣・塩崎恭久《しおざきやすひさ》とバトルを繰り広げながら、年金積立金の運用で株式の割合を大幅に増やすGPIF改革を進めた。

現在、年金官僚は、「負の遺産」を一掃し終え、大改正は必要ないとの立場である。

年金ほど長い間「政局」に使われ続けた制度は他にない。激しい攻防といえば消費税が挙げられようが、1980年代後半からのことで、それも散発的なものだ。年金は制度発足以来、「少なくとも5年ごと」の法改正が義務付けられている。現役世代なら保険料の「出」、高齢者なら年金受給額の「入り」というカネに直結する問題だから、改正ごとに大きな政治パワーが必要となる。

それを示すように、年金史に刻まれる「大改革」は、決まって強い政権の時に成立している。

1959年の国民年金法成立時の総理は岸信介《きしのぶすけ》、1973年改正は田中角栄、1985年改正は中曽根康弘《なかそねやすひろ》、2004年改正は小泉純一郎、GPIF改革は安倍晋三……というように。

いまわれわれが接している制度は、国会審議、世論、マスコミに揉《も》みくちゃにされながら、「法改正」という襷《たすき》がつながって形づくられたものだ。彼ら名のある政治家を軸に据え、国民皆年金制度が始まって60年に及ぶ変遷《へんせん》を描くことで、年金の本質が見えてくるのでは――そう、私は考えた。

ところが、「政治と年金」の切り口で官僚OBや政治家に取材を申し込み、その歴史を紐解《ひもと》いていくうち、私は煮え切らないものを感じた。多くの政治家たちは、どうやら年金制度の中身を理解していない。彼らは「年金額」「保険料率」「支給開始年齢」といった国民が反応する数字を示し、大まかな方針を示したに過ぎないのだ。

その緻密《ちみつ》な叩き台をつくったのは、言うまでもなく年金官僚である。彼らは目先の選挙などに左右されないから、遠い将来にわたって国民生活に根付かせる制度設計を考えている。ところが年金官僚にスポットライトが当たる機会は、そう多くない。法律は建前上、役所の審議会、国会審議を経てつくられ、官僚に決定権があるわけではなく、その発言も「官僚答弁」で面白みに欠けるからだろう。

そうこうしている間に古川貞二郎の死の報に接した。その時私は、古川が台風の日、甲高い声でポツリと漏らした言葉を思い起こした。「彼らの供養」という〝遺言〟であった。するとモヤモヤしたものが晴れていく心境になった。

年金官僚にも本音は存在する。顧みられなかった彼らの思惑《おもわく》を推し量り、記録していくことで、現行年金制度の本質に迫れるのではないか。その視点で年金の歴史を紐解くと、「改革」の舞台の奥底から、確かに年金官僚の壮絶な攻防が浮かび上がってきた。

２０２５年、日本は、団塊の世代すべてが75歳以上の後期高齢者となり、国民の５人に１人が後期高齢者となる「２０２５年問題」に直面する。その年には年金法改正が予定されている。歴史上経験したことのない高齢社会に私たちが立ち向かう時、年金はどう位置付けられるべきなのか。

その解は、政治とメディア、そして巨額な積立金に翻弄《ほんろう》された年金官僚たちのドラマの中に、鏤《ちりば》められているはずである。

第一章　まやかしの「100年安心」

年金局数理課長の憂鬱

坂本純一《さかもとじゅんいち》はいつも、好奇心に満ちた目をして、笑みを湛《たた》えた顔をしている。相手を警戒させないのは、静かな話ぶりの中に大阪の訛《なま》りが交ざるからだろうか。それは坂本が厚生労働省年金局数理課長として、学究肌の官僚を束ねる一方、政治家と渡り合うには、重要な資質なのかもしれなかった。

その坂本の表情が見る見る険しくなったのは、2002年1月30日夕刻のことだった。

厚労省は1983年9月に竣工した官公庁初の高層庁舎（地上26階、地下3階）の中央合同庁舎5号館に入居している。大きな会合で使われるのが9階省議室で、エレベーターを挟んだ反対側には、記者会見室や厚生労働記者会がある。

省議室ではこの日午後2時から、社会保障審議会第5回人口部会が開催された。テーブルはロの字に配置され、委員は部会長の廣松毅《ひろまつたけし》（東京大学大学院総合文化研究科・教養学部教授）以下、13人。事務局は2001年の中央省庁再編によって厚生労働省に新設された政策統括官という局が担当した。

日比谷公園の緑を望む窓からは、冬の暖かな陽が差し込んでいる。だがその場の空気は、配られた資料によって一変した。国立社会保障・人口問題研究所（社人研）が作成した「日本の将来推計人口（平成14年1月推計）」である。

社人研は5年ごとに行われる国勢調査を踏まえ、人口の将来推計を行う。前回公表の1997年1月推計では、2050年の合計特殊出生率（一人の女性が一生に産む子供の数）は、仮定がポジティブなものから高位、中位、低位推計の順に、1・85、1・61、1・38としていた。今回、同様の推計で、中位が1・39に急落。5年前の低位と同水準であり、すなわち、想定しうる最悪のシナリオで少子化が進んでいることを示していた。一方、65歳以上の人口比率は、前回の中位推計が2050年に32・3％だったが、今回、35・7％に跳ね上がった。

委員たちから驚きの声が上がった。

母親でもある永瀬《ながせ》伸子《のぶこ》（お茶の水女子大学生活科学部助教授）が、

「これを拝見しての感想ですが、率直に言って、ほんとにびっくりしました——。誰でも結婚して2人くらい子どもを持つ、奥さんが家にいて子どもの面倒をみるということをこれまで想定してきましたが、それを当然として考えてきたこの社会の構造を考え直す必要があることを非常に強く突き付ける推計です。高齢者に年金とか医療を仕送りすれば、それでうまくいくという構造では全然なくなっている」

と言えば、労組代表の向山孝史《むかいやまたかし》（日本労働組合総連合会総合政策局生活福祉局長）は、年金への危機感を募らせる。

「この数値は私も印象としてびっくりした数値でありまして、こういった部分については、今後の社会保障というものを考えた時に、特に年金については、いま社会保障審議会の年金部会もスタートして、今後そういった中で給付と負担の部分についてもこれから十分議論をしていかなければならない」

年金の専門家である山﨑泰彦《やまさきやすひこ》（上智大学文学部教授）の思いはさらに強い。

「社会保障が大変になるという以上に、社会の危機だというふうに考えています。結婚することに夢が持てない。それから、子どもを産み育てることにも夢が持てない。これは社会の危機だと思います」

省議室は悲観的な空気に支配された。厚労省参事官（社会保障担当）の河幹夫《かわみきお》はそれを和ませようとしたのだろう。軽口ともとられる発言をする。

「非常にシンプルに申し上げますと、いま1億2500万人の人がこの社会で飯を食っているわけであります。50年後は1億人で飯を食うと――。私は率直に言って、あまり暗いというイメージは持っていなくて、いまより25％増しで食えるともっと太っちゃうかなとか――。うちの家内の実家は山口県の大島郡、これは皆さんよくご存じの高齢化率が40数％の、人口2万5000人の中で高齢者人口が1万2千何百人いる所でありますが、そこへ毎年行きますけど、空を見ても明るいですし、まわりと話をしていても明るいですし、歩いていても暗いなどと全く思いません」

さすがにこれにはたしなめる声が上がった。

「参事官のお話に水を差すようですけど、委員の先生のご意見、社会的な危機だという、そういう中であえて楽観論を出されたと思いますけども、しかし、国際比較的に見てもこれだけ低い出生率、しかも将来どうなるかはっきりわかりませんが、相対的に言って、英語では、the lowest-low fertility countries（超低出生率国）という言葉があって、日本はそちらのグループにカテゴライズされて、なぜそんなに低いんだということが議論され始めている」

発言したのは、推計の責任者である社人研所長・阿藤誠《あとうまこと》である。東京大学大学院社会学研究科修了後、社人研の前身の厚生省人口問題研究所に入所した、人口学一筋の官僚だ。

2時間に及んだ会議は、官僚同士がバトルとなる後味の悪い雰囲気で終わった。

それでも駄目なのか――。

坂本課長の表情が険しくなったのは、部会に出席していた年金局課長補佐から報告を受けた時だった。2000年の年金改正で、支給開始年齢引き上げを成し遂げ、もう改革の必要はないとされていたためだ。

しかし楽観、悲観などと言っている場合ではなかった。年金制度は、人口推計などを前提に、年金の計画を「少なくとも5年ごと」に練り直す「財政再計算」が義務付けられており、それを踏まえた年金改正が行われる。その実務の責任者が数理課長、すなわち坂本だ。

戦艦大和は急にカーブを切れない。早く手当をしなければ――。

ゴールは、2年半後の年金法改正案成立。そこへ向けて気の遠くなるような作業を一歩ずつ進めるしかない、と坂本は肝に銘じた。

局長室横の会議室

坂本のいる年金局は11階にある。総務課、年金課、企業年金国民年金基金課、資金管理課、運用指導課、数理課の6課あり、フロアの南端が年金局長室だ。

局議は、その隣の会議室で行われる。かつて年金局長室は立派なものだったが、矢野朝水局長の時代（1996～2001年）に、その一部を会議室に改装した。おかげで局長室はずいぶん手狭になっていた。

大きな長方形のテーブルがあり、参加者が揃ったのを見計らって、直結したドアから局長が入ってくる。局としての意思決定は、局長、課長、企画官、室長ら幹部によるが、その会議は滅多に開かれない。週に数回の頻度で開かれるのが、局長、総務課の一部、年金課、数理課、総勢20

人ほどの会議だ。年金改正法案はここで練り上げられていく。

大改正はやむをえない――。

年金局長の辻哲夫《つじてつお》以下、そう思わざるをえなかった。辻は老人福祉課長、国民健康保険課長を歴任し、高齢者医療に精通するものの、年金が専門とはいえず、年金局長に半年前に就いたばかりだ。だが後に厚労次官となる能吏であり、勘所はつかんでいた。

その頃、年金官僚の前には、2つの壁が立ちはだかっていた。

まず官僚不信だ。

厚生事務次官・岡光序治《おかみつのぶはる》が特別養護老人ホームをめぐる収賄容疑で東京地検特捜部に逮捕、起訴されたのは、1996年12月のこと。1998年には、大蔵官僚の接待汚職、いわゆる「ノーパンしゃぶしゃぶ事件」が勃発。霞が関官僚の信頼は地に堕ち、その記憶は4年過ぎてもなお、国民、そして立法府たる国会議員にも鮮明に残っていた。坂本らが政治家にレク（説明）をしても、「君らの話は信用できない」と、聞いてくれる状況になかった。

そこへ来て、この人口推計である。

「次の改正がやっぱり必要となります」

そう坂本が国会議員に説明した時のこと。

「君らはいつもそう言う。そういうものが信用できるか」

と突っぱねられてしまうのだった。

もう一つが、年金制度そのものへの不安や不信である。

詳細は第五章に譲るとして、1980年代から「世代間不公平」「年金破綻《はたん》論」が学者やメディアで指摘され、若い世代の間では「年金を払っても無駄」との認識が広まっていた。年金制度を根底から変え、「基礎年金の税方式化」「厚生年金の民営化」こそが、ベストな制度との提案もなされるようになっていた。

これまでの手順では納得してもらえない。何とか違う議論の仕方はないだろうか――。局長室横の会議室で、坂本たちは頭を悩ませていた。

公的年金制度とは？

そもそもなぜ、想定外の少子高齢化だと大改正が必要なのか。「基礎年金の税方式化」「厚生年金の民営化」が叫ばれるのはなぜなのか。それを理解するため、日本の公的年金制度の歴史を頭に入れておきたい。

年金は20歳から59歳までの40年間、国民全員が加入できる制度で「国民皆年金」と呼ばれる。老後のおカネのイメージが強いが、それを「老齢年金」と呼ぶ。その他、加入者が死亡した際の「遺族年金」、障害を負った際の「障害年金」があり、若い人も受給者となる可能性がある。ただし断りがない限り、本書で年金といえば「老齢年金」を指す。

制度は2種類。自営業、フリーターが加入する「国民年金」と、会社員、公務員の「厚生年金」である。かつては国家公務員、地方公務員が加入する「共済年金」があったが、お得な上乗せ年金が「官民格差」と批判され、２０１５年に厚生年金に統合された。

両者は保険料の払い方、受給額が異なる（金額はいずれも２０２３年度）。

国民年金の保険料は一律で1か月あたり1万６５２０円。加入年数によってもらえる額は違い、上限の40年間加入の場合、65歳以降、月6万６２５０円を死ぬまで受給できる。

一方、厚生年金の保険料は「税込み、ボーナス込み収入の18・3％」で、額でなく割合で決められる。ただし「労使折半」と言って、保険料の半額は、企業や、公務員なら国や自治体が負担してくれる。受け取る年齢はかつて60歳だったが、段階的に引き上げられており、男性は１９６1年4月2日生まれ以降の人、女性は１９６６年4月2日生まれ以降の人は、65歳から受け取れる。

なお減額するが早く受け取れる「繰り上げ受給」、受け取りを遅らせて増額できる「繰り下げ受給」の制度があり、現在は事実上、60歳から75歳の間で受け取る時期を選ぶ仕組みと言える。

受給額の仕組みは1階部分、2階部分に分かれている。1階を「基礎年金」と呼び国民年金と同じ仕組み。2階は厚生年金にのみあり、「報酬比例部分」と言って、収入、つまり保険料が多かった人ほど受給額が増える。

１９６１年の国民皆年金スタート当時の生活水準は貧しかったが、一気に経済成長を遂げていった。物価や賃金の上昇といった情勢の変化に対応するため、「少なくとも5年ごと」の〝健康診断〟を行い、法改正を行うことが法律に定められた。それが「財政再計算」である。

１９８５年年金改正では、自営業者が減り、サラリーマンが増えるという構造の変革から抜本的改革を余儀なくされた。そこでつくられたのが、すべての制度を横断する「基礎年金制度」で、史上最大の年金改革と称される。こうして国民年金は１階建て、厚生年金は２階建て、さらに当時あった共済年金は3階建て構造と位置付けられた。

メディアや学者の間で「世代間不公平」「年金破綻論」が言われ始め、国民の間で年金不信が募るのは、この頃である。

確かに、納めた保険料と受給額の比率を見た場合、若い世代ほど倍率は下がり、損しているように思える。それは公的年金の保険料が、戦後の負担能力に見合った低い額からスタートしたものの、受給額は経済成長に応じて急激に引き上げられたためだ。

公的年金発足当初は、現役時代に保険料を積み立てて老後に受け取る「積立方式」をとっていた。国民年金なら、保険料を25年以上払ってようやく受給する権利が発生するため、本格的にもらい始めるのは１９８６年以降。それまで「年金積立金」が貯まる一方なのだが、受給額の高騰によって、積立金を一気に取り崩す時期が到来する。その危機感から、現役世代の保険料を、そのまま高齢者の年金に〝仕送り〟する「賦課《ふか》方式」へと、なし崩し的に変容していった。

ただし賦課方式だと、現役世代が減り、高齢者が増えれば運営が厳しくなる。年金局は人口推計に一喜一憂することになり、深刻な少子高齢化が「年金破綻論」を助長したのである。

年金局は厚生年金の「支給開始年齢引き上げ」にメスを入れる。国民年金はスタート時から、支給開始年齢を65歳に設定したが、厚生年金発足時は55歳。平均寿命が50歳の頃の話である。高齢化に伴って１９５４年の改正で、60歳への段階的引き上げが決まり（女性は１９８５年改正）、実際に「60歳支給開始」となったのは１９７３年のこと。それをさらに65歳に引き上げようというのだ。

その計画が持ち上がったのは１９８０年。だが定年が50歳代の企業が大半の時代で、企業、労働組合だけでなく、それらを管轄する労働省ですら反発。１９８９年の改正で閣議決定されたものの、国会で時期尚早として先送りにされてしまう。１９９４年改正でどうにか漕ぎつけるが、批判をかわすため、２階部分をキープしたまま、１階の基礎年金部分だけ段階的に引き上げていく仕組みをとった。

年金局内では、それが「20世紀最後の改正」と言われた。５年後に１９９９年改正があるのだが、その必要がないほどの大改正を成し遂げたからだ。ところが、そんな達成感はあっけなく打ち砕かれる。１９９７年１月公表の人口推計で、前回の１９９２年推計より深刻な数値が出ていたからだ。合計特殊出生率が２０２５年に１・80に回復するとしていたが、それが２０５０年に至っても１・61にとどまるというのだ。

財政再計算では、年金財政を均衡させるための「最終保険料」が弾き出される。そこまで上げないと破綻する、だから受給額を減らそう――と改正に導く論法だが、１９９４年改正時、厚生年金保険料率は２０２４年に29・８％になると試算していた。これに１９９７年人口推計をあてはめると、34・３％に跳ね上がることがわかった。１９９４年の保険料率は16・５％なので、倍以上の保険料を払う。そんな負担に国民が耐えられるわけがない。

年金局は、今度は２階部分の支給開始年齢引き上げに踏み切らざるをえなかった。

そこに官僚スキャンダルが襲い、相対的に政治の力が強くなった。年金は、将来に向けて保険料を引き上げていく「段階保険料方式」をとっており、改正ごとに保険料を上げてきたが、山一證券廃業（97年）に代表される金融危機で戦後最悪の不況となったのを受けて、厚生大臣・宮下創平は「保険料を引き上げるのは絶対まかりならない」と、有無を言わさず保険料凍結を決めた。想定外の事態に、賦課方式による保険料から年金への〝仕送り〟ができなくなり、1999年度から、制度発足後初めて年金積立金の運用収入を年金支払いにあてることになる。

この時の改正は、自民、自由、公明の連立政権内の「政争の具」になった。小沢一郎《おざわいちろう》率いる自由党が「基礎年金の税方式化」を主張。1階部分の基礎年金は3分の1が税で賄《まかな》われていた（国庫負担）が、それを全額にすると、保険料引き下げにつながり、国民年金未加入や低年金の人を救えるとの主張だ。消費税引き上げに直結するとして実現されなかったものの、国会への法案提出は大幅に遅れた。財政再計算は1999年に行われ、その年に改正するはずが、2000年に成立がズレ込む事態へと発展する。

この混乱は年金不信を一層高め、年金改革を厚労省に任せておけないとの論調が幅を利かせていた。そこでもてはやされた抜本改革案が、小沢も主張した「基礎年金の税方式化」や「厚生年金の民営化」だ。後者は、1階部分のみ公的年金とし、2階部分を民間の企業年金や個人年金に委ねるとの考えだ。

こうした中、2004年の次期改正に向かわねばならなかった。

海外の制度を研究

年金官僚は現行制度の仕組みを変えるつもりはない。局長の辻は、以下のように考えていた。

公的年金制度は、社会全体での世代間扶養、国民一人ひとりが保険料納付をするという自己努力を果たしながら、互いに支え合うという、社会保険方式により行う仕組みであり、これは国民の老後生活を確実に保障することができる、唯一の合理的な仕組みであります。公的年金制度が、国民にとって不可欠な機能を、今後とも果たし続けることができるよう、もとより国民合意の下で、この仕組みを堅持していくことが必要であります。（２００２年１月16日、社会保障審議会年金部会での辻の挨拶）

支給開始年齢引き上げなど、やれることはやってきた。だが大改正が必要だ。いったい何をすればいいというのか——。

局長室の隣の会議室で断続的に会議が開かれ、ある日、数理課長の坂本は国会議員から言われたという話を披露《ひろう》した。

「選挙区に帰っていつも言われるのは、保険料がどこまでも上がっていくのではないかと。こんなことでは、選挙区にいる若い世代が非常に不安に思っているよ。そういう不安は解消しないといかんのじゃないか」

実は、同様の投書が、厚労省の行政相談室に届いていることがわかった。「段階保険料方式」をとっていることは先に触れたが、どこでストップさせるか明示していない。政治や国民に理解してもらうには、その意思表示が必要ではないかとの話に収斂《しゅうれん》された。

「入り」の上限が決まれば、「出」である年金給付も調整しなければならない。ではどうするか。

「ヨーロッパも高齢化しているはずだから、同じような議論があるのではないか」

坂本はそう提案して、海外の事例を研究することにした。

イギリス、フランス、ドイツ、アメリカ……。やはり高齢化はどの国も悩みのタネだ。アメリカはまだ余裕があったが、その他の国で議論は活発になされていた。しかし、どれも参考にならない。

その中で坂本が元気をもらった記述があった。フランスの年金改革を調べていた際、日刊紙『ル・モンド』にこんな記事を見つけたのだ。

日本は幕末から明治維新にかけて西洋からいろいろなものを輸入した。ところが日本はいま、年金制度を5年ごとに見直す制度などをつくって非常に整然と改正の議論をやってきている。今後は日本がそういうものを輸出する番だ。

日本の財政再計算の制度を、フランスメディアに褒《ほ》められたのだ。坂本は胸を張りたい気分になった。

動き出したのは、総務課員がイタリアの資料を取り寄せてからだった。

日本の年金額は、消費者物価指数（物価スライド）と、現役世代の手取り賃金の伸び（賃金スライド）で決まっている（２０００年改正から、65歳以降の年金額は物価スライドのみに）。一方、イタリアでは、賃金上昇は使わず、経済成長率（ＧＤＰの伸び）を年金額にスライドさせている。それは人口減を反映させるためだという。

確かに物価や賃金は、少子高齢化と無関係と言っていいが、経済成長率やＧＤＰは、労働人口にリンクしてくる。そういう議論が出ているのか――、と坂本は膝《ひざ》を打った。

さらに１９９５～98年に在スウェーデン日本大使館書記官に厚生省から出向した井上誠一《いのうえせいいち》のレポートに目が留まった。年金課に在籍経験のある井上は、スウェーデンの年金改革の詳細なレポートを仕上げていた。

スウェーデンは90年代、財政危機を受け、これまでの制度がホワイトカラーに有利と批判されるようになり、１９９９年の大改革に漕ぎつけている。ポイントの一つが、保険料率を18・５％に固定し、少子高齢化や経済不振が進めば、自動的に給付を下げて財政のバランスをとる仕組みだ。

「非常に参考になるな」

坂本たちはうなずき、イタリア、スウェーデンの制度を参考に方針を決めていった。

やがて年金局の考えは「保険料率を引き上げていき、いずれ固定化させる」「不足分は自動的にバランスがとれるようにする」が軸となる。こうまで大々的に海外の制度を参考にしたのは、年金改革史上、初めてのことだった。

3月19日、9階省議室で社会保障審議会年金部会が開かれた。

社会保障審議会は、厚労大臣の諮問に応じて調査、審議し、意見を述べる機関。前出の人口部会は、人口推計が議題だが、年金部会では、2004年までに実施される財政再計算、すなわち年金法改正に向けた審議が行われる。委員は東大副学長の宮島洋《みやじまひろし》を部会長とし、学者、メディア、労組、企業の代表ら16人。ここで取りまとめられた意見書をもとに、厚労省が与党とも協議しながら改正案を策定していく。

もっとも、年金局長以下、坂本を含めた課長らが見守り、司会は総務課長が務める。年金官僚の振り付けの側面が大きく、審議会がしばしば「行政の隠《かく》れ蓑《みの》」と批判されるゆえんだ。

この会合で事務局は「年金部会における当面の議論の進め方（たたき台）」を提示した。以下の文言がさりげなく記される。


スウェーデン他諸外国における年金改革の潮流を概観《がいかん》しそれらの狙いや共通点等を把握し、我が国における議論の参考にしていただく。

こうして年金局の思惑《おもわく》通りの枠組みが出来ていった。ところが、この仕組みに実態とかけ離れたネーミングがつけられることとなる。

学者になり損ねた男

夏は霞が関の人事の季節だ。２００２年８月30日、新人事が発令された。

年金局最大のイベントは５年ごとの年金法改正だ。本格的に制度設計が始まる２年ほど前の人事でチームが編成され、改正案成立に向けて走り続ける。年金局長・辻哲夫は官房長に、年金課長・栄畑潤《えばたじゅん》は医政局総務課長へ異動し、以下の陣容で２００４年改正に突入することになった。

年金局長　吉武民樹
総務課長　高橋直人
年金課長　木倉敬之
年金課長補佐　朝川知昭
数理課長　坂本純一
数理調整管理官　山崎伸彦

総務課長の高橋は、国立病院部企画課長からの配転だが、課長のうち唯一変わらなかったのが坂本である。

それどころか、坂本は１９８２年に年金局数理課数理専門官となって以降、20年近くにわたって年金一筋。１９９９年８月から数理課長に就いている。

霞が関のキャリア官僚は、エキスパートになるより、行政全般を見ることが求められ、2、3年ごとの異動が常だ。局長の吉武は、年金担当官房審議官や年金実務を担う社会保険庁総務課長を歴任し、年金に精通しているとはいえ、広報室長、薬務局企画課長などオールマイティにこなしてきた。

だが数理課員だけは別だ。数理職の技官として入省後、坂本のように、官僚人生の多くを年金局で過ごす。数理調整管理官の山崎も過去に、1989年から3年、1996年から3年、数理課課長補佐を務めてきた。

数理課は、先に触れたように財政再計算を一手に担う。年金受給者数、死亡率、経済前提、人口推計を加味し、将来の年金財政の見通しを作成していく作業で、年金数理だけでなく、経済学、プログラミングの知識も要求される。

山崎の経歴が東京大学大学院の数学専門課程修了とあるように、10人ほどいる数理課員は皆、理系の秀才ばかり。徹夜でプログラムと格闘しても苦にならず、計算が合わない数値が出てくるとそれを解決する過程が面白い、といった心底「数学好き」の集まりなのだ。

行政職は、省内の出世レースに揉《も》まれ、それゆえ、厚労族と呼ばれる影響力のある国会議員に取り入ることも辞さないが、同じキャリア官僚でも技官は、それと距離を置く。年金が、数字の領域にありながら政治に翻弄《ほんろう》される異質な制度のため、数理課は年金局の「良心」でなければならない。

坂本の表情がいつも穏やかなのは、そんな空間に身を置き続けてきたからかもしれなかった。

坂本は、官僚を目指したわけではない。なりたかったのは数学者である。

大阪で育ち、名門・府立北野高校を卒業。生徒の多くは京都大学を目指したが、坂本が担任に相談すると、東大に行くよう言われた。数学の最高権威・フィールズ賞を日本で初めて受賞した小平邦彦《こだいらくにひこ》がアメリカから帰国し、東大理学部数学科教授になる予定だったからだ。

東大に合格した坂本は、自信満々で数学者への第一歩を踏み出し、憧れの小平の講義を受けた。その内容は確かに知的好奇心を刺激したが、帰宅して再現しようとしてもできない。次第に、自分には数学のセンスがないと悟《さと》った。

それでも数学にかじりつこうと大学院に進学した。学者は数式だけでなく「言葉」で語ることを求められる。坂本にはそれが湧き出てこなかった。学者になれるとしても、就職先は地方の女子短大くらいしかなさそうだった。

仕方なく受けたのが、国家公務員試験であった。指導教官も坂本が学者には不向きと感じていたようで、「その方が社会貢献できる」と後押しした。

試験をパスし、省庁の説明を受けた。経済の知識はほぼないから大蔵省は無理。年金数理を手掛ける厚生省なら、自分に向いていると思った。こうして坂本は1975年に入省し、厚生省外局の社会保険庁年金保険部業務課から官僚人生をスタートさせた。

入省同期の技官は4人いた。だが坂本と同様、学者の夢をあきらめきれなかったのだろう。それぞれ上智大、東大、龍谷大へと転身していき、気づけば坂本一人、残っている。

次期改正は、政治的にかつてないほど困難な道のりが予想された。坂本の53歳という年齢を考えれば、官僚としての集大成になりそうだった。

保険料率を巡る攻防

年金課長の評価は何％保険料を引き上げたかにある――。

かつて歴代の年金課長にはそんな申し送りがあった。

年金は「段階保険料方式」によって、将来急増する支出に備えてきた。誰しも保険料は低く抑えてほしいので、労働組合側だけでなく、保険料の半分を負担する経営者側も保険料引き上げに反対の立場をとる。労組は当時の民主党、財界は自民党をバックアップしているから、いかに政治家の理解を得て、法律を通すかが、年金官僚の力の見せ所というわけだ。

だから保険料の引き上げ凍結が決まった2000年改正は、年金局にとって屈辱《くつじょく》の歴史であった。

ただし年金局は意地を見せている。それまで厚生年金は、月収に対して17・35％の保険料、ボーナスから特別保険料1％が引かれていた。だが高収入の人ほどボーナスの割合が多い傾向があるため、保険料の負担感に差が出てくる。これを公平にすべく、ボーナスからも同様の保険料をかけることにした。これを「総報酬制」と呼ぶ。年間の保険料を同等にするため、保険料率は17・35％から13・58％に引き下げられた。

そのため年金官僚は、次期改正で巻き返しを図らねばならなかった。

坂本たち数理課は、将来20％程度まで上げなければ十分な年金を維持できないと弾き出した。前述の「固定化」の保険料率を20％に設定するよう試みた。

ここに釘《くぎ》を刺してきたのが、労組と財界であった。

少し話を遡《さかのぼ》ると、２００２年7月19日の年金部会で、住友化学工業専務取締役・岡本康男《おかもとやすお》、経団連（日本経済団体連合会）常務理事・矢野弘典《やのひろのり》（元東芝ヨーロッパ社長）の連名でペーパーが提出された。

矢野が欠席のため、岡本が代表して読み上げた。

「次回の制度改正にあたっては、保険料の負担の側面に軸足を置くこととし、保険料負担については将来にわたり固定することを制度の基本とすべきである」

と、厚労省の提案する「固定化」を賛成しつつも、

「現在の社会保険料負担は、すでに現役世代・企業にとって相当重い負担になっている。安易な社会保険料の引き上げを行うことなく、税負担を含めた国民負担率の上昇を今後政策的には極力抑制していく必要がある」

と、引き上げを牽制した。

労組も追随する。連合（日本労働組合総連合会）総合政策局生活福祉局長の向山孝史が、日本サービス・流通労働組合連合中央執行委員の山口洋子《やまぐちようこ》、ＪＡＭ（ものづくり産業労働組合）書記長の大山勝也《おおやまかつや》との連名意見として、こう述べる。

「今、年金給付に必要な額以上に引き上げていきます『段階保険料方式』を見直して、積立金を取り崩して保険料の引き上げをできるだけ抑えていく」

さらに10月11日の年金部会に、矢野は、経団連名で「公的年金制度改革に関する基本的考え方」を提出。

「最終保険料率を前回改正で厚生労働省が想定した対総報酬比2割よりも大幅に低い水準に抑制し、この水準を長期間にわたって固定していく」

と、年金局が打ち出す「20％」にNOを突き付けたのだ。

12月5日、厚労省は改革試案「年金改革の骨格に関する方向性と論点」（以下、「方向性と論点」）をまとめた。同日朝に開かれた自民党年金制度調査会（会長・津《つ》島《しま》雄二《ゆうじ》元厚相）に提出するためだ。13日に予定された年金部会より1週間も前に自民党に提出したのは、政治への配慮に他ならない。法律は立法府たる国会で審議されるが、与党自民党のこうした調査会や部会を突破しない限り、法案提出すらされないのだ。

「方向性と論点」は、プレゼン用のパワーポイント用紙で2枚、要約版が14ページ、本文は72ページにわたった。

プレゼン用では、5年ごとの財政再計算をして保険料水準を見直す「これまでの方式」と、最終的な保険料を決めて給付を自動的に調整する「新しい方式」の双方を示したものの、「新しい方式」がオレンジに色付けされ、前面に押し出そうとしていることがわかる。

そして「試算の代表例」として、「段階的に引き上げて、20％に固定（２０２２年度から）」と記された。基礎年金の国庫負担割合を現行の３分の１から２分の１に引き上げる前提でも、給付水準が現役世代の手取り賃金との割合（「所得代替率」と名づけられた）が、現行の59％から２０３２年度以降は52％に下がるという。

坂本たちが出したこの数値は、「年金保険料固定、給付下げ 負担20％なら年収比59％→52％」（『読売新聞』２００２年12月５日付、夕刊）などと大きく報じられた。

20％まで引き上げるのはやむを得ないとの世論が醸成されるかに思われた。

坂本たちはやがて経団連の力を思い知るのだが、それは第五章に譲る。

かけ離れたネーミング

「方向性と論点」には、年金研究者にも初耳の用語が登場していた。「マクロ経済スライド」だ。

新方式のキモとも言え、「要約版」でこう説明される。

給付水準の自動調整は、少子化等の社会経済全体（マクロ）の変動の実績（または将来見通し）を、一人当たり賃金や物価の上昇による現行の年金給付の改定方法に反映させることにより、時間をかけて緩やかに実施（マクロ経済スライド）。

前述した消費者物価指数に連動する「物価スライド」、現役世代の手取り賃金の伸びに連動する「賃金スライド」に加えて、「マクロ経済」によって変動させる、と言わんとすることはわかる。要は給付の額を減らしたいわけだ。

ではマクロ経済」とは何なのか。「本文」にこう書かれてある。

例えば、以下の実績数値（または将来見通しを平均化した傾向）を反映させる。

①労働力人口や被保険者数の変動率

②GDP（国内総生産）、国民所得、被用者年金の報酬総額等、マクロの経済成長率の変動

「マクロ経済」を文字通り読めば②を思い浮かべるだろう。しかし厚労省は「マクロ経済」とかけ離れた印象のある①を先に記している。年金局は①で進めたいということだ。

なぜ、文字通りの「マクロ経済」の指標を使おうとしなかったのか。

場面を、坂本たちがイタリアの年金制度を研究した頃に戻そう。繰り返すと、イタリアの制度は、経済成長率の指標を使い人口減を反映させていた。

「マクロ指標である経済成長率を使ったら、どうなるのだろう」

坂本はまずは数理課内で議論を重ねた。

マクロの経済成長率は、一人あたりのGDP伸び率×人口の伸び率で決まる。

「そんなに大きく変えないで使えるのではないか」

ある数理課員がそう指摘した。それは以下のような考え方だ。

GDP伸び率は、長期的に考えれば賃金上昇率とほぼ同じ。「賃金スライド」をそれまでも使っている。そこに人口の減少率を掛ければ、スライド調整できる──。

GDPの伸び率といっても、正確を期せば、物価変動を加味する「GDPデフレーター」も絡《から》んできてややこしくなる。それを賃金上昇率とほぼ同じと簡略化した点で、坂本も魅力的に感じた。この「簡略化」こそが、かえってわかりづらくなる要因となるのだが。

数理課の議論は、局長室横の会議室で諮《はか》られた。年金局長の吉武は、広報室長経験者だけあってポイントを捉えるのがうまい。

「その考え方というのを一つの概念で表現しようとすると、マクロ経済スライドという言い方ができますね」

実はイタリアにもそうした用語はなく、「マクロな指標を使ったスライド」と婉曲《えんきょく》的な名称だった。ここで日本独自の用語が生まれたのである。

2002年10月11日の年金部会に諮ると、微調整が行われた。三井生命保険相互会社役員出身で数理の専門家の近藤師昭《こんどうのりあき》・日本年金数理人会会長が言った。

「年金受給者の平均余命が延びた分を自動的に減額するという、そういう考え方をぜひ取り入れたらどうかなと思っています」

人口減、すなわち現役世代の減少だけでなく、年金受給者の寿命の延びも、年金財政を悪化させているのでは、との指摘だ。

こうして12月公表の「方向性と論点」には、マクロ経済スライドは前述の「労働力人口や被保険者数の変動率」と記されたものの、後に「現役世代の人口減少や平均余命の延び」と説明されるようになる。

ただこの頃、マスコミの関心はもっぱら保険料が将来固定されるということのほうにあり、評価は悪くなかった。新方式については「マクロ経済スライド」の用語は使わず、「保険料固定方式」と解説する記事が多かった。

次の関門は政治家である。年金局長の吉武は、「何を言っているかわからんと敬遠されるのではないか」と警戒していた。ところが「方向性と論点」を手に、前述の自民党年金制度調査会長・津島雄二や丹羽《にわ》雄哉《ゆうや》・元厚生大臣ら厚労族議員に説明に行くと、「発想の転換として面白い」と言われたという。

「この方法というのはいろんな人が興味を持っておられる」

吉武は、うれしそうに坂本らに報告したのだった。

新方式のキモでありながら、独り歩きする「マクロ経済スライド」の名称。スライドで使われる要素は人口と平均余命だから、「マクロ経済」の名前をつける必要はない。

坂本は、それを認識していた。いま、きっちりと資料が整理された自宅マンションでの取材にこう振り返る。

「マクロ経済というところからは外れていますね。しかし一つの何かを表しているとして、定着していきました。いいニックネームになっていたので、名前を変えなかった。アメリカの人が来た時、日本の官僚が『マクロ・エコノミック・スライド』と訳したら、『マクロ・エコノミックって何だ？　要素に何もないじゃないか』と言われて、やっぱり伝わりにくいんだなとわかりました。私は英語で説明する時には、マクロ経済スライドとは呼ばないで、『モディファイド・インテグセーション』（スライドの修正）という言い方をしています」

審議を進める与党政治家にとっても、このもっともらしい用語は、国民に「大転換」の印象を与えるには好都合だった。だがこの名称と中身の不一致こそが、年金が複雑な制度という印象を強めていくのだった。

大臣が改革案作成

厚生労働大臣・坂口力の関西訛りの話し方は、朴訥《ぼくとつ》として、そのまま文章になりそうなほど無駄がない。しかし低く響く声、細い目から感情は読み取れず、老獪《ろうかい》な政治家ならではの風格が漂っている。

三重県一志郡白山町（現在の津市）に生まれ、三重県立大学（現在の三重大）医学部を卒業後、三重県赤十字血液センター所長を務めた坂口は、1972年に衆院議員に公明党から出馬し初当選する。1993年に労働大臣として初入閣し、省庁再編直前の2000年12月、森喜朗内閣で厚生大臣と労働大臣を兼務して就任。2001年1月の省庁再編スタートに伴って初代厚生労働大臣となった。同年4月、小泉純一郎内閣に替わっても、引き続き厚労相に就いていた。

2003年の通常国会は、自衛隊派遣を盛り込んだイラク特措法審議のため、40日間の大幅な会期延長となり、閉幕は7月28日となった。

大臣となって2年半。衆院議員の任期は残り1年を切っており、解散はいつあってもおかしくない。小泉が解散を打つ前に内閣改造を行うのでは、との観測があり、そうなると坂口はお役御免になりそうだった。

卒業論文のつもりで年金改革案をつくろう――。69歳の坂口は、国会の終わりが見えてきた7月、準備を始めた。

年金改革案を自らつくろうとする大臣などかつていなかった。それは社会保障に精通しているとの自負と、スキャンダルで信頼が失墜した官僚に任せていられないとの意気込み、何より、衆院選を控えた公明党所属議員としての思惑もあった。

そのため、選挙になった時、有権者の理解を得やすい内容であることが求められる。簡潔明瞭な案をつくらねば、と坂口は思った。

土台となるのは、厚労省案「方向性と論点」だ。年金官僚の問題意識を、坂口も共有していた。保険料が変わり、受け取る額が変わり、これだけ猫の目のように制度が変わっては将来が不安だ。年金制度はそんなに変えないといけないのか、変えなくてもいい年金制度ができないのか。保険料の上限と年金額の下限を決めれば、国民の安心を取り付けられるのではないか――。

ある日、坂口は年金局長の吉武を大臣室に呼んだ。

厚労省10階にある大臣室の窓には、日比谷公園の深緑が広がっている。この年は梅雨明け宣言が8月2日にズレ込む10年ぶりの冷夏で、空調はそれほど必要なかった。

「いったい全体、将来、どれくらいの見通しができるものか」

坂口の問いに、吉武はこう答えた。

「年金制度というのは統計で言えば人口統計です。人口統計は統計資料の中で、一番将来にわたって確信の持てる統計です。50年だろうと100年だろうと見通せます」

「そうした年金制度にできるのか」

「それは可能です」

果たしてそうなのか。人口統計で想定外の少子高齢化となったから、改正を余儀なくされているのだ。吉武の説明はまるで説得力がない。だが坂口は、「50年、100年先の見通し」に飛びついた。

保険料率を20%まで上げたい厚労省の案にも、坂口は賛成だった。1998年に年金局が行った調査で、5つの選択肢を提示した中で「保険料負担が年収の2割程度」が最も多かった。その報告を坂口は耳にしていたためだ。

2025年くらいを目標にして20%まで段階的に上げれば、良い年金が確保されるだろう。坂口はそう思ったが、甘かった。

「方向性と論点」が触れたように、基礎年金の国庫負担割合を現行の3分の1から2分の1に引き上げる前提で、給付水準が現役世代の手取り賃金との割合が、現行の59%から２０３２年度以降は52%に下がるというのだった。

てっきり坂口は、59%を確保できると思っていた。少なくとも、50%半ばは確保しなければ、国民の安心を確保できない。ではどうするか。

坂口の趣味は書道である。立派な書を残そうというのではなく、行き詰まった時、頭の中を整理するため、紙の前に座り、筆を持つのだ。

7月末、坂口は自宅のある九段議員宿舎で、筆をとった。いったん年金のことを頭の中から拭い去ろうとしたのだ。

一字を書いて次の字を書こう、と腕を構えている時だった。

ふと頭の片隅をかすめたのが、年金積立金である。

積立金とは、保険料の収入総額と年金給付総額の差で、当時で１４７兆円に及んでいた。１９９９年度から運用収入を財源の一部に組み入れたことはすでに書いたが、元本には手をつけてこなかった。

「積立金に手をつけるのは、麻薬に手を出すようなもの。積立金を先に食ったら、その分余計に将来の保険料を上げなければならなくなる」（２０００年改正時の年金局長・矢野朝水『新世紀の年金制度』）との認識が年金局内に根強かったからだ。積立金を年金給付にあてれば良いとの考えは、かねてから俎上《そじょう》に上がってきたが、年金局はそれを頑強に突っぱねてきたのだ。

その経緯を知る坂口は、積立金に触れることに年金局の反発を予想した。だが「100年先を見通す」場合、積立金を使わなければ辻褄《つじつま》が合わない。

坂口は吉武に考えを打ち明けた。すると吉武はあっさりこう言うではないか。

「一度検討してみましょう」

「有限均衡方式」へ転換

吉武が坂口に抵抗しなかったのは、すでに自民党からの激しい突き上げにあっていたからだ。

吉武や坂本らは、「方向性と論点」を公表後、何度も自民党本部の自民党年金制度調査会に足を運び、マクロ経済スライドなどの説明を行った。そこでメンバーから、

「将来の財政見通しを示せ」

との要望があった。坂本は持ち帰って数理課員でそれを弾き出し、調査会に提示。するとメンバーから口々に批判の声が上がったのだ。

「これ、積立金がめちゃめちゃ多いね」

「積み上がり過ぎじゃないか。君ら、またよからぬことを考えているんじゃないか」

「役人はすぐ悪いことを考えるからな」

坂本らは、「方向性と論点」に沿った試算をした結果、2080年に積立金が給付総額のおよそ9年分に上る（当時の積立金は3～4年分）と報告していた。

小泉政権は２００１年、特殊法人改革として、厚労省所管の年金資金運用基金をヤリ玉に上げた。年金積立金を使って大規模リゾート施設「グリーンピア」を建設・運営したものの、全国13施設のうち、7施設で計22億円の累積赤字を抱える杜撰《ずさん》な経営が行われてきたためだ。しかも同基金に年金局出身の天下り官僚がいることから、「官僚が積立金を使って好き勝手やっている」かのように報じられていた。

「そういうつもりじゃありません」

吉武は反論したが、官僚スキャンダルに続く泣きっ面にハチの状況で、現役官僚たちはただ耐えるしかないのだった。

局長室隣の会議室での話し合いに持ち込まれた。

坂本は、アメリカの年金制度を披露した。アメリカは、財政を検証する時、75年分の将来見通しを出すのだが、その際、最後の年に給付費1年分の積立金が残るよう負担と給付を調整するルールを採用していた。それを参考にすれば、日本では「１００年」で均衡を保つことができるのではないか――。

この考え方が「有限均衡方式」である。これまでは、積立金を維持して運用収入を活用し、財政の均衡を永久に図っていく「永久均衡方式」だった。90年後くらいまでの見通しを示していたものの、期間は明確にしないので「永久」だ。これだと積立金が詰み上がっていく一方のため、自民党に提示したように9年分も積み上がるのである。アメリカ同様に1年分だけ残して切り崩していき、１００年という期間を区切って均衡させる「有限均衡方式」にしようと、坂本は提案したのだ。

「100年」としたのは、人口推計が100年先まで見通していること、100年後にはいまの世代のほとんどが亡くなっていること、それに自民党年金制度調査会の議論の中でも「100年後以降の人口推計がないのに『永久』とはおかしい」との意見が出ていたためだ。

「それでいこう」

吉武局長は決断した。

吉武が、坂口の積立金取り崩しの案をあっさり受け入れたのは、そうした議論が並行して行われていたからだった。

坂口試案

案ずるより産むがやすし――。坂口は吉武局長の反応に手ごたえを感じていた。

積立金を使うなら、基礎年金部分の国庫負担を2分の1に上げる前提ながら、保険料率20%で現役世代収入の50%半ばの給付水準が可能と、数理課は試算した。坂口の思惑通りだ。

8月に入ってようやく夏らしくなった。大臣室で年金局との打ち合わせが繰り返された。

積立金を減らす「有限均衡方式」は大きな方針転換だ。「方向性と論点」の段階では、マクロ経済スライドで給付額を減らすことは明記されたとはいえ、「永久均衡方式」だ。吉武らは自民党厚労族の反発を警戒した。

官僚への信頼が失墜している中、坂口が優位に立てる局面である。

「一発目から厚生労働省の案はえらい（難しい）から、坂口試案を出していいか」

坂口がそう言うと、吉武は安堵の表情を浮かべた。

「坂口試案としてまとめてもらうなら、まとまりやすいです」

この頃、9月中の内閣改造が確実視されていた。8月10日から役所はお盆休みに入ったが、坂口は〝卒業論文〟を急がねばならない。この世代にはめずらしくパソコンを使いこなす坂口は、九段議員宿舎で「試案」をしたためていった。

世間の関心の高まりを示すように、17日日曜日のNHK「日曜討論」のテーマは「待ったなし年金改革をどうする」であった。そこに坂口は出演し、初めて積立金の取り崩しをぶち上げた。反発があったのは、保険料率を20％まで上げる点である。出演した経済同友会専務理事・渡辺《わたなべ》正太郎《しょうたろう》、連合副会長・高木剛《たかぎつよし》の労使とも反対の立場をとった。

坂口にとっての懸念は、厚生大臣を務めた総理・小泉が、積立金取り崩しをどう思っているのか、だった。8月20日と9月4日の二度、坂口は官房長官・福田《ふくだ》康夫《やすお》を訪ねている。自民党総裁任期が9月に迫っており、再選確実の小泉の社会保障政策と齟齬《そご》がないか確認しておくためだ。せっかくの案も小泉に弾かれれば水泡《すいほう》に帰《き》す。

9月3日夜、坂口は年金改革案をパソコンで仕上げ、翌4日朝10時15分、官邸に乗り込んだ。

坂口「坂口試案については総理の耳に入っていますか」

福田「一応は説明してあります。事務方からも説明しているようですね」
坂口「何か反応はありましたか」
福田「特段、聞こえてきませんが」
坂口「小泉首相が総裁選で年金について何か発言されますか」
福田「さあ、どうでしょう」

福田は首を傾《かし》げて考えたが、「大丈夫でしょう」と答えた。

何とも心許ない反応ではあるが、小泉が正面から社会保障問題に斬り込むことはなさそうだと、坂口は確信した。

翌5日午前10時45分、厚労省9階の記者会見室。記者クラブ所属のテレビ、新聞だけでなく雑誌も含めた多くの記者、カメラでごった返した。フラッシュを浴びる坂口は、年金へのすさまじい関心の高さに、悪い気はしなかった。もっともこの時の映像は、後の年金危機を煽《あお》る報道で繰り返し使われることになるのだが。

「今年末までに改革案を決定するために時間が少なくなっており、議論を加速させる必要がある。また、国民の間にも年金に対する不安が拡大している。そこで、一日も早く年金制度の本当の姿を理解していただく必要があると考えた」

坂口はパソコンでつくった原稿に目を落とすことなく語り始めた。

「明確にしておかなければならないこと」として、こう述べた。

「年金制度は高齢者を支援する社会的な仕組みであり、自分たちが受ける年金額と必ずしも均衡するものではないことである」

まず、世にはびこる「世代間不公平」への理解を求めた。その上で、

「保険料負担は年収20％を超えない水準とし、国民年金は月額１万８０００円台までにとどめる。……給付水準は将来ともに平均して55％前後を堅持」

と、この試案のキモを紹介。その「大きな前提」として積立金について、

「今回は２１００年まで（95年後）に積立金水準が１年分程度になるようにする」

と述べた。これは坂口の強い意志であった。

「これは先輩の皆さんによって積み立てられたものであり、次の世代のために使用することは許されるものと考えている。積立金を取り崩す以上、今世紀に生きるわれわれにとって、重大な政策責任を負うことになる」

坂口は思い残すことはなかった。前々から公明党代表・神崎武法《かんざきたけのり》には「人心の一新を」と伝えており、後は次の大臣に任せるだけだ、と一息ついた。

「100年安心年金」

ここから一気に「年金改革」が国民の関心ごととなった。

イギリス発祥の数値目標や実施期限などを定めた政権公約「マニフェスト」なる用語が使われ始め、特に菅直人《かんなおと》率いる民主党は、次期衆院選を「マニフェスト選挙」と位置付けていた。年金が各党のマニフェストの「売り」になるのは間違いなかった。

坂口は、「マクロ経済スライド」のワードは使わなかったが、年金額を減らしていく仕組みは同じだ。マスコミは「方向性と論点」に出てきたこの用語を使い始める。ただし「少子高齢化や経済情勢に応じて給付を変動させる」などと解説するだけで、その実態とかけ離れたネーミングは指摘されていない。

実は試案発表の前日、もう一つの年金史に残るネーミングが誕生している。

坂口は前述した官房長官・福田との面会を終えて一息つくと、衆院第一議員会館に向かった。坂口が所属する公明党の年金制度調査会で、試案の説明をするためだ。

とっくに根回しは済んでいた。神崎代表ら幹部が居並ぶ中、党として試案を全面的に支援することが了承された。さらに衆院選のマニフェストに、以下の文言を入れることも決まる。

「年金100年安心プラン」

100年先までの年金財政を均衡させるから「100年安心」。わかりやすく、選挙で打ち出すには見事なワードだ。坂口は試案を出す際、選挙を意識したと書いたが、その通りになった。もっともこの時、マスコミから相手にされていない。坂口試案に記されたわけでもなく、一政党の公約に過ぎなかったためだ。

9月20日、小泉は自民党総裁選で楽々再選を果たした。直後の内閣改造で坂口の続投が決まった。試案は「卒業論文」とはならなかった。

それは公明党の意向だった。結党以来、「福祉の党」を掲げており、坂口試案を出した張本人を留任させ、「年金改革をリードしている党」とのイメージを植え付けたかったのだ。同時に小泉が、坂口試案にお墨付きを与えたことでもあった。

9月26日、臨時国会がスタートした。衆院解散は10月10日に断行することが決まった。公明党は「100年安心」のアクセルを踏み込む。代表の神崎は、9月29日の代表質問で声を張り上げた。

「公明党は、従来からの課題であった基礎年金の国庫負担割合2分の1への引き上げ財源の明確化や将来の保険料負担の上限設定、および安心の老後を保障する適切な給付水準の確保など、制度不信を解消するための万全な制度設計として、先ごろ『年金100年安心プラン』を提唱したところです」

10月2日、公明党は100項目の政策綱領「マニフェスト100」を発表。「年金100年安心プラン」と明記した。

このニュースから、マスコミは「100年安心」を取り上げるようになる。

一方の自民党は「年金改革」のお株を奪われた格好だ。「日本の未来を守ります」（2004年に年金制度を改革）と記すにとどまり、改革の中身に踏み込むことはなかった。

世間の関心を集めたのは、民主党のマニフェストであった。「7つの重点政策」の一発目で

「基礎年金の税方式への移行」を掲げ、「基礎年金と所得比例部分からなる2階建て年金制度を4年以内に確立します。財源については、消費税と掛け金の組合せで安定化させます」と記したのだ。民主党の年金改革案は第七章で詳述するが、坂口は警戒した。

新しい制度の提案で、新鮮さを売り込もうとしているな——。

坂口試案は確かに方針の大転換とはいえ、年金官僚の後ろ盾があるには違いなく、年金不信が払拭されるとは言い難かった。一方の民主党は「マニフェスト」「基礎年金の税方式」の言葉の響きから、新鮮に映ってしまう。しかも小沢一郎率いる自由党との合併（民由合併）によって衆議院の議席は137に膨れ上がり（定数480）、次期選挙での政権交代も、視野に入っていた。

国民の関心は「自民VS民主」の構図で、連立与党とはいえ31議席にすぎない公明党は埋没しかねなかった。

解散された直後、衆院本会議場で記者団の前に立った公明党代表・神崎の表情は優れなかった。

「どの政党にとっても存亡をかけた選挙になる」

記者から「何解散と名付けるか」と問われると、

「年金解散と呼びたいと思う」

と語るのだった。

10月28日の公示日。神崎は午前10時前、横浜市で第一声を上げ、こう訴えた。

「国民がいま、一番不安に思っている年金改革問題で、公明党は坂口厚生労働相とともに、給付と負担と財源をセットにした『年金100年安心プラン』を発表している」

こうした公明党の言動を、坂本ら年金官僚は〝暴走〟と感じていた。

年金官僚の敗北

東京駅前にそびえる丸の内ビルディング23階を、私が『週刊文春』の同僚とともに訪ねたのは2019年6月18日のことだ。坂口力は、外資系の弁護士事務所内にデスクを構えていた。取材の名目は当時話題の「老後2000万円問題」（終章で後述）についてだが、私はこの機会に、厚労相時代のことも聞いておきたいと思った。

85歳の坂口はずいぶんほっそりしたが、低音で響く声は変わっていない。

私が確認したかったのは、「マクロ経済スライド」「100年安心」という広告代理店もかくやという名前をつけたのは誰なのか、であった。

——マクロ経済スライドは誰が考えたのですか？

「あんな難しい制度を私が知っているわけがない。年金局が考えた」

前述のように、確かに吉武局長の発案である。

――100年安心は？

「100年安心は厚労省として使ったことはありませんし、坂口試案としてもないです。100年安心は独り歩きした」

――坂口さんは公明党議員でもありました。

「よく似たことは言っているわけですけど、100年安心というネーミングまでは言っていなかった。ありゃあうまいことを言うなと。だけど僕が言うた、政府が言うた話ではない。わかりやすいものね。間違っとるわけではない」

そう否定したが、年金官僚たちは糸を引いたのは坂口と睨《にら》んでいた。

時代を元に戻そう。坂口試案公表後、吉武以下、年金局幹部が自民党年金制度調査会に説明に赴《おもむ》いた時のこと。

過去に二度厚相を務めた厚労族重鎮・丹羽雄哉が激高した。

「積立金を崩すとは、お前ら、何なんだ！　年金局長、謝れ！」

丹羽は大臣時代、積立金の取り崩しを年金局に指示したものの、頑強に突っぱねられた過去があったのだ。

ただ年金局にしてみれば、次元の違う話である。丹羽の当時の言い分は、国庫負担分の代わりに永久に積立金を投入し続けろというものだった。これだといずれ枯渇《こかつ》し、年金財政の均衡どころではない。しかし試案は、積立金を1年分残すよう、徐々に減らすという規律を設けている。

だが元大臣としてのメンツもあるのだろう、丹羽の怒りは収まらない。

「意味が違うのですが、そう言われるのでしたら……」

何を説明しても聞き入れられそうになく、吉武は頭を下げるしかなかった。このやりとりは、年金改革の国民への説明が一筋縄ではいかないことも示していた。

そこへ来て「100年安心」のネーミングである。

こちらは逆に、国民にわかりやすくても実態と反していた。

試案は、2100年までの概ね100年（実際は95年）にわたり、年金の給付水準が現役世代の55%前後を下回らないよう、給付費1年分の積立金を残すペースで、積立金を取り崩すと同時に年金額も減らしていく仕組み。確かに100年後まで安心できるようにするわけだが、人口や経済状況は年々変化するから、これまで通り、5年ごとの検証（名称はこの改正で「財政再計算」から「財政検証」に変更）を行って年金額の調整を行う。

すなわち、2004年改正で2005年以降の年金額を調整するが、2009年の財政検証で翌2010年以降の年金額を新たに決めていく。「100年安心」と聞けば2004年の年金法改正案が成立しさえすれば、100年間何もしなくて済むように受け止められるが、決してそうではない。

坂本数理課長も、選挙用の政治的な言葉とは理解しつつ、腹立たしく感じていた。

議論が混乱するし、誤解を招くじゃないか。財政再計算の規定がなぜあるのか、全然わかっていない――。

厚労相の坂口は、衆院選に突入するまで、大臣室に吉武や坂本を呼び、淡々と改正案の打合せを続けた。

法律を成立させるのは、国民の負託《ふたく》を受けた国会議員だ。官僚の坂本はもちろんわきまえている。だがその矜持《きょうじ》として、大臣であろうと、間違いは正しておかねばならない。

坂本は、話の腰を折らないよう注意しながら、指摘した。

「100年安心は誤解を招くのではないでしょうか」

坂口は坂本の苦しい胸のうちは織り込み済みのようだった。しかし低い声でこう応じた。

「もう言っちゃったからなぁ」

選挙という生き死にをかけた戦いを前にした政党に対し、何か指摘するのは、官僚の矩《のり》を超えている。それに、いま「100年安心」をここで取り下げれば、次期年金改革が「安心ではない」と捉えられ、逆効果になってしまう。

大臣在任が3年に迫り、厚生大臣、労働大臣では歴代最長を記録した坂口にとって、官僚たちの操縦術はお手の物だったろう。

年金局ナンバー2の年金担当審議官だった渡邉芳樹《わたなべよしき》（後に年金局長）に2020年9月、取材を申し込むと、「昨今のコロナウイルス感染症拡大への対策等にて多忙を極めており」との断りの手紙とともに、著書『分岐点Ⅱ』を届けてくれた。

その中で、当時の心境をこう振り返っている。


選挙になると自民党も公明党も言いたいように言いたいという人がたくさん出てきます。なかなか手間がかかることでして充分防げませんでしたが、政治環境から言うと、これは政府の言葉ではない、与党の言葉として、政治家の言葉として言わせてくれということだと思います。逆に政府としてどうだと聞かされた時は、いやそうではないと説明する。

……自公連立の中で、公明党が支えてくれなければとても成就できないであろう中で、大臣が政治家としてギリギリどんな言葉を使い全体の改革を進めさせてもらえるかということですね。しかし、「100年安心」というのは、あまりに分かりやすく、人口に膾炙《かいしゃ》しやすい、キャッチーな言葉だったと思います。


2003年11月9日の投開票は、各党の年金改革への意気込みを反映したような結果となった。民主党は野党として歴代最高の177議席を獲得。政権交代には届かなかったが、射程圏内に入った。一方、自民は10議席減。埋没するかに思われた公明党は3議席増えた。「100年安心」の効果は大きく、お墨付きを得たのだった。

こうして「100年安心」という「キャッチーな言葉」は、2004年年金改革を象徴するものとなり、いまに至る制度に息づいている。それは、年金官僚が政治の前に無力だった屈辱の一ページである。

しかしこの制度が産声《うぶごえ》をあげた頃、年金官僚が輝いていた時代は、確かに存在した。

第二章　小山学校

あきらめの悪い男

1960年1月6日水曜日朝、東京・霞が関の空は澄み渡り、身が引き締まる寒さである。古《ふる》川貞二郎《かわていじろう》が、憧《あこが》れの厚生省に初登庁するのにふさわしい天候であった。

上京したのは2日前。1月3日に佐賀を発ち、寝台急行「雲仙」で翌4日、国鉄品川駅に着いた。入省が急遽決まったため、住まいはまだ決めておらず、当面は北品川の長崎県寮に身を寄せることにしていた。

この日、古川はブロー型眼鏡をかけ、髪を七三にきっちり分け、長崎市浜町の古着屋で買ったオーバーコートでめかし込んでいた。都電品川駅から路面電車に揺られて日比谷駅で下車し、厚生省に向かう。

だが目の前に現れた建物を見て、古川は茫然《ぼうぜん》とした。

これが「本省」なのか――。

国家を動かしているにしては、何とも頼りない外観であった。

現在、厚生労働省と環境省が入る中央合同庁舎5号館付近は、戦前、海軍省の敷地だった。海軍省本館は霞が関三大美建築と称《たた》えられたが、1945年5月の東京大空襲により、新館、海軍大臣官邸とともに焼失してしまう。ただし日比谷公園に面した煉瓦《れんが》造りの重厚な建物は残った。終戦後、廃止された海軍省に代わって入居したのが厚生省である。

そこが手狭になり、中庭に、資料などを保管するための木造3階の建物が造られた。やがて1階に薬務局、2階に年金局が入って「仮庁舎」に。2階の床で水を撒《ま》いて掃除をしていると、1階の天井から水が滴《したた》り落ち、1階の職員が怒鳴りこんでくる……、そんなエピソードのある、当時としても安普請《やすぶしん》な建物だった。

仮庁舎2階にある年金局国民年金課が、古川の配属先であった。

階段を上がるたびにギシギシ鳴り、それが緊張を一層高めた。だから古川は、この時に若い女性とすれ違ったことを覚えていない。女性は、高校を出たての厚生省福祉年金課の臨時職員。二人が結婚するのは、その4年後のことである。

古川は25歳。新人にしては、回り道をしている。

佐賀県佐賀郡春日村の農家の長男として生まれた古川は、九州大学を志望。不合格となり佐賀大学文理学部に入学を果たすが、あきらめきれず、籍を置いたまま九州大学法学部を受験し、合格する。

就職は「両親のように一生懸命働いた人たちの老後は幸せであるべきだ」と厚生省を志望した。国家公務員上級職を受験するも失敗。まずは長崎県庁に入庁した。同時期、自治省採用で赴任してきたのが片山虎之助《かたやまとらのすけ》（後に総務大臣、日本維新の会共同代表）である。

古川はあきらめが悪かった。県庁から帰宅後に試験勉強を続け、翌年も国家公務員試験を受けるのだ。

今度は行政職10位の成績でパスした。だが面接試験のため佐賀から東京へ向かう時、不運に見舞われる。１９５９年９月26日、死者・行方不明者５０００人を超えた伊勢湾台風が東海地方を直撃したのだ。

交通網は壊滅的となり、東京に辿り着くのに36時間かかった。食事も睡眠もろくにとっていない状態で、身体検査では身長１７２・５センチで体重はわずか49・５キロ。検査を担当した係官に驚かれたほどだ。

それも原因だったのだろう、面接が行われた日の夕方、厚生省内で不合格を告げられる。

だが、やはりあきらめが悪い。宿にしていた品川の長崎県寮に戻ったが、どうにも納得がいかない。そこで翌朝一番、古川は厚生省人事課長・尾崎重毅《おざきしげたけ》のもとを訪ねるのである。

古川は厚生行政に対する熱い想いをぶつけた。尾崎は心を動かされたのか、

「君のような熱意のある人材がわが省に必要だ。上と相談するから、いったん長崎に帰っといてくれ」

と答えた。だが、古川はテコでも動かない。長崎に帰れば、「精一杯やったがダメだった。来年がんばってくれ」と言ってくるのがオチと思ったのだ。

人事課長と言えども、独断で決められる話ではない。

「君の期待に必ずしも沿えないかもしれない。その時は変な事になるまいな」

尾崎は、古川が自殺でもするのではと案じたのだ。

「その心配は全くいりません。私は来年、また厚生省を受けに来ますが、国家試験に受かるかどうかわかりませんので、今年ぜひ採用してください」

古川はそう言い残し、厚生省を後にした。

やれるだけのことをやった、と古川は夕方、東京観光でもしようと考えた。東京駅から「はとバス」に乗ろうとする時、友人が走り寄ってきた。携帯電話のない時代、東京在住のその友人宅を古川は連絡先にしていた。

「厚生省から内定の連絡があったぞ」

古川は「逃げない、あきらめない、道は開ける」との信念を得たと、私の取材に振り返ったが、いまなら到底ありえない。「戦後」が色濃く残る混乱期で、霞が関も「何でもあり」の懐《ふところ》の深い時代だったということだろう。

不採用を一転させたのは誰か、当の古川もわからずじまいだ。ただ後に聞いたところでは、目をつけたのは年金局長・小山進次郎《こやましんじろう》のようだった。小山の前職は国民年金準備委員会事務局長で、尾崎はその事務局次長を務めている。尾崎が、あまりに熱い想いを持った新人の存在を小山に伝え、小山の判断で預かろうと考えたのかもしれない。

入省は通常なら1960年4月1日付だ。冒頭で「入省が急遽決まった」と書いたのは、小山の指示で、同期で一人だけ1月1日付に前倒しされ、年金局に配属されたからである。

岸信介と国民年金

年金局が、新人の手も借りたかったのは、前年1959年4月に国民年金法案が成立し、1961年4月、国民皆年金制度が本格的に実施されるためだ。

日本の公的年金の萌芽は、1875(明治8)年の「海軍退隠令」、翌年の「陸軍恩給《おんきゅう》令」といった恩給制度にある。保険料を払うわけでなく、国家からの褒美《ほうび》との趣旨のため、「社会保険」とは異なる。ただし在職年数や俸給によって給付額が算出され、老後を保障する点で、公的年金に近い性格を持った。

保険料を支払う年金は1939年、船員向けの船員保険制度が最初だが、1941年、一般労働者向けに広げた労働者年金保険法をもって、日本の公的年金制度の始まりとされる。対象は男性だけだったが、1944年に女性も加入できるよう法改正された。同時に「労働者」という表現が社会主義思想を連想させるとして「厚生年金保険法」に名称変更され、いまに至っている。

終戦後、結婚・出産ブーム（1947～49年、第一次ベビーブーム）が起きたが、その後、出生数は下がり、食料や医療の改善により死亡率も下がった。高齢化の始まりである。

時を同じくして、1947年9月15日に兵庫県多可郡野間谷村で行われた敬老行事をきっかけに、敬老運動が全国展開されていった。その日付に意味はなく、農家の繁忙期を避けただけなのだが、1951年、中央社会福祉協議会が同日を「としよりの日」と定めた。マスコミもそれを取り上げ、老人扶養対策が叫ばれるようになった。

そうした流れを受け、1954年、厚生年金保険法が改正される。

キモは3つある。

まず加入期間、給料で算出する「報酬比例」のみだった年金給付を、一律月額2000円の「定額部分」を設ける2階建てとした。

次に、55歳だった男性の支給開始年齢を、20年かけて段階的に60歳に引き上げることとした。女性は勤続年数が短いことから据え置かれ、引き上げが決まるのは1985年改正まで待たねばならない。いまも、男性と女性で支給開始年齢がずれているのはそのためだ。

3つ目が、完全積立方式から賦課方式への方向転換である。労使の猛烈な反発で保険料率が据え置かれたため、現役世代の保険料を年金に〝仕送り〟する「賦課方式」とすることを余儀なくされたのだ。ただし積立金も年金にあてられ「修正積立方式」と呼ばれた。

これらはいまに至る制度の骨格となり、それまでを「旧法」と呼ぶほどの抜本改正であった。

しかしこの時点で、年金加入者は全就業者の4分の1にとどまっていた。零細企業の社員や、農民、自営業者は厚生年金に加入できないのだ。当然、「4分の3」の老後保障を求める声が上がってきた。

政治は反応せざるをえない。1955年2月の衆議院選挙で各政党は、農漁民ら自営業者も加入できる年金制度の創設を掲げた。同年10月、左右に分裂していた社会党が統一して日本社会党が、11月には民主党と自由党が合流して自由民主党が誕生した。自民党が与党、社会党が野党であり続ける「55年体制」である。

「国民皆年金制度」は既定路線となり、所管の厚生省は同年7月、大臣官房に企画室を設置する。翌1956年12月、石橋湛山《いしばしたんざん》内閣は1957年度予算案に「国民年金」創設の準備費約1000万円を計上した。だが石橋は総理就任のわずか1か月後、脳梗塞で倒れる。

1957年2月、後継に就いたのが岸信介《きしのぶすけ》であった。

農商務省の官僚だった岸は、満州国実業部総務司長として満州に渡り、国会のシステムもない地で、政治的手腕を駆使して国家を形づくった経験を持つ。帰国後、商工次官を経て商工大臣となり、1942年の衆院選に出馬して政界入り。だが太平洋戦争開戦時に閣内にいたことから、極東国際軍事裁判でA級戦犯被疑者となり、巣鴨プリズンに約3年半勾留された。起訴を逃れ、政界復帰をするや一気に権力の階段を駆け上がってきた。

「岸さんは満州という傀儡《かいらい》国家をつくった。それは悪いことなんだけど、一つの国をつくるということは必ず社会保障の問題を取り上げる。悪い国をつくった張本人の一人ですから、社会保障にそれなりの理解をしていたと思います。恵まれない人に対する対策が頭にあったのは間違いない」

大蔵官僚として岸内閣の官房副長官室スタッフを務めた藤井裕久《ふじいひろひさ》（後に財務相）は、2020年8月、白金台にある事務所でそう指摘した。

しかし岸は、国民年金に前のめりとは言えなかった。総理就任後、まず着手したのは警察の権限を強める治安立法であった。それに総理秘書官で娘婿の安倍晋太郎《あべしんたろう》が、

「治安立法なんかやるよりも、専門の経済で勝負したほうがいいのじゃないですか」

と苦言を呈した。すると岸はこう応じた。

「総理大臣というのはそういうものではない。経済は官僚がやってもできる。何か問題が生じたら正してやればいいのだ。総理であるからには外交や治安にこそ力を入れなければならんのだ」

（「岸信介研究」『文藝春秋』1978年7月号）

国民年金創設は、岸にとって官僚任せでいい政策だったと言える。

病を抱えた秀才官僚

1958年4月1日、厚生省に「国民年金準備委員会事務局」が設置された。厚相・堀木鎌三《ほりきけんぞう》が、病に臥《ふ》せりながらも、省内各局から優秀な人物を集めよとしつこく指示を出したためだ。そこで事務局トップに抜擢されたのが、42歳の保険局次長・小山進次郎であった。

小山は東京帝国大学法学部を1938年に卒業後、設置されたばかりの厚生省に入省。翌年、

山口県庁に出向し、県庁そばの書店で最も本を買う客だったという逸話が残る。1942年には、猪瀬直樹『昭和16年夏の敗戦』で題材にされた若手エリート集団「総力戦研究所」の研究生となった。終戦後、引揚援護院援護局業務課長、社会局保護課長といった弱者救済に携わり、1951年に省中枢の大臣官房総務課長に。1956年、保険局次長となった。

眼鏡をかけた痩身の神経質そうな外見である。実は、30代で心臓病を発症し、聖路加国際病院の日野《ひの》原重明《はらしげあき》（後に名誉院長）を主治医として病と闘っていた。小山が急に姿を消せば、トイレで薬を飲んでいると、後輩たちは理解した。

大臣肝いりの組織とあって、各局は有望株を速やかに推薦してきた。

事務局長　小山進次郎（保険局次長）
事務局次長　尾崎重毅（同厚生年金保険課長）
参事官　加藤信太郎（大臣官房参事官）
参事官　岡本和夫（保険局庶務課課長補佐）
大和田　潔（大臣官房企画室）
佐伯　徹（同前）
田川　明（社会局保護課）
山崎　圭（保険局船員保険課）
谷垣光彦（保険局監察管理官付）

高橋三男（官房総務課）
持永和見（引揚援護局庶務課）
吉原健二（児童局母子福祉課）
喜多村治雄（統計調査部、経済企画庁から出向）
山本純男（保険局厚生年金保険課、経済企画庁から出向）
技官　渕脇　学（統計調査部計析課）
技官　竹内邦夫（保険局数理管理官付）

加えて補助的な職員も加わり総勢20人ほどでスタートした。最若手の吉原健二《よしはらけんじ》で入省4年目、26歳であった。

事務局は正式なポストでなく、いずれも肩書はそのまま。ただし小山は、医療機関の診療報酬が全国一律となったことによる処理で、本当に兼務した。当面は、尾崎重毅事務局次長が舵取りを担った。尾崎は後に人事課長となり、前述したように古川貞二郎の直談判を受ける。

事務局の前身の企画室から加藤信太郎《かとうしんたろう》、大和田潔《おおわだきよし》が横滑りで就いた。加藤は事務局の〝総務課長〟の役割を担い、部屋や備品の手配から始めなければならなかった。

こうして入居したのが、あのオンボロ庁舎2階である。

拠出制か無拠出制か

同じフロアに厚生省で唯一年金を所管していた、保険局厚生年金保険課も越してきた。事務局の格子状の窓からは、この年の12月に完成予定の東京タワーが、にょきにょきと伸びていく様子を望めた。それは事務局内の活気を反映しているかのようだった。

さっそく侃々諤々《かんかんがくがく》の議論となったのが「拠出制か無拠出制か」である。

拠出制とは、保険料を納付した人が年金を受給する社会保険方式のこと。無拠出制は、保険料を納付しなくても税を財源に年金を受給できる、要は税方式である。

財政を考えれば拠出制が良いに決まっている。しかし、全国民を対象にした年金を謳《うた》いながら、すでに高齢の人や、保険料を払う財力のない人は、無関係の制度となってしまう。だから野党の社会党だけでなく、与党・自民党内でも無拠出制の声は多かった。

その余波で、事務局内にも無拠出制が俎上《そじょう》に載っていた。「国民年金発足三五周年記念座談会」(『週刊年金実務』1996年11月25日号)などによれば、こんなやり取りがあった。

「これだけ急いで年金制度を実施するということだが、現実に国民が望んでいるのは無拠出です」(岡本参事官)

「私も本格的な年金をつくりたい。ただどうにもならないのが、保険料を出すにも出せない人が相当数いるはずということ。それをどうするか……」(加藤参事官)

これに猛反発したのが、尾崎事務局次長だった。

「いやしくも国民年金というものをつくる以上は、拠出制を原則にすべきではないか」

加藤らは、尾崎が厚生年金保険課長という立場だから、拠出制のみにこだわるのだろうと感じていた。だが尾崎が言いたいのは、国民の心理的なことだった。

「とにかく日本国民というものは、もらうものは喜んでもらうけれども、出すのはいやがる。例えば年金をもらうことになった場合、5000円じゃ少ないから1万円にしろ、1万円じゃ少ないから2万円にしろという。そういう圧力というのは必ず政治家にかけてくる。政治家はそれを大蔵省なり厚生省に言う。そうすると国家財政上大変なことになるんじゃないか。やはり、もらう以上は出すことも考えなければいかん。資本主義社会というのはそういうものなんだ」

加藤は保険料を出せない人の手当をしつつ、基本は拠出制にすべきとの考えだった。

「無拠出にすると大蔵省は財政の都合で、もうこれ以上出せませんということになり、年金が立枯れになってしまうだろう。拠出制だと、実質価値が維持されないじゃないかという事になるだろうが、いずれ必ず物価に対応させるだろう。だから拠出制にしたい」

逆に岡本は、無拠出制なら大蔵省が給付を上げることにストップをかけるのではと見ていた。

「無拠出にしておけば財政的にこれ以上は出せませんということは言えるわけです。ところが拠出制になったら、最初のうちは受給者がいないから出すものは出さないで、給付のほうだけどんどん上げちゃうんじゃないか」

尾崎は、自身が四面楚歌《しめんそか》になっているように感じた。加藤たちは、全国民を対象にした年金はどうしても抜け落ちる人が出てくる、それを補うには無拠出も必要だ、との考えで無拠出制を提示したに過ぎないが、尾崎は無拠出の先行を阻止したいあまり、苛立ちを見せるようになる。

若手の田川明《たがわあきら》が無拠出に触れたメモを出したところ、

「そんな考えは紙くずと一緒に捨ててしまえ」

と尾崎がその紙を破った一幕もあった。

収拾がつかなくなった尾崎は、小山保険局次長のもとを訪ねた。

「弱っているんですよ。このことにケリつけないと、これから事務局が回っていかない」

小山は、

「そりゃ尾崎君。キミの考えは正しいのだから、それでいこう」

と後押しをした。

その後、小山は激務の合間を縫って事務局に顔を出さざるをえなくなった。尾崎と若手官僚たちのバトルは、むしろ活気があっていいと感じていた。

小山も無拠出制を恒久的な制度として残すのは問題と考えていた。ではどんな位置づけにするか。

「経過的・補完的」

そんな言葉を発明したのが、企画室から移ってきた大和田だ。小山は「そう言おう」といたく感心した。

その頃、衆院解散が取り沙汰されていた。「55年体制」の新たな政治状況が生まれ、信を問うたほうがいいといった程度の理由で「話し合い解散」と呼ばれた。

選挙にあたって自民党政調会長・三木武夫《みきたけお》は、1000億円減税と国民年金創設を二大公約に打ち出そうと考えていた。「いつから実施」と銘打《めいう》ちたい。できれば翌1959年度スタートにしたい。それが可能なのか。実現には、どのくらいの予算が必要か……。事務局の尻を叩いてくる。

小山は事務局の総意を一気に取りまとめた。拠出制を基本とする一方、「皆年金」に配慮して、すでに高齢の人や、保険料納付が困難な人に保険料免除を設け、経過的・補完的に無拠出制を組み合わせる——。そんな方針に固まった。

ある日小山は、三木に呼ばれた。加藤参事官を連れて参じた。

三木は開口一番こう言った。

「100億円ほどで片づかないか」

無拠出制で支給する場合、この予算で賄《まかな》えないか聞いたのだ。当時の大卒国家公務員の初任給(1958年度=9200円、2023年度=22万4020円)で換算すると、現在の2400億円ほど。2020年度の公的年金国庫負担総額は13兆円に及ぶから微々たる規模だが、当時の厚生省予算は1000億円ほど(2023年度は33兆円強)で少ない額ではない。ただ小山はその程度では老後生活の安定のための年金制度にそぐわないと考えた。

「会長、年金をやる時に小さなカネで糊塗したら年金になりません。拠出制にすれば、どうしてもこの程度のことはやらざるを得ません」

拠出制が基本とはいえ、無拠出制もしっかりと給付すべきと詰め寄ったのだ。

三木はうなった。

「やっぱり無理か」

「それは昔の母子年金と同じになります。どうしてもこれは拠出制でやらなければいけない」

小山の言う母子年金とは、1957年1月ごろ、社会福祉団体からの要望で検討された無拠出制年金だ。だが20億、30億円規模で収めようとなり、厚生省内で、国民的な年金制度にするならもっと大規模なものを研究すべき、との意見が出て、立ち消えとなった経緯がある。

「それじゃ拠出制で一番少ない額になるような案を見せてくれ」

小山は、無拠出を「経過的・補完的」な役割にするには、額が大きいと拠出制の魅力が減り、逆に少なければ「皆年金」の意義が薄まると考えた。

その絶妙な額を70歳以降、月1000円（現在の2万4000円ほど）と設定。試算すると（現行公的年金加入者、生活扶助適用者を除く）、300億円ほどになることがわかった。

その報告を受けた三木は、確かに100億では少ないことを思い知る。今度は逆に70歳以降、月1000円ではなく、65歳以降、月2000円はどうかと小山らに提案した。その試算では、900億円に跳ね上がることになった。

それにしても、と小山は思った。国民年金創設という目標は壮大すぎた。ロマンと呼んでもよかった。どのくらい先にゴールがあるのか、訳がわからなくなっていた。

「おい、いったいわれわれは富士登山で言ったら、何合目くらいにいるのかな」

誰にともなくこぼしたが、部下たちは「それを判断するのがあなたの役目」と、冷めた眼で小山を見るばかりだった。

初の年金が争点の選挙

事務局発足からわずか2週間後の4月15日、小山は厚生次官・田邊繁雄《たなべしげお》と協議の上、三木に対し「国民年金制度を実施する場合の問題点」と題する文書を提出する。

「国民年金を実施する場合は、拠出年金を根幹とし、無拠出年金はこれを補完するものとして両者を一本のものとして実施する必要がある。しかし、これを明年度から実施するとすれば、実施機構の整備等準備手続の関係で拠出年金を1年遅らせて実施せざるをえない」

すなわち無拠出制を1959年度にスタートさせて三木らに配慮しつつ、本格的な実施は遅らせると伝えたのである。無拠出が主軸にならないよう、釘《くぎ》を刺すためだ。

前述の試算も併せて提出され、これらはほぼそのまま自民党の選挙公約に生かされた。

25日、衆議院が解散。岸総理は、日比谷公会堂で行われた遊説第一声の演説でこう述べる。

「国民年金制度は今日の公約で最も注目すべきであり、これを(昭和)34年(1959年)度から逐次実施することにより社会保障の画期的な前進を期したい。これにより生活力に恵まれない老齢者、母子世帯、身体障害者の生活が保障されることとなり、福祉国家の完成へ大きく前進することになると信ずる」

こうして日本政治史で初めて、年金が争点の選挙が行われた。

もっとも原彬久編『岸信介証言録』で岸は「この選挙では特に争点というものがなかったように思う」と振り返っているから、岸自身は国民年金創設というレールに乗っただけの感覚だったのだろう。

5月22日の投票結果で自民党287、社会党166、共産党1（定数467）と自民が完勝。その原因が、自民党が国民年金の具体的な数値を示したためと評され、岸は前のめりとなる。岸は、新内閣で厚相に就いた橋本龍伍《はしもとりょうご》に国民年金制度を必ず実施するよう指示。橋本は「明年（1959年）度当初から実施」とアクセルを踏んだ。

こうした流れに乗って、小山は事務局に正式な幹部ポストをつくるべく大蔵省と協議を進めた。7月15日、以下のように6人の幹部人事が発令された。

大臣官房審議官（事務局長）　小山進次郎
大臣官房参事官　加藤信太郎
同　岡本和夫
同（技官）　坂中善治
同　野尻元男
調査官　高木　玄

尾崎事務局次長は、その肩書を残しつつも厚生年金保険課長に専念。

小山がかねてから欲しがった人材が、保険数理に精通する技官の坂中善治《さかなかよしはる》だった。厚生官僚だが人事院職階課長に出向しており、小山が厚生省へ返すよう、田邊厚生次官らに要請していた。恩給関連の仕事が片づき、坂中が事務局に合流したのは6月中旬のことだ。

新任幹部に関して、小山はこんな選考基準を示して募っていた。

「慎重、緻密《ちみつ》かつ専門的知識という点では今までの陣容の外に加える必要なし。早急実施を要望する内外の情勢に応ずるため判断が早く行動的で常識豊かな人物の参加を必要とする」

秀才より、馬力のある人間味あふれる人物を欲しがったのである。

兵庫県民生部保険課長から引き戻されたのが野尻元男《のじりもとお》だ。野尻は医療費の引き上げを巡り、県内の医療機関と膝詰《ひざづ》めで話し合いをもった。小山も保険局次長としてたびたび兵庫県に乗り込んだ。野尻の奮闘ぶりを小山は買っていたようである。

高木玄《たかぎげん》は、年次の関係で課長級の調査官だが、大臣官房にそのポストがなく、無関係の「引揚援護局未帰還調査部調査官」としての発令であった。当初は不満げだった高木も、やがて肩書に愛着を持ち、「なぜ大臣官房に調査官をつくらないのか」と言うほどになった。

この日が事務局の本格スタートと言え、事務局内で「7・15記念日」と呼ばれた。

審議官になった小山はその辞令の席で、厚相の橋本にモノ申さないわけにはいかなかった。準備期間は2年必要と考えており、前述した「明年度当初から実施」との橋本の発言を打ち消す必要があったからだ。

「事務当局としては走れるだけの速さで走るつもりではあるが、大臣が言っているように明年度早くから国民年金制度を実施するということはとてもできない。無拠出制は明年の10月1日から、拠出制は明後年10月1日からというのが現在考えられる最も早いスケジュールであるからそれによって計画を進めたい」

小山の有無を言わさぬ調子に、橋本はスケジュールを変えざるをえなかった。

事務局には新たな、そして最も重要な仕事が舞い込んできた。7月23日、福田《ふくだ》赳夫《たけお》政調会長の下に発足した、自民党国民年金実施対策特別委員会の事務方としての作業だ。委員会を率いるのは、大蔵次官に上り詰めた後に政界入りし、吉田茂《よしだしげる》内閣で建設大臣などを務めた大物・野田卯一《のだういち》。2021年の自民党総裁選に出馬した野田聖子《のだせいこ》の祖父である。

野田委員会

その頃、自民党政調の事務方が国民皆年金の調査のため、アメリカ、イギリス、フランス、西ドイツを視察に訪れている。だがこれらの国の年金はサラリーマン向けで、自営業者を対象にしていなかった。イギリス、西ドイツの年金局長からは「(皆年金は) 費用ばかりかかるのでよしたほうがいい」とのアドバイスをもらった。

事務方はこれらを野田に報告した。だが野田は、

「欧米ができぬと思い込んでいることでも、日本に成就できることがある」

と、超然として言うのだった。

小山にとって悩ましいのは、国民年金創設に向けて「4頭立て」で進んでいたことだった。厚生省、特別委員会、厚生省内に設置された国民年金委員、総理の諮問機関・社会保障制度審議会（制度審）である。

第五章で詳述する制度審は、大蔵大臣要請を再三断ってきた財政学の重鎮、大内兵衛《おおうちひょうえ》・法政大総長を会長とし、絶大な権威を誇った。一方で国民年金委員も、元大蔵次官の長沼弘毅《ながぬまこうき》・公正取引委員会委員長をトップに学者や財界の第一人者で構成された。互いに牽制し合う関係になってしまったのだ。国民年金事務局内で激しく議論された「拠出制か無拠出制か」にしても、制度審は無拠出制、国民年金委員は拠出制を重点に置いていた。

そこで小山はどうしたか。ほぼ無視するのだ。

それから年月が経過していない『週刊社会保障』（1959年8月号）の寄稿「国民年金制度周知月間を迎えて」で、小山は隠し立てすることなく振り返っている。

> もうこの段階に入ったら何はともあれ自分達の考えでまとめるより外はないと判断し、どちらへも伺いを立てることは一切しないことにした。同様に省内に対しても連絡は最小限度に止めることで我慢してもらうことにした。

小山がタッグを組んだのは鼻息の荒い野田であった。その「野田委員会」は「事務当局がしかるべく作成せよ。我々はその出来た案について意見を言うであろう」とのスタンスだ。しかし毎回20人ほど集まる盛況ぶりで関心は高かった。

元エリート官僚でもある野田は、小山、そして36歳で勢いのある高木調査官とウマが合った。すでに高木は、将来の次官候補と目されていた。背丈は低いが、がっしりとした体躯《たいく》、四角い顔に垂れ眼の風貌《ふうぼう》で、人の懐に入るのはうまい。東京帝大法学部在学中に海軍航空隊に所属し、召集解除後の1946年、厚生省に入省。時間が空けば、若手官僚を飲みに連れ出すガキ大将気質の男で、前出の喜多村治雄が初対面の挨拶に行くや「今晩飲みに行こう」。「一、遅刻すれども欠勤せず、二、登庁すれども姿を見せず、三、退庁すれども帰宅せず」なる「高木三原則」を嘯《うそぶ》くお調子者だ。野田は口を開けば「高木君、高木君」だったという。

野田と官僚たちの蜜月《みつげつ》ぶりに、学者らは面白いはずがない。だが小山は、突貫工事でやるには仕方ないと、腹をくくった。

結婚の儀前日に法案成立

岸政権は衆院選での公約を守るべく、1959年1月30日、国民年金法案の閣議決定に漕ぎつける。国民年金準備委員会事務局発足から10か月という早業であった。

法案審議の途中、小山の切れ者ぶりを知らしめた一幕があった。

野党きっての年金の論客・八木《やぎ》一男《かずお》（社会党）が、3月18日の衆議院社会労働委員会でこう質問した。

「老齢と障害と母子の加給の問題が、概念的には閣議で諮《はか》っておられるけれども、普通は老齢が1000円であれば、生活保護の老齢は2000円にしなければいけないと思います。どんなに下っても1000円にしなければ意味をなさない。ところがいまの状態では、半分ぐらいがごまかされるおそれが多分にある」

「加給の問題」には説明が必要だ。

生活保護法では、失業など収入のない生活保護世帯に対する生活扶助費として、基準額（当時は1万円弱）に加え、老齢、障害、母子の世帯は増額（1000円程度）されて支給される。

一方、無拠出年金は前述した70歳以上（老齢）の月1000円のほか、障害者向けに月1500円、母子家庭向けの月1000円の計3年金を創設した。

生活扶助は収入があれば減らされるので、生活保護世帯に無拠出年金が支給されると、扶助が減らされ、年金をもらっていないに等しくなる。それでは何のための国民年金なのか――というのが八木の言う「加給の問題」である。

実はこの点は厚生省も織り込み済みで、生活扶助の支給をさらに加算し、実質年金をもらえるよう、無拠出年金開始時に告示することになっていた。

八木はそれを見逃さなかった。

「告示であれば、岸内閣が変わって厚生大臣が変わった時に……ひっくり返っていけない。だから、法律によることは何も一文もいりませんから、法律で生活保護法で明記する、あるいは国民年金法で明記する、そういうことだけは今一つご返事を賜わりたい」

法律に書けとは、事務局スタッフにも想定外の指摘だった。委員会に出席していた小山は、とっさに岸に耳打ちした。

「最後の決定はまだいたしておらないそうでありますけれども、私は大体においてその額が最低の額として適当だと思いますから、そういうふうに努力します」

岸は小山の言う通り、前向きな答弁をした。

総理の発言は重い。生活保護法は小山の所管外だが、根回しによって生活保護法に老齢加算制度が設けられ、「加給の問題」は解決するのだった。

審議自体は、スムーズすぎるほどだった。

法案の修正は、無拠出制年金の名称くらい。法案提出時、「援護年金」の名称だったが、「金額は乏しいけれども、身体障害者、母子世帯を明るく励ます年金が、生活扶助あるいは扶助年金を連想しまする援護年金という名前はまことに不適当」(3月11日、衆議院社会労働委員会公聴会での国井《くにい》国長《くになが》・公述人発言)との理由で、社会党が提案していた「福祉年金」に変わった。

4月8日、修正案を参議院が可決、翌9日、衆院に回付され、法案はわずか2か月で成立した。大事業にしては、拍子抜けするほどのスピード成立である。

その日の午後――。オンボロの厚生省仮庁舎2階に、スーツ姿の官僚や女性職員、30人ほどが集まった。雨に濡れた窓の外には、前年12月に完成したばかりの鮮やかな赤色の東京タワーがそびえていた。

やがて紙が配られた。そこには尋常小学校唱歌『二宮金次郎』の替え歌が書かれてあった。作詞はあの〝お調子者〟高木玄である。

「て〜ほ〜ん〜は、こ〜や〜まし〜んじ〜ろう」

一同が声を合わせる。苦労が想い起こされ、涙を流す者もいた。ほんのりと赤い顔が見えるのは、冷酒が振る舞われたからだけではないようである。

歌声の先で、煙草を燻《くゆ》らせる、丸眼鏡でほっそりした小山の顔がほころんだ。事務局設置からわずか1年で法案成立という神業は、小山の舞台回し、そして職員を一丸にするリーダーシップがあってこそと、事務局の誰もが感じ、替え歌までつくられたのだ。

翌10日の新聞各紙は、皇太子（現上皇）と正田美智子《しょうだみちこ》さん（現上皇后）の写真がトップニュースを飾った。その日、二人の結婚の儀やパレードが行われるためだ。

国民皆年金のスタートが、そんなめでたい日と重なったのは、年金制度の前途洋々の未来を予見しているかのようである。

しかし、そうはならなかった。

早産児

なぜゼロから立ち上げた難事業が、スピード成立できたのか。

2020年7月、私は事務局の最若手官僚だった吉原健二に、八丁堀のビルの一室で会った。

この時88歳ながら、日本医療経営実践協会代表理事を務めていた。吉原はこう振り返る。

「当時は年金というものがあまり知られていなかったことや、法律が難しくてどこをどう修正してほしいかわからなかったのかもしれません」

一方、小山は『国民年金法の解説』で、こう称《たた》えている。

「国民の強い要望が政治の断固たる決意を促し、われわれ行政官のこざかしい思慮や分別を乗り越えて生まれた制度」

事実、社会党は税方式の年金の対案を出したが、パフォーマンスというより、良い年金をつくりたい想いは政府と共有していた。前出の八木は、委員会採決の際こう述べたほどだ。

「厚生大臣初め政府の各位が、国民年金を本当に世論に従って、それから野党の意見のいいところも十分取り入れて、これを発展される御努力をなさるということを御答弁で、そういうふうになさるという御決心であることを、十分そのことを理解いたしまして、御努力をさらに御要望しまして質問を終りたいと思います」（3月19日、衆院社会労働委員会）

小山は運営上、きわめて難しいことをわかっていた。前述の自民党調査で見たように、外国の年金は自営業者や無職の人を対象にしていない。だが「皆年金」を目指すため、定額拠出、定額給付とし、所得が低い人やない人は保険料納付の免除制度を設けた。

例えば『朝日新聞』10日付の1面は、法案成立を報じた記事の中で「(自民党の）公約よりかなり後退することとなったが同法の施行に伴い一応わが国社会保障制度の骨組みが出来上ることとなる」と、手放しで褒めてはいない。ページをめくると「国民年金制の問題点」という特集記事まで組まれている。いくつか問題点をあげ、拠出制の給付について「40年保険料を納めてようやく月3500円の年金受給資格を得るというような世界で最も長期の年金制であるため、その間にインフレでも起きればせっかくの掛金が無価値になるという心配がある」と指摘した。

そんな「分別」を、与野党一丸となった政治主導で乗り越えてしまったがゆえに、国会で細かな所を議論しようもなかったということだろう。

小山はしばしば国民年金を「早産児」に例えた。岸政権の公約実現のため、突貫工事で成立させるには、小さく産んで、後で大きく育てるしかないのだった。だから年金は、野党、研究者、メディアから攻めるに容易い制度としてスタートしてしまうのである。

出征兵士

国民年金法成立を受けて5月1日、厚生省に年金局が発足した。定員は50人に膨れ上がった。初代年金局長は、もちろん小山。44歳であった。幹部は以下の陣容だ。

年金局長　小山進次郎
参事官　岡本和夫
庶務課長　坂元貞一郎

国民年金課長　野尻元男
福祉年金課長　高木　玄
企画数理室長　坂中善治

福祉年金はこの年11月、拠出制年金の保険料徴収は1961年4月にスタートする。

福祉年金の第1回目の支払いは4か月分で翌1960年3月3日に決まった。アイデアは、例によって高木玄。「第一発目は桃の節句でやろう」という理由であった。

対象は、世帯所得の少ない70歳以上の高齢者で、想定されるのは260万人。国民年金制度の基本はあくまで拠出制にあるが、そのためにも、この福祉年金を確実にスタートさせなければと、小山は肝に銘じた。しかしこれまでは永田町、霞が関の根回しで済んだが、今後は、現場で事務を担う小さな自治体に至るまで、指示を行き渡らせなければならない。

小山の用意は周到だった。

準備委員会時代に遡《さかのぼ》るが、1959年2月中旬、各都道府県知事に対し、4月1日に国民年金連絡班をつくり、課長補佐、庶務係長、係員の3人をつけること、5月1日に国民年金課を設置すること——といった「実施準備体制の整備について」を田邊次官名で通達。

その上で小山が坂元庶務課長を通じ、

「4等、5等級の職員は将来課長補佐になれる人材を」

「班長は45歳以下、係長は40歳以上」

「庁舎はなるべく便利な所に。できれば県庁の中に」

「5月1日に課長を赴任させるので課長公舎を用意してほしい」

などと、微に入り細をうがつ指示を出した。各都道府県からの問い合わせを一手に受けるのは坂元で、「すべて自分が責任を持つから」と見事にさばいていく。

本省から32人の課長が派遣された。新幹線はまだ開通していない時代。出征兵士を送るかのように、小山以下、年金局総出で東京駅などに見送りに出かけた。

秋田県国民年金課長として赴任した辻竹志《つじたけし》は、その時の様子をこう述懐している。

「非常に熱のある送り出しで、うちの女房なんか出発のとき感激していましたからね。あそこで一つの決意ができましたね、やらなきゃいけないという」(「国民年金発足35周年記念座談会(第二部)」『週刊年金実務』1996年12月2日号)

本省からの盛大な送り出しとは対照的に、迎える側は寂しいものだった。辻が秋田駅に降り立つと、迎えは保険課長以下5人ほど。職場は地方事務所の書庫だった。県庁内に部屋が探せなかったのだ。明かり取りの小さな窓があるだけの、20平方メートル程度の部屋。そこに3人の机だけが並んでいる。

「これから35万人の拠出年金の適用をやり、福祉年金も3万4000人ぐらいやらなきゃならなくなってましたから、これでできるんだろうかと……これは大変だという感じだったですね」

(前掲記事)

小山は4月中旬、翌年3月に至るまでの綿密なスケジュールを策定した。

現在のマイナンバー制度が示すように、国家的事業は得てしてスケジュール通りに進まないものだが、小山はそれを許さない。

「このスケジュールだけは予定通り実施しなければならない必要不可欠なものであって、その一つとして遅延、省略のごときは絶対に許されぬ」

そう号令をかけるのだった。

9月に受け付けを始め、11月から裁定（給付を受ける権利の確認）を行う。その間、市町村の機構づくり、市町村職員の研修をやらねばならない。

裁定請求書を決裁して受給者手帳を作成し、知事室の秘書課に出向いて知事印を押す。それを県下の市町村に送付する。手伝いに来た高校を卒業したばかりの女性職員ですら、夜12時まで働く激務だった。辻のいる秋田の冬は厳しい。課長としての大切な仕事の一つは、ストーブの火が消えないよう薪をくべることだった。

1960年3月3日、全国の郵便局窓口で一斉に福祉年金の支給が始まった。市町村から交付された受給者手帳を持っていき、それと引き換えに、4か月分の4000円が現金で渡されるのである。

しかし秋田では、受給者手帳を配り終えていない町や村もあった。県職員が手分けをして、その日朝一番、風呂敷に包んで役場へ持っていく、綱渡りの船出となった。

最大労組の反対闘争

前述の古川貞二郎は1960年1月、国民年金課で霞が関官僚のスタートをきったが、わずか1か月で鉄火場の福祉年金課に異動となる。まだ支払いを郵便局にするか決まっておらず、高木課長の下、激しい議論がなされた。新米の古川の主な仕事は、インターネットのない時代、全国の新聞から福祉年金に関する記事を集めることだった。

現在価値にして9万円弱が濡れ手で粟なのだから当然と言えば当然だが、感謝の言葉で溢れていた。

「『国民年金証書』と書かれた緑色の通帳の間に受け取った4千円を大事そうに挟んで『これで孫におひな祭りのお菓子でも買って帰ります』とホクホク顔」（『読売新聞』1960年3月3日付、夕刊）

「『小遣いをもらったのは何年ぶりか』と涙を流さんばかりの喜びようだった〉（『朝日新聞』1960年3月3日付、夕刊）

鹿児島県知事・寺園勝志《てらぞのかつし》が支給する現場を視察していると、20人ほどの高齢者が「知事さんありがとうございました」と、現金を手に拝まれたとのエピソードもある。

この福祉年金は、高齢者の意識を一変させた。

1957年刊行の深沢七郎《ふかざわしちろう》『楢山節考《ならやまぶしこう》』は、かつて貧しい農村で行われていた、高齢者を山に捨てる「姥捨《うばす》て山」伝説を描いた作品である。それが翌1958年に映画化されてベストセラーとなったのは、高齢化社会に突き進む中、カネを稼がない高齢者は家庭の中で邪魔者扱いされており、日本人は身につまされたからだろう。

それが、高齢者は現金を得て家庭にとっても収入源となった。孫に小遣いをやり、同居する子供らに気兼ねなく晩酌《ばんしゃく》ができた。

だがそれもわずかな間だった。拠出制年金スタートが近づくと、反対運動の火がくすぶり始めるのだ。一気に炎が燃え上がるのは、安保反対闘争の終焉《しゅうえん》によってである。

岸総理が踏み切った日米安全保障条約改定を巡り、全国各地では、再び軍国主義化するかもしれないと、大規模な安保反対闘争が勃発した。1960年6月、条約は自然承認され、岸は刺し違えるように総理の座を降りる。行き場を失った安保闘争のエネルギーが、国民年金に注がれたというわけだ。

古川は実は、安保闘争に一度だけ参加している。国の方向が変わろうとする時に、自分が何のアクションも起こさなくていいのか、それは自己否定ではないか、と感じたからだ。昼休みにオンボロ庁舎を抜け出し、目と鼻の先の日比谷公園から出発するデモ隊に合流した。国会方面、銀座方面の二手に分かれており、バレたらクビになるだろうから銀座方面に向かった。

若気の至りであり、古川は厚生省退官直前まで周囲に黙っていたというが、当時の若者の行動としては珍しくない。

そんな古川だから、国民年金の反対運動に、一定の理解を示したのではないか。

運動の中心となったのが、総評（日本労働組合総評議会）である。1950年に結成された日本最大の労働組合の中央組織で、「昔陸軍、今総評」と称され、その頃は絶頂期であった。岸退陣の翌日、総評は反政府エネルギーを拠出年金反対闘争に引き継ぐ方針を決定。要求は、

「福祉年金は、60歳以上に月4000円」

「拠出制年金は、65歳からの支給開始→60歳、40年加入で月3500円→最低月7000円、保険料支払い期間25年以上→最高で15年」

といった、年金財政など無視した過大な内容だった。

ただ古川が気を揉《も》む必要はなかった。小山局長自ら、矢面に立ったためだ。

岸の後に総理に就いた池田勇人《いけだはやと》が地方遊説中、反対派のデモ隊に取り囲まれる騒ぎがあった。そのニュースを部下から聞いた小山は、顔色ひとつ変えずこう語ったという。

「君らも苦労しているだろうが、お互いがんばろう。こんな問題のために次官や大臣に心配をかけてはいけない。局長限りの責任と判断で何とか解決したいね」

7月29日には、組合員約500人を動員して、厚生省に集団陳情が行われた。

小山は、オンボロ庁舎の国民年金課、福祉年金課の前にある部屋に案内した。腰かけると、バネのビューンと音がするソファがあり、それに互いに座って対峙するのである。運動員が小山を取り囲み、がなり立てるから、交渉にならない。小山はトイレに立つこともできなかったが、逃げ出すことはなかった。

拠出制年金に必要な手続きを済ませると国民年金手帳が交付されるが、600冊の手帳が、秋田から小山の元に届けられたことがあった。反対派が回収して、嫌がらせで送りつけたのだった。

秋田県庁職員が、リュックサックをもって本省まで取りに行かねばならなかった。

1961年4月1日、火だるまの状態になりながら、拠出制の国民年金はスタートした。

厚生省が適用を見込んでいた約2023万人に対し加入者は84%にあたる約1700万人。まずまずのスタートし言えるが、加入割合は農村地区が高く都市部が低かったのは、反対闘争の影響であった。

それでも闘争はやむ様子はない。中でも激しかったのは、1961年8月、高松市での年金局主催の中四国ブロック会議である。小山が国鉄高松駅に降り立つと、付近は赤旗が林立し、会議が行われる旅館前には数百人のデモ隊が終結している。「年金反対!」「局長出てこい!」とシュプレヒコールされた。

だが、小山は周囲にこう語って、怖気づく様子はなかった。

「僕はね。体質的にああいう騒ぎ立ててコトを運ぼうとする人は嫌いなんだよ」

その時、講師として同行した国民年金課課長補佐・竹内嘉巳《たけうちよしみ》が、デモ隊に拉致《らち》される事件も起きている。警察の特別機動隊が救出に向かうべく小山に相談すると、小山は泰然《たいぜん》として言った。

「あいつは絶対大丈夫。喜んでついていったのかもしれん」

もちろん小山は、反対闘争をただ突っぱねていたわけではない。前述のように国民年金は「早産児」なので、柔軟に変える必要性もわかっていた。

拠出制年金の60歳への繰り上げ受給、死亡一時金創設などが盛り込まれた国民年金法改正案が10月に成立。同時に、保険料免除を国庫で負担することを約束し、総評が求めた内容を取り込んでいった。

これには総評も拳を下ろすしかなく、翌1962年5月ごろには反対闘争は自然消滅した。

人に厳しく自分にも厳しい

なぜ、国民皆年金という国家的プロジェクトを、一糸乱れぬ形で進められたのだろう。2つの要因が考えられる。まずは役人たちの気概だ。

古川は2020年8月28日、千代田区麹町のオフィスでこう回想した。

「いまは官邸からやれと言われて官僚はシブシブやってるように見えるけど、あの頃はみんな意気に燃えていた。俺たちが年金制度をつくるんだと。もとより制度の大枠を決めるのは政治で、たくさんある白地部分を行政官が固めていく。やりがいがありました」

古川の5期先輩にあたる吉原健二はこう語る。

「当時の嫌な思い出がないんですね。厚生省というか、私どもがやりたいことができた。国全体の中で社会保障の予算のウエートは非常に小さくて。これから社会保障の制度を整備していく時代だった」

地方の現場の職員もそうだ。残業の毎日で、超過勤務手当がかさむ一方だ。週10時間の残業に及んだが、自治体が本省に泣きついても、せいぜい援助は週2時間分。職員は、手当が出ないにもかかわらず、不満を漏らさずに働いたと、前出の辻・秋田県国民年金課長は振り返っている。

第二に、役人のやりがいを引き出す小山の手腕である。

部下たちには勉強を求めた。「大学の講師になれと言われたら、いますぐできるように」と言い、顔を合わせれば「君はいま、何を読んでいるのか」と聞いた。山崎圭の結婚式で祝辞に立った時には「新婚なりといえども、早く家に帰るなんていうことは考えないでください。覚悟してください」と述べている。

古川は入省して半年たった頃、小山にこう指示された。

「社会党の職員と議論していたら、国民年金の掛け金は実質的に誰のものか、となった。時間かけていいから調べてくれ」

古川は土曜、日曜のたびに神保町の古本屋に通い、ヒントとなる資料を漁った。法律論ならわかるが、「実質的」とは何か。3か月ほど探し回り、田中耕太郎《たなかこうたろう》『商法』を見つけた。掛け金は保険者と被保険者の共同の物という論理だった。古川は「これだ」と思い、一気に原稿用紙100枚ほどを書き上げた。

自信はなかった。恐る恐る局長室に持っていくと、小山は「ああ、あれね」と受け取った。

翌朝、古川は小山に呼ばれた。机には、ところどころに太い万年筆の線が引かれた、その分厚いレポートがあった。一晩で、丁寧に読んでくれたのだ。

「これは優れた論文だから、庶務に頼んでタイプにしてもらって年金局の宝にしたまえ」

小山のその言葉に、古川は、初めて行政官として認められた気がして、天にも昇る気持ちだったと振り返った。

いい加減な報告には「味噌っかす！」と突っぱね、容赦《ようしゃ》ない。課長たちは「閣下」と畏怖《いふ》し、局長室に入る時には足が震え、小山のOKが出ると飛び上がらんばかりに喜んだという。

同時に、きめ細かな気配りもあった。

前述の事務局メンバー・大和田潔は栃木県国民年金課長として出向した。住まいは頼りなかった。トタン屋根で、毎朝、屋根をスズメがちょんちょんと歩く音で目が覚める。小山が栃木を視察に訪れた時、大和田は冗談めかしてその「味わい」を伝えたが、小山は帰京するや、国の予算で公舎を建てようと働きかけた。すぐに県が公舎をつくって結局その必要はなかったが、大和田は「そこまで心配してくれていたのか」と感激したという。

全国の国民年金課長を集めた会合での挨拶は、語り草となっている。

「諸君が是と信じてやった仕事の結果の責任は、すべて自分が負う。中央の顔色をうかがって仕事をする必要なし。地方の特殊事情や困ったこと、意見、要望、何でもよい。あったら夜中でも結構、連絡せよ」

激務が祟《たた》ってか悲劇も起こった。1960年5月、山形県国民年金課長の庄司光二が、県庁での会議中、脳溢血で倒れて亡くなったのだ。すぐさま小山は、「国年創業の激務による公務死だ」と、しぶる人事院を説得したという。

鍛えられた集団は「小山学校」と呼ばれた。人に厳しく自分にも厳しい。すべての責任は自身が負う。これ以上ないリーダー像である。後に小山は「年金の神様」と称される。

その小山が、右腕として重宝したのが、福祉年金課長の高木だった。

古川は、高木からも薫陶《くんとう》を受けた。夜9時、10時まで仕事をすると、高木は「よし、古川君の入魂式をやろう」と、職員たちを連れ立って新橋に繰り出した。新人歓迎会という名の飲み会だが、それが何度も繰り返された。

泥酔《でいすい》した高木を、原宿の公務員宿舎に送り届けるのは古川の役目。古川が入省する前は吉原だった。高木は自宅に着くや急に背筋が伸び、妻に「送られてきました」と頭を下げる。そして「あれを持ってきてくれ」と、サントリーの角瓶を古川に渡す。固辞する古川に、高木の妻は「うちは人にあげるのが好きですから」と言うのだった。

1964年に古川は、前述のように福祉年金課の女性職員と結婚するのだが、仲人は高木夫妻である。

国民年金の産みの父が小山さんとすれば、母は高木さん――。吉原はそう指摘した。

大山小山事件

反対闘争を乗り切った1962年7月、人事異動が行われた。国民年金、厚生年金の実務を所管する厚生省の外局として社会保険庁が発足し、大規模なものとなった。

古川は年金課に配属された。厚生年金基金創設のための厚生年金保険法改正作業グループに参画した。厚生年金基金とは、1000人以上の被保険者で特別法人を組織し、独自に厚生年金にプラスする制度。いわゆる3階部分だ。

担当係長は古川の九州大学の先輩でもある水田《みずた》努《つとむ》。水田にとって、この法案は今後の出世に響く大仕事だった。真剣な眼差しで「古ちゃん、俺を男にしてくれ」と言い、古川は胸が熱くなってそれに応える。小金井の水田の宿舎で古川も泊まり込み、2日間徹夜して200条に及ぶ法案を書き上げた。これは1966年10月に誕生した厚生年金基金制度へと結実した。水田は第五章で登場するが、1989年改正時の年金局長となる。

小山は、その異動で保険局長に就任した。省内の誰もが、小山は数年後には次官になるものと思っていた。

1964年6月、8階建ての新庁舎（現中央合同庁舎第1号館北別館）が完成し、年金局は晴れてオンボロ庁舎から引っ越すことができた。

翌1965年、官僚の出世は、実力だけではどうにもならないことを知らしめる事件が起きる。いまも語り継がれる「大山小山事件」である。

それは以下のような経緯だ。

診療報酬は、学者や医師会、支払い側の健康保険組合から構成される厚生大臣の諮問機関・中央社会保険医療協議会（中医協）で決まる。ところがそこで提案された引き上げ幅8％に医師会が納得せず、膠着《こうちゃく》状態となっていた。厚相の神田《かんだ》博《ひろし》は1965年1月、中医協の答申を待たずに9・5％引き上げる「職権告示」を断行。日本医師会会長・武見《たけみ》太《た》郎《ろう》が「武見天皇」と呼ばれ、自民党に絶大な影響力を持っていた頃である。

反発した健康保険組合連合会（健保連）と4健保組合は、告示取り消しの行政訴訟を起こす。

厚生省の予想に反し、東京地裁は4月、本訴確定までの間、告示の効力を停止する判決を下した。小山は決定の効力を4健保の加入者のみに認めた。

すると患者によって医療費が違う「二本立て料金」が発生し、悲劇が起きた。5月8日、4組合の一つ、全国食糧健保組合の加入者が岩手医科大学附属病院で治療を受けようとした。だが同大は、医師会の指示で「4組合関係者は自由診療（現金払い）とする」と掲示を出していた。そのため加入者は入院を断念し、地元の病院で17日に死亡してしまったのだ。

焦った神田厚相は武見会長と会談し「4組合も新料金に一本化」と合意するものの、今度は健保側が反発。首相官邸で、官房副長官・竹下登《たけしたのぼる》立ち合いのもと、神田や小山、健保幹部との会談も行われた。結局、5月31日、東京高裁が「東京地裁の原決定を取り消す」との決定を下し、小山は、新料金一本化をする通達を出した。

健保法改正案は国会に提出されず、その混乱の責任を問う形で、神田は小山と次官・大山正を更迭《こうてつ》。自身は6月3日の内閣改造をもって辞任した。

小山は、次官の座を目前にして厚生省を去ることになった。

周囲が小山を放ってはおかなかった。厚生年金基金連合会理事長、前出した総理の諮問機関・社会保障制度審議会委員などを歴任。しかし1972年9月、持病を悪化させ、心不全により死去した。57歳の若さであった。

ベスト&ブライテストの生きざま

古川はこう振り返った。

「当時の年金局から次官が何人も出た。これは珍しいですよ。そういう所に私が配属されたのも強運ですね」

「小山学校」の〝先生〟たる小山が失脚した一方、〝生徒〟たちは省内の枢要《すうよう》なポジションを占めていく。

小山の告別式で弔辞《ちょうじ》を読んだのが、右腕だった高木玄だ。この時、援護局長である。

「あなたは私たちに仕事を分担させながら、私たちの持っている最良のものを引き出してくださいました。命ぜられた作業をご報告申し上げた時、あなたからいただいた労《ねぎら》いのお言葉で、徹夜の作業の苦しさも晴れ晴れとした気持ちの中に消えてゆき、自分の力に対する自信が膨らんでくるのでした」

と、小山のリーダーとしての手腕を称えた。

高木は社会局長、社会保険庁長官と順調に出世の階段を上りながら、悲劇に見舞われる。京都大学山岳部の長男が、ヒマラヤで遭難、死亡したのだ。高木は死亡確認の旅に出る際、周囲に落ち込んだ様子を一切見せなかったという。

長男の死から10か月後の1975年7月、高木は次官に就任した。

その他、「学校」当時の庶務課長・坂元貞一郎、係長・幸田正孝、主査・吉原健二はそれぞれ厚生次官に、係長・山崎圭は環境次官になった。紛れもなく、厚生省のベスト&ブライテスト（最良にして最も聡明な逸材）の集合体であった。

古川はそんな先輩官僚の生きざまを糧にして、エリート街道を突き進む。

岸信介首相に抗議する安保闘争に古川が参加したことは前述したが、1987年に岸が死去した際、巡り巡って古川は首席内閣参事官として内閣・自民党合同葬の事務方責任者となった。娘婿の安倍晋太郎から「参事官、いろいろご苦労様。ありがとう」と声をかけられ、長年の胸のつかえが取れたと、古川は懐古《かいこ》している。

児童家庭局長、官房長、そして鬼門の保険局長に。一番の懸案は国民健康保険改革で、自治体によって保険料にばらつきがあり、健康保険組合に比べて保険料が高かった。厚生省、大蔵省、自治省の協議により、自治体が地方交付税で賄っていくことが決まった。

1993年7月、古川はついに次官の座に就いた。政権交代が起き、宮沢喜《みやざわき》一《いち》、細川護熙《ほそかわもりひろ》、羽《は》田孜《たつとむ》、村山富市《むらやまとみいち》と総理はコロコロと替わった。村山は古川の手腕を評価し、古川は次官を約1年半で勇退すると、官僚機構トップの官房副長官に抜擢される。その後、小泉純一郎《こいずみじゅんいちろう》政権まで8年7か月、5人の総理に仕えた。当時の最長在任記録であった。

入省試験で弾かれた農家の長男を掬い上げた小山進次郎の眼に、狂いはなかった。

第三章　年金局長の野望

剝げ落ちた看板

宮城県岩沼市は、仙台市中心部から車で30分ほど南に下った所にある。見渡す限りの平地が広がり、東側は太平洋に面している。そのせいで２０１１年の東日本大震災では、市内の約半分が浸水する壊滅的な被害にあった。

一方西側には、平地の中にぷっくりと、標高数百メートルの丘陵が鎮座している。そちらへ車を向ければ、やがて薄汚れた銀色のアーチが見えてくる。

「グリーンピア岩沼」

そこを潜り抜け、丘陵のふもとの住宅や医療機関のある一帯を過ぎると、木々に囲まれた寂しい山道に入った。心細くなった辺りで、高速道路の料金所のような建物が現れた。

「ようこそ　グリーンピア岩沼　この先１３００ｍ」

修復をする気もないといった剝げ落ちた青い看板であった。「宿泊・スポーツ施設案内」とあり、テニスコート、フットサル場などと列挙されているが、手相の線のような亀裂が入っている。蜘蛛《くも》の巣も張っていた。〝料金所〟の内部も埃《ほこり》まみれで、軽く10年は使っていなさそうだ。

２０２２年12月の平日、私は結局、一台も車とすれ違わず、山道を登りきった。確かに、立派な宿泊施設やテニスコート、プールなどは広がっているが、利用者は一人も見えない。車が何台も止まっているのは、職員のものだろう。

「グリーンピア岩沼」は、標高１９１メートルの千貫山《せんがんやま》一帯１７７ヘクタールを切り開き、１９８８年４月にオープンした「大規模年金保養基地」である。有り余る年金保険料の使い道として、レジャーブームに乗って設置された13か所のうちの一つ。広大な敷地に、年金生活者だけでなく、家族たちも余暇で利用できるよう、宿泊、スポーツ、レジャー施設がつくられた。総工費78億円は全額、年金保険料である。

しかし気軽に海外旅行に出かける時代に、このような場所のレジャーにニーズがあるわけがない。経営不振にあえぐのは必然で、２００２年度末で負債総額１億８１００万円。２００３年度での廃止が決まり、岩沼市が３億６８５万円で譲り受けた。投じられた年金保険料の26分の１しか回収できなかったわけだが、その損失の責任が問われることはなかった。

2004年から第一ホテルサービスが、2022年からホテルテトラが市から施設を借り上げ、ホテルなどを運営している。だが、あまりに寂れており、経営が行き詰まるのも時間の問題であろう。

いったい、なぜこんな無謀な計画がまかり通ったのか。その誘致には、仙台市が故郷の厚生省年金局長がかかわっている。

自信家局長

仙台は、初代藩主・伊達《だて》政宗《まさむね》の時代から味噌の製造が盛んな街で、仙台味噌は、風味高くそのまま食べることができるため「なめみそ」と称される。1924年、仙台駅から北に3キロほどの所に位置する300年続く味噌・醤油製造店に、一人息子・横田《よこた》陽吉《ようきち》が生を受けた。

横田は秀才の名をほしいままにし、旧制仙台二中、旧制二高、東大法学部と見事なエリート街道を歩んだ。外交官や法律学者を志すのも当然で、味噌屋を継ぐことはなかった。1947年、大学を卒業すると「官庁の中の官庁」と称された内務省に入省。ただ内務省は強大な権限を誇ったがゆえに、その年、GHQ（連合国軍最高司令官総司令部）によって解体されてしまい、横田は1年もたたずに厚生省に移った。

前章で描いた小山《こやま》進次郎《しんじろう》も、旧制二高、東京帝大と進学したが、入省は、内務省から分離していた厚生省である。成績だけで言えば、横田が上回っていたということだろう。

横田は医務局管理課長、薬務局薬事課長、大臣官房会計課長、医務局次長と着実に出世し、1972年6月、小山から数えて6代目の年金局長に就く。

小山は次官目前に失脚したものの、後任の山本正淑《やまもとまさよし》、それに横田の前任の北川力夫《きたがわりきお》は次官になったから、横田は次官候補の筆頭に違いなかった。1974年に予定される5年ごとの財政再計算は、インフレなどの急激な変化で1972年に繰り上げることが北川局長の時代に決まっていた。年金改正は年金局最大のイベントだ。横田が次官になれるかどうかは、その難事業を乗り切れるかにかかっていた。

もっとも、それは難しくなさそうだった。「小山学校」とは無縁で、年金とのかかわりは社会保険庁長官官房経理課長くらいの横田に、上層部は配慮したのだろう。幹部たちをものの見事に「学校」の教え子で固めていた。

企画課長　大和田潔
年金課長　幸田正孝
資金課長　持永和見
数理課長　竹内邦夫

国民年金準備委員会事務局や年金局で、小山に鍛え上げられた面々である。横田は彼らの〝神《み》輿《こし》〟に乗りさえすればよかった。

ところがそれを、横田のプライドが許さない。

何しろ横田は大変な自信家であった。数々のインタビュー記事を読むと、記者はよほど鼻についたのだろう、それを匂わせている文章は少なくない。

例えば、『社会保険旬報』1972年8月21日号の「この人」欄で、局長に就任したばかりの横田が取り上げられた。

プロフィール欄で、ゴルフの腕前を「省内ベスト3」「流れるようなフォームですよ」と自賛するのはご愛敬として、

「年金の魅力化対策」をキャッチフレーズに改正の重点は「給付水準の高度化」「年金積立金の個人貸付等による被保険者への還元」に置き、「問題点を回避するつもりはない」といい切る。高福祉・高負担についても「福祉の大幅改善で初めて高負担が実現する」と歯切れのいい答えが返ってきた。

と記者はそう記した上で、「この人の話を聞いていると実現できぬものがないように思えてくる」とも書くのだった。さらにこう続く。

話が厚生行政全般に及ぶと「今までの行政プランはあまりにもみみっちすぎる。一挙に財政資金を投入して片づけた方がよいものがずいぶんある。そのためにも、大口預金者である

年金局長の責任で財投資金をとってくる」と自信のほどを披歴。

「年金積立金の個人貸付等による被保険者への還元」は、前述の大規模年金保養基地に他ならない。なお財投とは「財政投融資」のことで、民間金融機関では対応が困難な分野に政府が資金供給を行う制度。その原資の多くは年金積立金なので、横田が年金局長の権限で分捕ってこようというのだ（第六章で詳述）。

そんな大風呂敷を広げる年金官僚の前に、時代の必然かのように、「コンピューター付きブルドーザー」の異名を持つ宰相が誕生する。

田中角栄の昼食会

田中角栄が総理大臣に就いたのは、横田の局長就任翌月の1972年7月。戦後最年少の54歳と脂が乗り切っており、メディアは豊臣秀吉（太閤）のように貧しい身から立身出世したことから「今太閤」などともてはやした。

6月に発刊された角栄の著書『日本列島改造論』が90万部を超えるベストセラーになったのは、角栄の総理就任に重なっただけでなく、戦後復興から続く右肩上がりの経済成長に、国民がさらに酔いしれたい想いがあったはずである。

総理就任直後の暑い盛り、角栄は各省局長を省別に首相官邸に呼び、カレーライスを振る舞って昼食勉強会を行った。
厚生省の番になった。話すのはもっぱら、横田か社会保険庁長官の戸《と》沢《ざわ》政方《まさかた》。

角栄の周辺は、翌１９７３年を「福祉元年」と名付け、福祉を推進する方針を示していた。横田はそれをとらえて、こう言い放つ。

「あなたは福祉元年などと調子のいいことを言っているけれども、日本列島改造論と並ぶくらいの力こぶを入れてやらなかったらモノにならない」

横田は角栄より７つ年下。エリート官僚のプライドだろうか。ぞんざいな態度は、一国の総理に対しても変わらなかった。

角栄は面白いヤツと思ったのか、額に汗を滲ませ、カレーライスをかき込みながら、

「そうしたら、どうやればいいのだ」

と、身を乗り出した。

横田は、いくつか列挙し、その一つに、年金積立金の被保険者への還元、すなわち年金福祉施設の設置を掲げた。

角栄は大きくうなずいた。

戦後のレジャーといえば、貸し切りバスでの観光だった。１９４８年、新日本観光株式会社が創立し、都内を遊覧する「はとバス」が誕生。１９４９年正月、成田山初詣でが団体貸し切りバスの第一号となった。１９５８年には冷暖房、回転イスのついた豪華貸し切りバスが誕生するな

ど、バスでの団体旅行が人気を博した。

1961年、経済企画庁による「経済報告」に「レジャーブーム」の記述が登場する。

都市では高所得者層を中心に、ドライブ、旅行などいわゆるレジャーブームの兆しがみえている。当庁の『消費者動向予測調査』（昭和36年2月調査）によれば、過去1年間に11泊以上の慰安観光旅行を家族連れで行った世帯は調査世帯の29％を占め、自家用車の所有者は半年間に2倍以上に増えた。また国鉄の周遊券利用者も前年度より41％増えた。

1961年といえば、前章で描いたように国民皆年金がスタートした年であり、同年11月、国民年金、厚生年金の年金積立金を使い、融資事業、または宿泊所など「福祉施設」の設置・運営をする機関として年金福祉事業団（年福）が設立された。
当時、積立金を年金給付以外に使うことは、むしろ歓迎されていた。小山進次郎もこう述べている。
「年金制度というものは、なるほどいいもんだといずれ年金が受けられる他に、毎年拠出をした保険料というのは、こういう形で身近な所に帰って来て、現実に自分たちの生活内容をよくしてくれるというようなことが、感じられる」（『週刊社会保障』1961年5月号）
小山の頭にあったのは、前述した横田のコメントにある「個人貸付」など、国民生活に密着した使い方だった。個人の住宅融資は、住宅金融公庫の事業との兼ね合いで許可されなかったが、企業の社宅などの融資は始まり、申し込み件数は年々、ウナギ登りとなり好評を博した。

一方、福祉施設についてはたなざらしとなった。

福祉施設の建設は、すでに厚生年金保険法で認められており、厚生省所管の厚生団（厚生年金事業振興団）が1961年4月に「東京厚生年金会館」をオープンするなど、設置が進められていた。何も年福がそこに参入することもないというわけだ。

しかし小山は、参入の気配を感じ取っていた。

「事業団を通じてやる事業種目は、狙っておった半分くらいになった。生活に密接したというものより、何だか最近のレジャー・ブームに乗って栄えるような種目のほうに運用が向いていきそうだ」（前掲記事）

確かに新幹線は開通しておらず、海外渡航は職業や留学などの理由が必要で一般市民には無縁の時代だった。余暇の過ごし方は近隣地域に限られており、乗用車が普及する中、ちょっと離れた場所に家族で楽しめるレジャー施設をつくれば、ニーズがありそうだった。

慧眼《けいがん》の小山は、年金という公的資産を使う以上、ブームに乗ってはならないと思っていた。その懸念は的中する。

1963年7月には日本初の高速道路の名神高速道路が、1964年10月には新幹線が開通。同年4月に持ち出し外貨の規制が緩和され、海外旅行が自由化されたのを受け、ホテルと航空券を抱き合わせにした日本発の海外パッケージツアー「ジャルパック」が誕生している。こうして旅行の幅は格段に広がった。

1965年、松下電器産業（現パナソニック）が日本で初めて「週休2日制」を導入し、余暇の使い方が注目された。ビジネスチャンスとばかりに、レジャーは多様化。1963年、初の「全日本ボウリング選手権」が開催されてボウリングがブームに。1965年に「こどもの国」、1966年に「常磐ハワイアンセンター」（現スパリゾートハワイアンズ）が開園されるなど、民間によるレジャー施設も誕生した。1960年代後半にはほぼ全世帯にテレビが設置され、娯楽は家の中にも求められた。

何もレジャーに官庁が乗り出す必要はないのだが、厚生省外局の社会保険庁が飛びついた。厚生年金保険法だけでなく、国民年金法でも福祉施設の設置が認められているため、所管の社保庁が林立させていったのだ。角栄の総理就任と前後するように、「国民年金保養センター」だけで垂水温泉ホテル（1972年3月）、阿多多羅《あだたら》（同年5月）、青島太陽閣（同）、草津グリーンパレス（同年8月）、もがみ（同年11月）、湖陵荘（同年12月）とオープンさせている。

ただしこの時点でも厚生省は、年金福祉事業団に関しては融資事業だけでいいと考えていた。横田の前任の北川局長は、1971年5月20日の参院社会労働委員会でこう答弁している。

「長年厚生団の行なっております事業と同様なものになるということが多分に予測をされると思います。……厚生団の事業とのオーバーラップというものもございますので……機運の熟するような段階ということになりませんと……現在ではもっぱら事業団は融資業務を行ない、また福祉施設の方は厚生団のほうでやっておる」

年福は設立から10年、福祉施設に手をつけないで来たのだが、それに批判的だったのは、実は野党であった。この答弁は、野党公明党・渋谷邦彦参院議員に対してのもの。「大衆福祉の実現」を標榜する公明党は、１９６４年に結成されたばかりとはいえ、１９６９年衆院選で47議席獲得して第3党となる大躍進を果たしていた。

渋谷は、こう指摘している。

「依然としてこの年金福祉事業団においては融資の事業しかやっていない。それでその福祉事業団としての本来の義務もやはり逸脱する面がまだ残されている」（１９７０年8月11日、参院社会労働委員会）

もっともこれはレジャーではなく、老人ホームを想定していた。

「療養施設であるとか老人ホームが非常に少ない。昭和39年3月末の調べによりますと、これら厚生年金保険等を通じてつくられた施設の数が確か２６７と記憶しております。それで十分だとは言えない」（同）

世界的に遜色ない施設

角栄との昼食勉強会の頃に話を戻す。

「大口預金者である年金局長の責任で財投資金をとってくる」、すなわち年金積立金を大蔵省から分捕ってくるとの横田の意気込みに、角栄はゴーサインを出した。そこから突然、10年膠着《こうちゃく》状態だった年福による福祉施設設置が動き出すのだ。

角栄は大蔵大臣も経験しただけに、大蔵省の反応も素早かった。厚生省と話し合いがもたれ、1か月後の8月には、年福の福祉施設事業実施、さらに住宅金融公庫との兼ね合いでストップした個人の住宅融資制度新設を合意する。

年福に似た組織に、1962年に設立された郵政省所管の簡易保険郵便年金福祉事業団（簡保事業団）がある。簡易保険と郵便年金の掛け金で「かんぽの宿　熱海」（1955年創業、当初は郵政省が運営）を皮切りに、加入者向けの福祉施設を全国に林立させてきた。

横田は、「かんぽの宿」や、野党が言う老人ホームといったレベルの施設をいまさらつくる気はなかった。大風呂敷を広げる男は、世界的に見ても遜色のないレジャー施設を構想する。イメージするのは、ソ連のコーカサス、ソチ、ヤルタといった保養施設、もしくは1960年にアメリカ・アリゾナ州に開発された、高齢者用の人工街・サンシティである。

一か所あたり100万坪、200億円――。100万坪といえば、東京ディズニーランド（約15万坪）の6倍にあたる、とてつもない規模だ。

そうは言っても、これだけの広さの用地を一気に取得でき、しかも辺鄙《へんぴ》すぎない場所となると多くはない。厚生省は候補地探しを始めた。

浮かび上がったのは、岩手県田老町、新潟県津南町、兵庫県三木市。横田はこの3か所で十分と考えた。

ところが厚生大臣・塩見《しおみ》俊二《しゅんじ》には物足りなかった。高知が選挙区の塩見は、わが街にもつくりたいと考えたようである。場所は未定ながら、全国10基地、総額2000億円の「大規模年金保養基地構想」をぶち上げたのだった。

当時、年金局企画課数理専門官だった坪野《つぼの》剛司《つよし》が振り返る。

「カネはどうするんだ、年金積立金を使えとなって、（年金制度の）傷が広がるのです。政治がつくれというのでつくらざるをえないでしょ。大蔵省から職員が派遣されてきて、私の隣の席に座っていました」

周回遅れのレジャービジネス参入のため、厚生年金、国民年金あわせて5兆1000億円の年金積立金が使われることが決まった。

局長と数理課長がケンカ

角栄との昼食勉強会の後、横田は角栄と二人きりで何度も会っている。それは角栄が、衆院解散を睨《にら》み、何か年金で目玉をつくりたい思いがあったからだろう。

9月、角栄は政権発足85日にして日中国交正常化を成し遂げた。それを受け、中国から2頭のパンダ、カンカンとランランが上野動物園に贈られ、大フィーバーとなる。角栄の右腕の自民党幹事長・橋本《はしもと》登美三郎《とみさぶろう》が解散を示唆し、マスコミは「パンダ解散」を煽《あお》る。その流れは角栄をしても止めようがなかった。

ここで国民年金創設から、ここに至るまでの変遷《へんせん》を押さえておきたい。

小山進次郎の後任の年金局長・山本正淑が目をつけたのは、厚生年金だった。1954年に厚生年金保険法が全面改正されて以降、ほぼ手直しは行われてこなかったためだ。山本は、生活水準の向上を受け、厚生年金の給付額とともに保険料アップに取り組む。それが、加入期間20年の標準的な高齢者の年金額を1万円とする「1万円年金」である。

3代目の年金局長・伊部英男は、国民年金初の「財政再計算」となる1966年、給付のアップに着手。保険料を25年納付すれば月額5000円、すなわち夫婦で1万円という、厚生年金と同様の「1万円年金」に改正された。さらに1969年には、厚生年金、国民年金とも「2万円年金」に引き上げる改正を行った。

ただこうした額面で年金額を打ち出すことは、毎年5％前後物価が上がる状況では意味をなさなくなった。そこで厚相の諮問機関・社会保険審議会厚生年金保険部会では、ILO（国際労働機関）の基準である「男性労働者のボーナスを含む平均賃金の40～45％」を満たすよう、年金額を平均標準報酬（ボーナスは含まない）の60％を目途にする意見が出始めていた。「標準報酬」とは、計算しやすいよう、実際の賃金をキリのいい数字に分けた額（現在は8万8000円～65万円まで32等級）のことだ。

年金を額面でなく、現役世代との比較で決める転換であった。

それを受け、横田の前任局長・北川力夫の下、数理課長・竹内邦夫《たけうちくにお》らが1973年改正のための計算を行った。厚生年金は「定額」「報酬比例」の2階建て構造になっており、定額部分の「460円×期間」を、800円くらいにできないか進めていた。かなりの高額であり、保険局長への異動が決まっていた北川の置き土産でもあった。

ところが1972年6月、横田は局長に就任するや、課長たちを集めてこう言い放った。

「460円だから2倍の920円にしようや」

竹内数理課長は、課長補佐の田村正雄《たむらまさお》に対し、前日までに800円で計算するよう指示していた。それを横田はちゃぶ台返しにしようというのだ。

竹内は、東京文理科大学（現筑波大学）で数学を学び、1950年に入省。国民年金創設時の1961年、年金局入りして以来、年金数理一筋である。剣道が趣味というスポーツマンの一方、省内でいつも運動靴を履き、眉間《みけん》にしわを寄せてぶっきらぼうに話す、職人気質の男だ。

竹内は相手が局長だろうが容赦《ようしゃ》なかった。

「あまり無条件にいろいろなことを考えられては困る」

ただでさえ高い数字なのに、それをさらに上げるのは計算が合わない。これを法律に落とし込むわけにはいかないと、竹内はとっさに口にしたのだ。

血の気が多い横田は、もちろん黙っていない。

「今日はもう局議はやめだ！」

竹内は引かなかった。

「課長連中だけでディスカッションしよう」

と呼びかける。だが資金課長・持永和見《もちながかずみ》は大人の対応を見せた。「数理課長、謝れ、謝れ」ととりなしてその場を収めるのだった。

だから横田の主眼は厚生年金アップにあった。

しかし角栄は、年金制度に詳しいわけではない。角栄の『日本列島改造論』には、「年金」の文字はただの一度も登場しない。「800円」だの「920円」だの、よくわからないだろう。

その点、全額税金で支給され、額が明確な福祉年金はわかりやすい。年金数理も関係ない。受給者数は400万人に及ぶ。それはすなわち「票」だ。

角栄は1969年の衆院選挙を幹事長として陣頭指揮し、自民系無所属を合わせて300議席の大勝に導いた。ここで、選挙に強いという角栄伝説が生まれた。その角栄が、次の選挙で負けるわけにはいかなかった。

横田との面会の席でこう告げる。

「君がどうのこう言っても、福祉年金というのは何とかしなければならない」

宰相の気迫に、横田は押し黙るしかなかった。

福祉年金を握るのは大蔵省である。横田のカウンターパートは主計局長・相澤英之《あいざわひでゆき》。3年前、人気女優の司葉子《つかさようこ》と再婚したプレイボーイだ。角栄の意思を適確に汲み取り、財源の規模を弾き出す。

「パンダ解散」を前に、角栄は国会でこうぶち上げた。

「老人福祉年金という問題に対しては、これは何とかしたいということで、今年は2300円から3300円に上げたわけでございますが、それで1264億円の財源を必要としておるのでありました。……5000円に上げると2093億円かかる。これを1万円にすると幾らかかるのかというと5672億円ということでございます。これは先の短い老人の皆さまに対することでございますから、これはほんとうに第一にやらなければならぬことである」（1972年11月8日、衆議院予算委員会）

11月13日、衆議院は解散され、12月10日投票となった。角栄は、年金改正を重要公約に位置付け、福祉年金1万円、厚生年金5万円を打ち出した。この5万円は、先に述べた平均標準報酬の6割にあたる額である。

しかし年金の大盤振る舞いは、選挙向けの付け焼刃の政策と見破られていたようだ。何より、角栄のアイデンティティ「列島改造」への幻滅が大きかった。

自民党は解散前議席297から271へと大きく後退した。

福祉元年

衆院選後、第2次田中内閣が発足した。大蔵大臣は植木《うえき》庚子郎《こうしろう》から愛知《あいち》揆一《きいち》へ、厚生大臣は塩見俊二から齋藤《さいとう》邦吉《くにきち》へと変わった。

齋藤は、1933年に内務省入省、労働事務次官まで務めたのち国会議員に。このたびが初入閣であり、内務省の後輩である横田が、すでに角栄と人間関係があることを面白く思わなかった。

横田が角栄と面会した時のこと。角栄は、メモ用紙に何やら書いて横田に手渡した。

「これでやってくれよ。俺は7000円年金とは言わずに最終の1万円年金と言うから」

メモには「5000円、7500円、10000円」とあった。国会答弁で語った、来年5000円、年々上げて、最終的に1万円にする案をともかくやれというのだ。

「いいか」

と、角栄は念押しする。横田も大盤振る舞いが過ぎると感じたが、逆らいはしなかった。

横田は上司である齋藤に報告すると、こう返ってきた。

「ああ、いいでしょう。あなたはどうせ田中さんと直通で厚生大臣などどうでもいいのだから」

そんな皮肉も横田にしてみれば、最高権力者と一体と見られて悪い気はしなかっただろう。

もっとも齋藤も、角栄からメモ書きを渡されている。

年金課長の幸田正孝に、

「角さんの直筆だ」

と見せた紙には、福祉年金をなんと2万円にすると書かれてあったという。幸田は「当時の政治家の年金に対する一般的な認識ではなかったかという気がします。拠出制年金より福祉年金をどうするかに強い関心があったのだと思います」と振り返っている（『週刊社会保障』2011年6月13日号）

福祉年金が青天井となりえたのは、蔵相の愛知の思いも強かったからだ。

東京生まれの愛知だが、父が東北帝大教授となったために、仙台市に移り住み、旧制二高、東京帝大と進学。横田はその17年後輩ということになる。

大蔵省銀行局長を経て、国政に進出。吉田茂首相の側近13人衆に角栄とともに名を連ねて頭角を現し、官房長官、外務大臣を歴任した大物議員。田中派に属し、総裁選で角栄の政策立案を担う、角栄の懐刀であった。

政治センスにも長けていた。1973年を「福祉元年」と言い始めたのは、この愛知である。齋藤は田中内閣初の予算編成を「福祉元年予算」と銘打《めいう》ち、福祉に予算を割こうと意気込んだ。前出の相澤主計局長とともに、ともかく財源をかき集めた。

こうして一般会計14兆3000億円で前年比24・6%増。社会保障関係費は初の2兆円超えの28・8%増という大盤振る舞いとなったのだった。

角栄一人の力ではとうてい成しえない、愛知あってのことだった。横田はそれを頼もしい思いで見ていたのだが、やがて愛知と相まみえるとは、この時は知る由もない。

数理課長が出入り禁止

そんな政治家や横田の暴走を、「小山学校」の課長たちは止めなかったのか。

小山進次郎が死去したのは、横田が角栄と面談を重ねていた時期の1972年9月5日である。最期の寄稿となった8月刊行の『別冊社会保障研究』で、小山は〝遺言〟のようにこう記している。

「これからの大問題は年金額を頼るに値する程度にしていくための骨組みをつくり上げていく」

「経済がいまのような状態で進展していくならば、年金額もタイムラグが最も少ない形において対応して上がっていくような仕組みを完成しなければならない」

前段は、「現役平均的賃金の60％」を満たすという考えを取り入れて結実する。

後段は、消費者物価の変動に合わせて自動的に上げていく「物価スライド」の仕組みだ。

小山は寄稿で「われわれの年金制度の中に経済成長に対応するような仕組みをビルト・インできなかった」と反省した。

後に次官となる幸田正孝は、小山だけでなく、山本正淑・年金局長の薫陶《くんとう》も受けて「山本一家」を自称する、年金官僚のエースだった。横田が局長となる2年前の１９７０年8月、年金課長に就いている。

前任課長は、次章の主人公となる山口新一郎《やまぐちしんいちろう》。１９５４年の厚生年金保険法大改正に携わり、「1万円年金」の１９６５年改正を年金課長補佐として、「2万円年金」の１９６９年改正を年金課長として担当。「年金のヤマシン」として名を轟かせていた。

その山口からの最大の引継ぎ事項が「物価スライド」であった。

インフレに対応すべく、年金額を5年ごとの財政再計算を待って改定するのではなく、消費者物価に5％以上変動があった場合、自動的に翌年の年金額を変える制度。それを次期改正案に盛り込むことに成功した。

つまり小山の〝遺志〟は、引き継げたと言える。

問題は、年金財政との整合性であった。

「60％」を満たすため、保険料をどうするか。現役の平均的賃金に対し、「1万円年金」は36％、「2万円年金」は45％で、ただでさえ相当な年金額引き上げだ。加えて、物価もそうだが、給料は毎年10％前後も上がっていたから、それにともなって年金額はウナギ登りとなる。

これでは積立金もスッカラカンになってしまうじゃないか――。

竹内数理課長は頭を抱えた。

数理のプロフェッショナルを「アクチュアリー」と呼ぶ。竹内は、アクチュアリーは年金の「番人」であり「舵取り」の役割をしているとの自負があった。しかし今回の改正は、そのプライドを踏みにじられているように感じた。

横田は竹内のこだわりに耳を貸す気はなく、「ともかく計算せよ」と尻を叩いた。しまいには竹内を局長室に出入り禁止とし、

「数理課なんて百害あって一益なしだからつぶしてしまえ！」

とまで言い放ったという。

竹内は、法案の原案づくりから排除された。幸田年金課長と持永資金課長がウイスキーを舐めつくることになった。

その腹いせのように、数理課で生まれた言葉が「動態計算」であった。物価や賃金、積立金の運用利回りなどを「動態的」に見通して保険料を決める方法。そうしないと、年金給付に対応できないというわけで、当然、保険料は跳ね上がる。

竹内は法律を超越したような計算と感じていた。しかしそれでよかった。このままでは年金が

成り立たないことを示したかったからだ。「脅かしの意味」もあったと、後に竹内は振り返っている（『季刊年金と雇用』1988年6月号）。

横田は保険料の高さに慌てた。厚生年金は、まずは低めに設定して、将来にわたって上げていく「段階保険料方式」をとっていたが、それを国民年金にも適用せざるをえなくなった。

「動態計算」に関しても、当の横田はよくわかっていない。

「動態計算といってもさっぱり分からないのだよね。……大詰めになって（社会保障制度審議会から）答申を出してもらう直前に、お前の言っていることはさっぱり分からない、何を言っているのだと怒られましてね」（『季刊年金と雇用』1988年3月号）

年金数理から逸脱した手法は他にもあった。「60％」にする際に行われた「賃金の再評価」だ。

厚生年金の額は、現役時代トータルの平均標準報酬に基づいて計算されるが、当時のように賃金がグングン上がっている状況だと、入社時と退社時の額にかなりの差があり、その平均値では、いざ年金をもらう時に価値が低くなってしまう。そこで、過去の標準報酬額に当時の経済状況を加味して「再評価率」を掛けて増額させていく仕組みができた。

だがどういうわけか1958年3月以前の再評価率は3・87倍で統一された。なぜか。

当時、年金局企画課数理専門官だった坪野剛司が証言する。

「戦時中とか戦争直後の記録は、紙もインクも悪い。どうやって復元するのよ。いまみたいにパソコンないんだから。書類はあっても消えてわからない。その復元にエネルギーを使うより、期間だけカウントしようとなった。切り捨ててもサンプル調査で変わらないじゃないかとなった」

後に問題視される「消えた年金記録」は、すでに始まっていたのである。

１９７３年２月17日、法案は国会に提出された。

初の年金ストライキ

この国会審議の過程で、角栄は自身の金看板「列島改造」の旗を降ろした。

「列島改造論、狭いながらも日本の列島を改造することによって、まだまだ希望は持てるのだという意味で書いたわけでございますが、あの書き方というのは少しまずかったと思います」「通産大臣在職中でございまして、早々の間にものしたものであるというところで、あれは通産大臣ではなく私が厚生大臣の職にあれば、その方（福祉）から書いたわけでございます」（３月31日、参議院予算委員会）

議事録によれば議場は笑い声に包まれたというが、冗談めかした答弁は、精一杯の強がりだろう。

高度経済成長の歪みは、水俣病、四日市ぜんそくなど四大公害病などの形で露呈《ろてい》しており、前章で見たような総評（日本労働組合総評議会）に代表される労組の勢いは、加速していた。それは政府と厳しく対峙する革新系首長の誕生に結びつく。蜷川虎三《にながわとらぞう》・京都府知事（１９５０～78年）、飛鳥田《あすかた》一雄《いちを》・横浜市長（１９６３～78年）、美濃部亮吉《みのべりょうきち》・東京都知事（１９６７～79年）、黒田了一《くろだりょういち》・大阪府知事（１９７１～79年）らである。

田中政権が「福祉元年」を打ち出し、年金法案を提出したことで、労組はボルテージを上げる。4月3日、社会、共産、公明、民社の野党4党が共同で、年金額を引き上げて「6万円年金」を物価スライドではなく賃金スライドにする——といった内容の年金改革案を国会に提出。

野党が賃金スライドにしたいのは現役世代の努力が高齢者に及ぶべきという考えで、一方の物価スライドは、年金はあくまで生活保障との考えに基づく。どちらも真っ当なのだが、本音では、物価上昇率が5％前後に対し賃金は10％ほど毎年上昇しており、賃金スライドでは年金財政が持たないということだった。

これをテコに、17日、野党の支持母体である国労、全逓など53単産（同一産業の労働組合）、約350万人がストライキに突入した。史上初の「年金統一ストライキ」である。

源流は、高齢者による労働運動だ。田中政権発足10か月前の1971年9月15日の敬老の日、「第1回9・15高齢者大集会」が開かれた。場所はいまの両国国技館で、当時は日本大学講堂だった。そこに1万人もの高齢者が参集。高齢者だけの集会としては史上最大規模となった。

私は2020年9月、元総評社会保障局長の公文昭夫《くもんてるお》を、葛飾柴又の自宅に訪ねた。90歳になるが、豊かな白髪で声に張りがあり、かつての「闘士」をうかがわせた。当時をこう振り返った。

「高齢者が一致団結して組織をつくろうと、老地連（全国老後保障地域団体連絡会）とか、総評が中心になって『全国退職者の会』ができた。いまでは考えられませんが、高齢者の集会やろうや、と1万人集めるのです。国技館で開いたのは、千駄ヶ谷にある総評の会館では収まらなかったからです。いまの年金では食えない、出稼ぎにきている若い労働者も自分の低賃金からカネを送るなんてできない、と。オヤジやオフクロが食っていけるような年金を出せ、というわけです」

田中政権が「福祉元年」を打ち出したのは、こうした労組の圧力とは無縁ではなかった。それほど、労組にとてつもないパワーがあった。

それが年金統一ストライキへとつながる。公文は1週間、総評本部に泊まり込みで、指揮をとった。首都圏では9割以上の列車が運休、380万人の足に影響した激しい闘争となった。

年金は、数理課長の反発を受けるほどの大盤振る舞いなのだが、野党はそれでも足りないという。

その点、横田は清濁《せいだく》併せ呑むタイプであった。

年金保険料は、制度発足当初から労働者と事業主の「折半負担」が法律に明記されているが、労働者が3、事業者が7の割合にせよという「3・7闘争」が起こっていた。事業者はもちろん反対で、労使交渉の場では「法律違反だ」と突っぱねていた。

公文はこの件で、5、6人のメンバーと厚生省に乗り込み、横田と面会したことがある。すると横田は、あっさりこう言うではないか。

「弱い立場の労働者が経営者と同じというのはおかしい。法律では折半ということになっている。しかし厚生省とすれば、3対7になろうが、保険料をそっくり払っていただければそれでいい。中身を詮索する暇がない。労使で決めたらいい」

法律の拡大解釈にもホドがあった。公文が振り返る。

「横田さんはおもしろい官僚でしたね。僕らはこれ幸いと、全国にその情報を流した。それまでは経営側は、交渉の場に役人を引っ張り出してきて、法律違反だと言わせていたんですが、もう役所が文句をつけなくなった。これは成果でしたね。あのような官僚はいませんよ」

組合の強い事業所は、割合を変えざるをえなくなったという。もっとも、法律自体を変えることはなく、横田は自身の裁量で立ち回っただけだった。

賦課方式へ移行

野党の年金改革案の中には「積立方式」から「賦課《ふか》方式」への転換が記されてあった。繰り返すが、厚生年金も国民年金も、発足当初は積立方式だった。しかし保険料を低く抑えたために計算が合わなくなり、将来、保険料を引き上げることを前提に、現役世代から〝仕送り〟する賦課方式の要素が入ってきた。ただしそれは一部に過ぎず、基本的には積立金を使っており、「修正積立方式」と呼んでいた。

当時は厚生年金の現役世代が約2200万人に対し、受給者は200万人に満たない。完全に賦課方式にすれば保険料を引き上げなくても「6万円年金」は可能になる、と野党は主張したのだ。

主導したのが公明党である。公明党は、先の衆院選で18議席を減らす大惨敗を喫していた。支持母体・創価学会が藤原弘達『創価学会を斬る』の出版を妨害していたことが発覚し、国会でも問題視された「言論出版妨害事件」の影響であった。「大衆福祉」を標榜するだけに、年金で一矢報いたいとの思いがあったのだろう。

学者も加勢する。急先鋒が社会保障研究所研究部長の地主重美《じぬししげよし》。この研究所は、前出の総理の諮問機関・社会保障制度審議会が研究機関の設置を要請し、1965年にできた政府内の組織だ（1996年に国立社会保障・人口問題研究所に統合される）。

もう一人が、法政大学教授の力石定一《ちからいしさだかず》。NHK「一億人の経済」の司会を務めた、人気経済学者だ。こうした知名度のある学者のバックアップによって、単なる野党案で片づけられなくなった。

横田にはそれは、一過性の積立金の山分けと映り、「積立方式を堅持する」と突っぱねた。しかし内心では、経済成長もまだまだ続きそうだし、賦課方式も悪くないと感じていた。地主、力石らに言いたいことを言ってもらおうと、学者らを集めた懇談会を設けた。いわばガス抜きである。しかしマスコミに発信できさえすればいいのか、二人はこうした場では大して発言しないのだった。

結局、修正積立方式を維持し、一気に保険料を上げる時が来ないよう、積立金に触れないことが決まる。一方、スライド制導入で年金額が跳ね上がるので、賦課方式への移行は止むなしとの考え方を取った。

時を経て現在、厚労省のホームページでは「賦課方式を基本にしています」と説明している。支払った保険料が将来の年金になるという「積立方式」の感覚が、いまを生きる人々の間に根強いのは、この時、「修正積立方式」というあいまいな用語を使い続けたことが要因の一つだろう。

こうして横田は、野党の言い分に乗りすぎない程度に譲歩し、以下のように修正した。

横田の鶴の一声で決まった厚生年金定額部分の「920円」は、半端な数字ということで、なんと1000円にアップ。平均的な人で、加入27年で5万2412円となった。これまでの2・17倍となる大幅増であった。

一方、保険料率（男性）は6・2％を7・9％に上げるところを7・6％にとどめた。

国民年金発足時、55歳以上の人（つまりこの時67歳以上）は、加入しなくてもいい任意の扱いとなっていた。そのためこの時67歳、68歳、69歳で、65歳からの国民年金も、70歳からの福祉年金ももらえない「谷間の老人」が発生した。その人たち向けに「老齢特別給付金」月3500円が支給されることになった（参院で月4000円に修正）。

ただし、物価スライド制は譲らなかった。

1973年9月17日、「福祉元年改正」は可決・成立した。

全国13か所にグリーンピア

この法案と並行して、前述の大規模年金保養基地をつくるための年金福祉事業団（年福）法改正案も審議されていた。横田はこう説明している。

「何せこういったものをつくります場合には、月並みなレジャー施設というふうになったのでは、貴重な年金資金を使うわけでございますので、たいへん無意味であるというようなことから、相当世界的に見ましても遜色のないような、立派なものをつくりたいということを考えたわけであります」（1973年5月11日、衆議院社会労働委員会）

これまで年福が設置運営する施設は「老人福祉施設、療養施設その他の施設」と定められていた。しかしこれでは、どちらにもあたらない「保養基地」は設置できない。そこで文言を「保養のための総合施設」と変更したのが法案の趣旨だ。これで年福は何だって建設できるようになった。

年福法案は1973年年金改正案と同時に成立。候補地の選定がスタートした。その権限が厚生大臣にあるとあって、前述した塩見俊二厚相のように恣意《しい》的になる。1975年9月の最終的な内定が出た時には、13道県、11基地にまで膨れ上がった。基地と政治家の選挙区の関係を見れば、以下のように露骨《ろこつ》である。

大沼基地（北海道）／**田中正巳・元厚相**
田老基地（岩手県）／**鈴木善幸・元厚相**
津南基地（新潟県）
三木基地（兵庫県）
紀南基地（和歌山県）
横浪基地（高知県）／**塩見俊二・元厚相**

南東北基地（宮城県・福島県）／齋藤邦吉・元厚相（福島県）
中央高原基地（岐阜県）
安浦基地（広島県）／増岡博之・元厚生政務次官（１９８４年に厚相）
北九州基地（福岡県・熊本県）
指宿基地（鹿児島県）

最初にオープンしたのは１９８０年７月の三木基地。基地の愛称が公募され、グリーンとユートピアを合わせた「グリーンピア」に決まった。

最後の岩沼のオープンは１９８８年４月。法案成立から15年近くも経っていた。

１９８３年に東京ディズニーランドが開園、任天堂がファミコンを発売。さらに１９８７年、自然の中に大規模な余暇施設を整備できる総合保養地域整備法（いわゆる「リゾート法」）ができ、グリーンピアの出番はますます無くなっていった。

後に、年金官僚が天下りポストを確保するため基地がつくられた、などと猛バッシングを受ける。これには当時の企画課数理専門官・坪野剛司は、私の取材に吐き捨てるように語った。

「道のない山奥につくって、役人は泣く泣く行ったんですよ。最初の何か月なんか孤立状態となって施設をつくらされて。なんで一人や二人の働き場所があるからって、あんな所につくりますか？　バカなことを！」

局長の独走アイデア

グリーンピア計画を、横田は当初は3か所でいいと考えていたことはすでに書いた。だが計画が膨張する過程で、横田に野心が芽生え始める。

政治家への道だ。

自信に満ちた横田は、田中角栄という希代《きだい》の政治家に接するうち、権力への魅力を感じたに違いない。あるいは、同期入省に翁久次郎《おきなきゅうじろう》がおり、次官レースの負けを認めたくなかったのかもしれない（翁は後に次官、さらに官房副長官になった）。

ローカル紙『県南新聞』（1974年5月15日付）が、横田がグリーンピアを誘致したことを裏付けている。

この設計計画は、厚生省年金局長横田陽吉氏（仙台市出身）がドイツ、アメリカ等の福祉先進地を視察されて、我が国に於いても是非設けたいとの熱意が、国の方針として決定されたので、横田局長さんの独走アイデアが実ったものといわれ、古内（廣直・岩沼）市長と横田氏の間柄が個人的に交際されている点もあって、我が岩沼市にも是非誘致したいとの熱意をうけた横田局長さんも前向きに検討されている点から今回発表された。

岩瀬《いわせ》達哉《たつや》『年金大崩壊』によれば、南東北基地は「複合型」というイレギュラーの形態がとられ、一基地の予算を、福島県の「グリーンピア二本松」と宮城県岩沼市の「グリーンピア岩沼」で分けた。これを考案したのが横田だという。

福島が地元の齋藤大臣からすると、部下である横田の「独走アイデア」にもぎ取られた格好だ。それを大目に見られたのは、横田が、齋藤の属する大平派から国政に出馬することが決まっていたからではないか。

仙台市、岩沼市などを含む宮城1区（定数5）は、自民党の愛知揆一（田中派）、伊藤宗一郎《いとうそういちろう》（三木派）、三塚博《みつづかひろし》（福田派）の3人が議席を持っていた。総理の座を狙う派閥領袖の大平正芳《おおひらまさよし》外相は、一人でも派閥議員を増やしたい。そこで目をつけられたのが、齋藤厚相に仕えていた横田というわけだ。

どの時点で打診があったかは定かではない。ただ竹内数理課長を排除してまで年金法案をつくったり、大規模年金保養基地の林立を黙認するといった官僚の矜持《きょうじ》を感じさせない行動が、政治家になるためだったとすれば合点がいく。マックス・ヴェーバーは『職業としての政治』で「官吏として倫理的にきわめて優れた人間は、政治家に向かない人間」と記している。

1974年6月、横田は選挙準備のため、年金局長をもって厚生省を退官した。

前後して2つの情勢の変化が起きている。それは横田の選挙に有利になるように思えた。

まず1973年11月、蔵相在任中の愛知が66歳で急逝。後継となる娘婿の和男はすでに1974年1月の仙台市長選に立候補を表明していた。揆一は選挙でほぼ毎回トップ当選を果たしており、その人気から考えれば、「愛知」を名乗るだけで、仙台市長は楽々当選と思われた。ところが和男は落選してしまう。横田にとって、揆一よりずいぶん戦いやすい相手になりそうだった。

加えて、揆一の親分である角栄総理が、「田中角栄研究　その金脈と人脈」（『文藝春秋』１９７４年11月号）で金銭問題を暴かれ、１９７４年11月、退陣に追い込まれた。ロッキード事件が勃発し、１９７６年７月、角栄は外為法違反で東京地検特捜部に逮捕される。愛知和男の大逆風は必至だった。

角栄の後継総理・三木《みき》武夫《たけお》は、ロッキード事件の追及の姿勢を見せた。これには田中派を中心に猛反発を受けた。「三木おろし」である。三木は、衆院解散という伝家の宝刀を抜くに抜けず、史上唯一の任期満了選挙となった。

横田は２年以上を選挙準備に費やせたわけだが、頼みの大平派が手取り足取りバックアップしてくれるわけではなかった。運動員も選挙参謀もおらず、横田は「自分で神輿になり、自分で担ぐ。チャップリンのような自作自演」と自虐的に語っている（『河北新報』１９７６年11月19日付）。

選挙に３度敗北

公示日は１９７６年11月15日。横田の52歳の誕生日であった。

「福祉社会の建設は、私のこの双肩《そうけん》にかかっている」

朝から雨が降る中、横田は、仙台駅前の青葉通り沿いに構えた事務所の前でそう第一声を上げた。

アピールするのは行政経験、そして「年金の横田」。選挙公報にこう記す。

「大規模年金保養基地（百億円、岩沼に誘致）」

どれほどの人が待ち望んでいるかは疑問だが、医師会の支援をとりつけ、仙台市、岩沼市を中心に支持を浸透させ、善戦するかに思われた。

ただ「自作自演」の選挙は、個人プレーと紙一重だった。しかも横田のあの性格。組織がまとまるわけもなく、さらに初めて自民党が4人の候補を出したため、保守層に食い込むのは容易ではなかった。苦戦が予想された愛知和男は、事務所に義父・揆一の遺影を掲げる弔い合戦を演じ、候補者中最年少の39歳とあって、早々に当選圏内に入った。

「政治の浄化と正常化に努める。それには清廉な新人で中央官界で経験豊富な政治家がいまこそ必要です！」

最終日、横田はロッキード事件を念頭に声を張り上げたが、及ばなかった。

蓋《ふた》を開けると、愛知がダントツのトップ当選の一方、11期務めた元社会党委員長のベテラン・佐々木更三《ささきこうぞう》が落選する波瀾《はらん》の結果であった。横田はその混戦にすら食い込めず、8位の大惨敗。しかも買収や戸別訪問の選挙違反で2人のスタッフが逮捕されるという、泣きっ面にハチであった。

なおも横田は政治の道をあきらめなかった。1978年1月の仙台市長選に挑む。相手は、当時全国に誕生した革新系首長の島野武《しまのたけし》。愛知和男ら自民系候補を蹴散らし続け、6期目を目指していた。

自民とすれば市長の座を革新系から奪還せねばならぬ。選対責任者は、衆院選でライバルだった伊藤宗一郎だ。

横田はかつての肩書にしがみつく。配った名刺は、退官して4年たつというのに「元厚生省年金局長」である。

地元紙記者は、半ば皮肉るようにこう記した。

「『行政マンとしては、プロ中のプロですから、この経験を生かさせていただきたい。市長というポストは、だれがなってもよいというものではない』

それにしても、これは抱負などという生易しいものではない。ほとばしる自信とでも言おうか」（『河北新報』1978年1月23日付）

落選を経ても、自信家の性格は変わっていない。セールスポイントは「愛知揆一元蔵相（元大蔵省銀行局長）以来、県出身者では戦後2人目の局長経験者」であった。愛知姓を出したのは、自民党が一丸になっていることを示したかったのだろう。

島野に多選批判はあっても失点はなく、選挙は盛り上がらなかった。現職市長の壁はあまりに厚く、横田は敗れた。

敗戦を受け、横田は妻とともに、事務所に集まった支援者に頭を下げた。横田の隣で、妻は涙を白いハンカチで拭った（島野は7期目の途中で死去する）。この時、選対責任者の伊藤は「みなさんの支持にこたえ、ただ今から新しい前進に向かって進む」と挨拶。そこには、4年後の市長選も横田が出馬するという意味も含まれていた。伊藤は落選経験があり、先の衆院選は最下位当選で、地盤が強くない。同い年の横田が、次の衆院選に出られては困るのだった。

そんな伊藤の思惑《おもわく》を無視し、横田は翌1979年10月の衆院選出馬を画策《かくさく》する。当然、自民党内は混乱し、公認は出なかった。しかし横田は意に介さず、無所属で出馬するのである。二度の選挙で知名度が上がったとの自負があったのだ。

候補者インタビューは、相変わらずであった。

「今ではタクシーに乗ると十人中九人から〝横田先生ですね〟と言われる」

「『厚生行政の玄人として十分対応したい』となる。本人の口から〝横田待望論〟が飛び出してきた」

「厚生省時代、年金制度の改正や年金会館（大阪、札幌）の建設などの仕事をこなした。元厚生官僚だった立場から、年金会館の新設や医療施設の充実を訴える」（『河北新報』1979年9月20日付）

ハコモノづくりはもう古かった。前回衆院選より5000票も減らして、またも8位に沈んだ。

その原因を記者はこう分析した。

「親しみやすさがやや欠けていた」（『河北新報』1979年10月8日付）

「餡蜜に砂糖をぶっかけた改正」

横田は54歳となり、もはや「横田待望論」はなく、「先生」への道は途絶えた。

その後、財団法人食品薬品安全センター理事という職を得た。本章の横田に関する記述の多くは、『季刊年金と雇用』１９８８年３月号での対談「厚生年金保険の歩みを語る」に依っているが、その肩書で登場している。インタビュー時の写真を見ると、生真面目な、いかにも役人ＯＢといった老人が並ぶ中、横田だけがスリーピースのスーツにカフスボタンをつけ、野心の残り香が漂っている。

この対談は、横田肝いりの「グリーンピア岩沼」がオープンする直前に収録されている。もちろん横田にグリーンピア計画への反省はない。

「福田（赳夫首相）さんになって総需要抑制、しばらくクーリング・タームがあったものですから中途半端みたいになったのですけれども、あれがオイルショックでもなくて全部できていたら、ソ連のソチやヤルタの保養基地のように世界的に日本の名物になっていたと思います。その価値は、現在労働時間短縮と絡んで見直されつつあるのではないでしょうか」

グリーンピア計画は、第一次オイルショック（１９７３年10月～74年８月）、第二次オイルショック（１９７８年10月～82年４月）による資材の高騰で縮小しつつも強行された。だがその「価値」は、見直されはしなかった。

一方で、１９７３年改正本体について、当の横田も「大盤振る舞い」を認識していた節がある。

こう述べているのだ。

「結果的には（これまでの厚生年金の）2・4～2・5倍ですから、多少は常識的な水準よりはちょっと高すぎたかなという感じはありましたね」

年金官僚からの評判もよくなかった。

この対談では冒頭、司会がこう話を振っている。

「福祉元年と言われるような大盤振る舞いと言いますか、そういうことが当時可能であったのか」

言葉の主は岡本和夫《おかもとかずお》。初代年金局ナンバー2の参事官だった「小山学校」生徒である。

前出の「年金のヤマシン」こと山口新一郎も、1973年改正に苛立ちを覚えた一人だ。当時、保険局企画課長の任にあったが、

「餡蜜《あんみつ》に砂糖をぶっかけた類の改正だ！」

と吐き捨てたという。

横田が政治家になるという野望のため、大盤振る舞いの年金改正をし、後に尻ぬぐいを余儀なくされた――。私が取材した複数の後輩たちはそう感じている。

ただし、評価の声があることも記すべきだろう。

1973年改正によって、日本の年金水準は世界に肩を並べ、物価スライド導入は直後のオイルショックによる超インフレに対応し、老後の社会保障の中核を担う制度になったのは事実だ。

当時の年金課長・幸田正孝は、

「年金を現実のものとして国民に提示できたという意味では、相当な影響力があった」と振り返っている（『週刊社会保障』２０１１年6月13日号）。

その頃、年金受給者は、厚生年金、国民年金あわせて２００万人ほどに過ぎず、福祉年金の４００万人より少ない状況だった。国民年金の支給は加入期間25年以上が原則のため、本格的な支給は１９８５年以降。「1万円年金」「2万円年金」という額面の提示は、将来いくらもらえるのか、国民に実感してもらう意味もあった。それを平均標準報酬の60％と明示したことで、より現実味を持たせたというわけだ。

後の１９８５年改正、１９９４年改正に携わる青柳親房《あおやぎちかふさ》はこう理解を示した。

「なぜ大盤振る舞いをやったのか。それは戦争を挟んで高度経済成長に乗り遅れた明治生まれ、大正生まれの世代が、どうすれば経済成長の恩恵を受けてもらえるかというのが、１９６０年代後半から70年代前半の社会的合意だったからです」

55年体制研究の名著とされる佐藤誠三郎《さとうせいざぶろう》・松崎哲久《まつざきてつひさ》『自民党政権』は、革新首長が多く生まれる中、自民党は柔軟に野党の福祉政策を取り込んで政権交代を阻止した、と分析している。

実際、元総評社会保障局長の公文昭夫は手放しで称《たた》えた。

「角栄さんは大したタマです。太っ腹だった。結局、当時の高齢者の要求をほとんど全面的に呑んだ改革をやった。戦後最大の年金制度改革だったんじゃないですかね」

１９７３年改正は、田中角栄が政権延命のため、血気盛んな労組や野党の言い分を聞いた結果と言えるだろう。その政治の思惑をすくい取って制度に落とし込んだのが、横田であった。

だから横田がこうまで後輩から〝戦犯〟扱いされる謂《いわ》れはないのだが、そうなってしまうのは、鼻につくような自信家という、人間的な側面が大きいのかもしれない。それさえなければ、議員バッジをつけたのではないか。横田の部下だった資金課長・持永和見は、社会保険庁長官を経て、1986年から連続5期、衆院議員を務めた。横田のカウンターパートの大蔵省主計局長・相澤英之は大蔵次官に昇り詰めた後、衆院議員となり、経済企画庁長官などを歴任、「金融族のドン」として存在感を示している。

横田は前述の理事退任後、郷里の仙台に戻った。役職にもつかず、マスコミに登場して言論活動をすることもなかった。唯一見当たるのは、『週刊社会保障』1991年7月1日号の「随想ふるさと紀行」への寄稿。伊達政宗が仙台城を慶長6（1601）年に着工して、慶長8年に入城したエピソードを上げ、こう記す。

「戦略上の配慮もさることながら随分せっかちだったようで、何か他人事でもないような気がする」

自身を伊達政宗になぞらえるとは、いかにも横田らしい。

1995年12月7日、よく晴れた日の昼下がり、横田は幼少期も過ごした歴史ある自宅で、ひっそりと71歳の生涯を閉じた。

第四章　河童の涙

制度間の不均衡

　1974年が暮れようとする頃、ある厚生関係者が厚生省大臣官房企画室長の部屋を訪れた。11月に保険局企画課長から昇進した山口新一郎《やまぐちしんいちろう》に、祝いを言うためであった。がっしりした肩、髪はオールバックで、陽によく焼けた四角い顔、好奇心の塊のような眼をして、相変わらず生気がみなぎっている。

　山口は陸軍士官学校で終戦を迎えるが、横浜大空襲で母と姉を喪った。第一高等学校時代は、水泳部で身体を鍛えた。東大法学部卒業後、1953年に厚生省に入省。この年（昭和28年）の大学卒業組は、旧制高校と大学の両方を経験したことから各界で傑出した人材を輩出し、「花のニッパチ」と称された。

山口はすでに「年金のヤマシン」と名を馳せていたが、不思議なことに、8歳先輩の「年金の神様」小山進次郎《こやましんじろう》とは交錯していない。

1954年厚生年金法大改正　**山口**＝保険局厚生年金保険課、**小山**＝大臣官房総務課長
1959年国民年金法成立　**山口**＝引揚援護局庶務課、**小山**＝年金局長
1965年改正（1万円年金）　**山口**＝年金局課長補佐、**小山**＝退官

こう見ると、山口は厚生年金、小山は国民年金に愛着があるようだ。

企画室長室での会話は、自然と年金が中心になる。

前年に行われた1973年年金改正を山口が「餡蜜《あんみつ》に砂糖をぶっかけた改正」と切り捨てたと前章で書いた。自身が年金課長だった1969年改正より、厚生年金が2・17倍にもなったことが許せなかったのだろう。

ただし山口にとって気がかりは、小山がつくった国民年金のほうであった。

国民年金が出来て早々、農業などの自営業者が減り、サラリーマンが増えるという就業構造の変化が起こった。にもかかわらず被保険者数が伸びていたのは、従業員5人未満の零細企業は厚生年金の適用外であり、その社員が加入していたからだ。いずれそのグループも厚生年金に移行するだろうから、国民年金がジリ貧になっていく、と山口は危惧した。

日本の公的年金制度は、国民年金と7種類の被用者（雇われた人）年金の計8種類にも及んでおり、しかも独自の制度設計で、例えば支給開始年齢は国家公務員共済55歳、厚生年金60歳（女性55歳）、国民年金65歳と、処遇の差が生じていた。

またその頃の年金受給者708万人のうち、64％は福祉年金などの無拠出だった。しかし受給権者が爆発的に増える時期が近い将来に訪れる――。

そんな懸念を、山口は厚生関係者と語り合った。そして顔を引き締めた。

「このままでは日本の年金はダメになる。私がここにいる間に何らかの手を打っておきたい」

だが年金局にいない山口が何をしようというのだろう、と厚生関係者は訝《いぶか》しんだ。政府刊行の『厚生白書』の事実上の責任者が企画室長であることと関係していた。山口は思いの丈を『厚生白書　昭和50年版』に盛り込むのである。

被保険者数と年金受給者数とのバランスの点においても、制度間で不均衡を生じさせつつあると言えよう。このような構造面での制度間の不均衡の問題は、給付面・負担面で必要なバランスを保ちつつ年金制度全体を円滑に円熟させていく上で無視することのできないものであり、適切な対応策の検討を必然化するものと考えられる（98ページ）。

政府として初めて、制度の「仕組み直し」をすべきとの考えを示したのである。

一方、山口が書き込めなかった文言がある。「厚生年金の65歳支給は必至」の一文だ。

山口がかかわった1954年の厚生年金保険法改正で、支給開始年齢を55歳から60歳（女性は55歳のまま）に引き上げることが決まった。1955年時点の平均寿命は男性63・60歳、女性67・75歳。年金支払いを8年間から3年間に縮めようと試みたわけだが、当時は年金受給者がほとんどいなかったこともあり、改正案はあっさり成立している。

しかし5年に一度、厚生省が「生命表」を公表するごとに、年金局では失望の声が上がっていく。1970年の平均寿命は男性69・31歳、女性74・66歳と1954年改正時から6歳も延びたのである。

4年ごとに1歳ずつ引き上げ、1974年度から60歳支給開始がスタートする計画だが、さらなる引き上げの必要がありそうだった。1973年改正時にもその議論はあった。当時の年金課長・幸田《こうだ》正孝《まさたか》は後にこう悔やんでいる。

「いま振り返ってみると、さらに63歳、65歳ということを（1973年）改正に埋め込むべきだったという気がします。……せめて支給開始年齢引き上げの問題提起をしておけば、その後の展開も違ったのではないかと思います」（『週刊社会保障』2011年6月13日号）

踏み切れなかったのは、ほとんどの企業の定年がまだ55歳だったからだ。引き上げは年金だけでなく雇用の問題と密接に絡《から》み、政府内で時期尚早との声が上がっていた。

そして1975年の「生命表」では、男性71・73歳、女性76・89歳と、ついに男性も平均寿命が70歳を超えた。

山口は、このタイミングで刊行する白書にこそ、引き上げを明記しなければと考えた。しかし労働省が立ちはだかる。「65歳支給」を政府として明言されては労働省の立場がない。まずは60歳定年を促してから、とのことで山口は断念したのだった。

支給開始年齢引き上げ計画

引き上げ計画が年金改正案の目玉となったのは、白書から5年後の1980年改正である。山口は医務局次長に昇進していた。

発端は、1976年4月、三木内閣下の田中正巳《たなかまさみ》厚相がつくった私的諮問機関「年金制度基本構想懇談会」（座長：有沢広巳《ありさわひろみ》・東大名誉教授）だ。余談だが、前章で紹介したように、田中の地元にグリーンピア大沼（北海道）が設立されている。

懇談会は異例の長さの3年にわたって行われ、結果は1979年4月、「わが国年金制度の改革の方向：長期的な均衡と安定を求めて」の報告書にまとめられた。厚生省の意を汲み、当然、支給開始年齢引き上げが盛り込まれた。

木暮保成《こぐれやすなり》率いる年金局は、1980年の国会で改正案を提出すべく、準備を進めた。1973年改正で横田陽吉《よこたようきち》に煮え湯を飲まされた数理課長・竹内邦夫《たけうちくにお》らは、支給開始年齢を65歳に引き上げた場合のシミュレーションを何十通りも計算した（『週刊社会保障』2011年6月13日号）。

だが前のめりなのは年金局だけであった。国民も労使も賛成するわけがなく、政治も取り合わない。何しろ前年10月の衆院選後、自民党分裂の危機となった派閥抗争が起き、11月の首班指名で自民党から大平正芳《おおひらまさよし》と福田赳夫《ふくだたけお》の2人が候補となる前代未聞の事態となっていた。「40日抗争」である。総理に大平が就いて収束したものの、未だ混乱の極みにあった。

支給開始年齢引き上げ計画は、当然のごとく退けられ、1980年2月、給付水準の引き上げ、遺族年金の改善などが盛り込まれた年金法案が提出された。

年金局は粘った。法案の中に「支給開始年齢の問題を次回の財政再計算期までの検討課題とする」との「訓示規定」を入れ込んだ。しかしそれすらも、国会での修正で削られてしまった。

少し焦っているな——。山口・医務局次長はそう感じていた。

山口が厚生白書を手掛けた時は、55歳定年が一般的だった。しかしその後、高齢化への対応の必要性から、大手企業が60歳定年制を導入し始めた。いずれ一般化すれば放っておいても支給開始年齢引き上げの議論は抵抗がなくなるだろう、と山口は考えていた。

もっとも、政府の反発によって報道が盛り上がり、支給開始年齢が国民の関心事となったから、その意味では効果があったというべきだろう。

この時、山口は52歳。官僚人生のゴールが見え始めている。年金制度の「仕組み直し」のため、自身こそが年金局長にならねばならなかった。

山口ゼミ

実は山口は病魔に侵されていた。その詳細な経緯を、山口と親しかった医事評論家・水野肇《みずのはじめ》が

『中央公論』1984年9月号に寄稿した「年金の鬼・山口新一郎の最期」に描いている。

山口は体調には十分すぎるほど気を遣っていた。それは第一高等学校時代、結核にかかり3年間闘った経験があるためだ。毎朝、目黒区東が丘の官舎から最寄り駅までの2キロを歩く。庁舎でもエレベーターは一切使わず、医務局のある7階まで2段とばしで上がる。スポーツを愛し、野球やソフトボールに興じた。タバコは吸わない。酒は2合止まりで、付き合いでウイスキーを飲む時は薄い水割りを2、3杯。麻雀は省内五指に入るほどの腕前だが、午後11時には切り上げる……。

ただ山口は人間ドックを受けた際、血尿を指摘されていた。そして1979年8月、年金局が法案策定準備を進めていた頃、山口は強い腹痛を感じて病院に駆け込んだ。

診断は腎臓《じんぞう》ガンだった。

山口の「健康オタク」ぶりを知る官僚たちは、「健康法などアテにならないものだ……」と嘆《なげ》くのだった。

翌9月、国立がんセンターで手術が行われた。結果はひどいものだった。左の腎臓がガン細胞に侵されており、左副腎を左腎臓とともに摘出。しかし左肺にも転移しており、治りにくいことで知られる肺腺ガンにもなっていた。「早ければ1年、うまくいって1年半」と判断された。
2、3日入院しては、抗がん剤治療をする日々を送ったが、それが奏功し、がんセンターのドクターの間で「奇跡的」と言われる回復を果たしていく。身体を鍛えてきたおかげかもしれなかった。

1980年6月、山口は大臣官房審議官（企画・年金・総務担当）に異動となる。念願の年金の現場ではあるが、直属の部下を持たない気楽なポストという、上層部による配慮だった。先の改正案は、史上初の衆参同一選を挟んだために審議が遅れ、成立は10月だった。つまり山口は終盤だけ、年金局内に漂った無念の空気を吸った。

さっそく山口は動いた。法案成立の翌11月から、課長補佐以下10人程度の若手官僚を庁舎2階の審議官室に集め、勉強会を開くのだ。

当時、霞が関界隈では「役人セミ説」が言われていた。幼虫として土の中で7年ほど過ごした後、成虫として地上で過ごす期間は1週間というセミの生き様に、役人をなぞらえた言葉だ。声高に鳴けるのは局長の数年で、それまで何十年と地下に潜って力を蓄えるのである。

山口はいつか鳴く日のため、省内での地ならしに取り組んだ。

「若い世代の感覚に基づいた意見を知りたいこと、及び年金に対して私自身が考えたことを皆さんの参考にし、吸収してもらいたいこと、の2点である。年金局には『戦時』と『平時』があり、両者は質的に違う。そういう意味でも私自身の経験を提供できればと思う。日頃考えていることを率直に発言してほしい」

山口は勉強会の目的をこう説いた。年金改正の時は「戦時」であり、1980年改正が成立したばかりのいまは「平時」というわけだ。「（山口が書いた）昭和50年版の『厚生白書』の総論部分を一度読んでおいてほしい」とも語った。次期改正に向け、自らの考えを省内に浸透させるべく意気込んだ。

勉強会は毎週火曜日の朝10時から12時まで。「婦人の年金」「遺族年金」「障害福祉年金」など、毎回テーマを決めて一人がレポートを行い、それをもとに先輩後輩関係なく、ディスカッションを行う。

その熱き集団は、「山口学校」「山口ゼミ」と称された。第二章の小山進次郎は学究肌ゆえの威厳があったが、山口は兄貴分のような役回りであった。

だが「山口ゼミ」は１９８１年２月の７回目をもって終了となる。山口が、新設された大臣官房総務審議官に急遽、昇格したためだ。１年の予定だったから、５回分残されていた。

「死んでもいいから」

ただし新しい椅子を温める間はなかった。すぐに夏の定例人事の季節がやってきた。

事務次官・八木《やぎ》哲夫《てつお》は悩んでいた。次期年金局長は、「仕組み直し」に挑む大改正を率いなければならない。八木は、年金課長、社会保険庁年金保険部長を歴任してきたから、「戦時」を任せられるのは山口しかいないこともわかっていた。

だがここのところ、年金局長は鬼門であった。前述した１９８０年改正時の木暮保成は次官が確実視されていたが、高血圧の悪化で年金局長をもって退官。１９８０年５月から就いている松《まつ》出正《ただし》は心筋梗塞による発作で、ほとんど機能していない。国民の健康を司る厚生省でありながら、何とも皮肉であった（松田は翌1982年に急死する）。

ガンに侵された山口がそんな激務に耐えられるとは、八木にはとうてい思えなかった。「花のニッパチ」の入省同期、吉村仁《よしむらひとし》官房長が念のため、山口に希望を尋ねた。山口は鬼気迫る口調で言った。

「ぜひ、年金局長をやらせてくれ」

こうも付け加えた。「死んでもいいから」と。

厚生大臣を経験し、自民党厚生族のボスとして君臨する橋本龍太郎《はしもとりゅうたろう》は山口を止めにかかった。

「無理をするな。もう少し身体を休めたらどうだ」（追悼集『山口新一郎さん』）

橋本は第二章で登場した橋本龍伍《はしもとりょうご》厚相の長男。龍伍は腰椎《ようつい》カリエスを患って生涯杖を手放せず、56歳で喉頭《こうとう》ガンで亡くなっている。その姿を見て育った橋本は、山口の将来を案じたのだろう。

山口はしかし、頑強だった。

「局長在任中に倒れるかもしれないが、それでもいい」

1981年8月、小山進次郎から数えて10代目の年金局長に山口新一郎が就いた。

山口が目指したのは、まずは給付水準の引き下げであった。常々、こう語っていた。

「いまのままでは給付水準が高くなりすぎている。何とかしなければ」

1973年改正の大盤振る舞いにとどまらず、山口は「モデル年金」を使った「構造的水準」が高すぎると考えていた。

これまでは、年金受給者が誕生するのが将来の話だったこともあり、平均的な年金を、例えば1973年改正時なら27年加入に設定し、給付を計算してきた。やがて、満期の40年加入者が増えてくる。27年加入の計算式をそのまま40年加入に適用すれば、とんでもなく給付が高くなる。山口はそれを「構造的水準が高い」と指摘したのだ。

なぜ年金局は目を瞑《つぶ》ってきたのか。

「年金制度そのものを国民の間に定着させるため、どうしてもいま出ている年金をもっともらしい年金にすることが一番効果がある。ある段階までは仕方なかった」

山口は、このように先達たちへの理解は示した。しかし「将来を見通した制度のオーバーホール（機械を部品まで分解して再組み立てを行うこと）を並立してやれれば一番よかった」「基本的な年金の検討は、厳しく見れば10年、甘く見ても3年は道草を食ったんじゃないかと残念に思っている」と、自身がその尻拭いをせねばとも感じていた（『週刊年金実務』1982年1月4日号）。

山口の考える「オーバーホール」とは、多岐にわたった年金制度の一元化である。

国民年金、厚生年金、国家公務員共済組合、地方公務員等共済組合、私立学校教職員共済組合、公共企業体職員等共済組合（国鉄、電電、たばこ等専売）、農林漁業団体職員共済組合、船員保険と8つも制度があり、前述のように、バラバラの設計になっていた。

それぞれ、制度発足時と産業構造が変わっているため、全体として面倒を見ることが不可欠だ。わかりやすい例が、厚生年金の中で特別扱いされている坑内員だ。炭鉱が日本のエネルギーを支えていた頃、そこで働く坑内員は危険な仕事ながら重要視され、手厚い給付となっていた。しかしエネルギーの主役が石油に奪われ、炭鉱は激減。戦後の最盛期、30万人いた坑内員はその頃は3万人。もし、坑内員だけで制度をつくっていればあっさりと破綻していただろう。厚生年金の中に入れておいて正解だったのだ。

そんな目もあてられない状況が、実際に起きていた。国鉄の年金である「国鉄共済組合」だ。1907年に創設された国鉄共済は、共済組合としては日本最古。1956年の法制定により、専売公社、電電公社とともに、公共企業体の共済組合に位置付けられたが、歴史があるゆえに受給者を多く抱える一方、支え手の現役職員は大幅に減った。年金収支が合わなくなり、1976年度には88億5000万円もの初の赤字に転落。10年以内に、職員の半数近い20万人強が定年退職となる見込みで、年金の破綻は時間の問題だった。

国鉄も手をこまねいていたわけではなく、後に若手改革派キャリア「三人組」と称されるうちの一人、井手《いで》正敬《まさたか》・国鉄経営計画室主幹（後にJR西日本社長）が中心となり、1979年7月、いわゆる「後のない経営改善計画」を運輸省に提出。赤字路線の廃止が中心の内容だが、年金にも触れられた。年金収支のバランスが崩れたのは、戦後、南満州鉄道（満鉄）や朝鮮鉄道から引き揚げてきた人を国策で採用したことにあるとして、政府の負担を明確にした内容だった。

ここに加勢したのが、中曽根《なかそね》康弘《やすひろ》・行政管理庁長官肝いりの第二次臨時行政調査会（第二臨調）である。国鉄の分割・民営化を強力に後押しすることになる第二臨調は、まずはこの「後のない経営改善計画」を支持した。1982年7月に公表した「基本答申」で年金に触れ、「当面、国鉄共済年金について類似共済制度との統合を図る」と記した。要は「類似」の国家公務員共済などが救済せよというわけだ。

国鉄は加入者と受給者を合わせて60万人ほど。一方、国民年金のそれは3000万人を超え、ケタ違いの規模だ。「救済」などできまい。

そのため山口は、すぐにでも一元化が必要と考えたのである。だが各制度で保険料も年金額も違うので、ただ合体させればいいわけではない。

そこでヒントにしたのが、「年金制度基本構想懇談会」が1977年12月の「中間意見」で掲げていた「制度を部分的に統合し、新たに全国民を対象とする基礎年金制度の創設」であった。部分的のものでも土台をつくれば調整しやすくなる、と山口は考えた。

このまま惰性で行っても10年、20年は、年金制度は持つとの見方もあった。しかし山口は、後になるほどもっとやりにくくなる。それは早いほど、やりにくさの度合いが薄い。嫌な役割は誰かがやらねばいけない。それには「今までにいちばん年金に縁のあった私なんかがやれば、まだ、皆さん納得するかもしれません」（『総合社会保障』1984年1月号）――と、年金局長を引き受けたのである。

これまでの年金制度は、ともかく給付をアップし続けてきた。山口はそれを突然、減らしにかかった。国民から猛烈な批判が起こり、だから政治家も怖気づいて、1980年改正のように法案が潰される可能性もあった。

年金の歴史上最大と呼ばれる改正を、山口はいかにして成し遂げたのか見ていきたい。

運動会で3年連続優勝

山口は勉強家であった。省内の過去の資料はもちろん、専門誌や本にも目を通した。発表されたばかりの論文も読み込んで感想を述べ、後輩官僚を驚かせた。

頭の中には、年金改正案の緻密な絵が描かれてある。給付水準はどうするのか、一元化した際の2階部分（報酬比例部分）にはいくら乗率を掛ければいいのか、などと年金数理に至るまで自分で考えた。竹内邦夫から数理課長を1980年に引き継いだ田村正雄《たむらまさお》に、「これはどうだろう」と聞いて形づくっていった。

そんな切れ者の一方、キャリア官僚に必須の政治的立ち回りは得意ではなかったようだ。前述の水野は『中央公論』のレポートでこう評している。

「山口は、何回でも説得を繰り返すというタイプで、相撲でいえば『右四ツ、寄り切り』しか手を持っていない。彼の頭の中には、蹴たぐりや肩透しのようなものはなかった」

それは仕事だけにとどまらなかった。「山口学校」の一員だった青柳親房《あおやぎちかふさ》が、毎年秋開催の社会保険庁、保険局、年金局による合同運動会を懐かしむ。

「場所は豊島園。各局対抗なんだけど、社会保険庁は若い人が多くて、年金局は僕が30歳くらいでも若手。全然勝てなかった。ところが山口さんが局長になった1981年秋の運動会はガラっと変わるの。僕は綱引きに出たんだけど、局長が横に来て、蹴飛ばさんばかりに発破をかけるわけよ。一生懸命にやらないと、となる。綱引き、借り物競争など団体競技だけ強い。徒競走だとみんな足がもつれて転ぶんです（笑）」

山口が局長の間、年金局は3年連続で優勝するのである。

局内対抗のソフトボール大会ではこんなエピソードもある。親分肌の山口はもちろんピッチャー。ホームでクロスプレー（判定の難しい激しいプレー）になり、審判はセーフと判定した。これに山口は猛抗議。

「お前ら！　ソフトボールでクロスプレーやったら危ないに決まってるだろ！　いまのはアウトだ！」

50を過ぎた大人が言うセリフではない。だがこれには続きがある。

「山口さんは懇親会で挨拶に立った。『先ほどはみんなに心配かけてごめん』と謝るんだよ。自分が怒りっぽいのも、みんながどう受け止めているかもわかっているんですよ」（青柳）

遊びだろうが一切手は抜かないのである。

そんな寄り切りタイプの山口が行ったのはまず、5、6人からなるプロジェクトチームをいくつもつくることだった。厚生年金で40年加入した受給者数が増えていく中、どのような給付水準が良いか、単身者と夫婦のバランスをどう取るか、各年金制度の仕組みの特徴は……といったテーマごとに研究し、どんな手立てが良いのかを検討する。調査レポートを作成し、それらを省内全局に配布する。次期年金改正は、省が一丸となることこそ不可欠と考えたのだ。

法改正のためにこうまでする局はなかったから、厚生官僚は山口の執念を感じ取った。山口が恐れたのは、次の法改正はつらい内容となるため、省内で異論はなくても、たなざらしになることだった。そして、その危惧は現実のものとなるのだが——。

返す刀で1982年11月から翌83年1月にかけ「二十一世紀の年金」アンケートを行う。対象者は学識者2000人、報道、経済界、労働業界、農林水産など自営業、女性、青年、年金実務者、官僚の計1000人にも及んだ。

通常の法案は、官僚が練り上げた構想を、専門家による審議会や与党の部会で揉《も》まれてつくられていく。その過程で簡単な世論調査は行われるが、このアンケートは、具体的な構想を示した上で、具体的な意見を聞こうという前代未聞の内容だった。

山口はしばしば部下たちに「福祉は人の話を聞くことが始まりだ」と説いており、それを実行したのである。

提示したのは、①公的年金制度の一元化、②年金は税方式でなく社会保険方式か、③給付水準は現役サラリーマンの所得の60％程度、④保険料負担の限度は30％——の4点。

国民に痛みを強いる政策は、曖昧《あいまい》にして、もっともらしい文言で国民を煙に巻くのも、政治家・官僚の腕の見せ所であった。それを白日のもとにさらけ出そうというのだ。これには、自民党厚生族だけでなく、省内からも「厚生省の構想と異なる、あるいは逆の意見が多かったら収拾がつかなくなる」などとストップがかかった。「もしも逆の答えが出たら、次官と年金局長は腹を切れ。アンケートを強行するなら法案を潰《つぶ》す」と恫喝《どうかつ》する議員まで現れた。

だが山口は、

「素晴らしい案が出てきたら、それを採用すればいい」

と、意に介さなかった。

アンケートが実行できたのは、山口の病気も関係していた。年金局長に就いたことが生きがいになったのか、余命1年半のところ、3年経過した。だがガン細胞は肺に侵食しており、1982年8月、左肺の下葉《かよう》の切除手術が行われた。年金課長・山口剛彦《やまぐちたけひこ》には、

「ちょっと入院してくる。大したことはないんだ。2～3週間。見舞いは厳禁、仕事の持ち込みは大歓迎」

と強がった。その言葉通り、山口はがんセンターの病室でも年金が頭から離れることはなかった。年金担当の大臣官房審議官・古賀章介《こがしょうすけ》が、山口に呼ばれた。午前8時に手術をするというので7時40分ごろ病室を訪れると、山口はまだ資料に目を通していたという。

山口の猛烈な仕事ぶりに、厚生族議員たちも反発しづらかったのだ。

その調査結果は1983年5月に公表された。ほぼ山口の構想通りであった。前述の①が68％、②が83％、③が40％、④が40％の賛同の声で、それぞれ最多だった。

その報告書を、山口は病室で受け取った。

官民格差

「一般国民から官僚に不信の目が向けられるのは『官民格差』の頃から。それまでは感じられなかった」

私が取材した年金官僚ＯＢたちは、異口同音にそう振り返った。

第二章、第三章で見たように、年金官僚は政府・与党議員と強力なタッグを組んで年金改正を推し進めた。国民、野党からは制度、そして執行する行政への批判はあったとはいえ、年金官僚そのものへの信頼は存在していた。

ところが、ふいに風向きが変わる。その「官民格差」は、山口の進める年金の一元化に連なっていくので、時代を少し遡って押さえておきたい。

きっかけをつくったのは加藤紘一《かとうこういち》・自民党衆院議員（後に党幹事長）。当時39歳、当選2期目で、元外務官僚の切れ者として頭角を現していた。

加藤は１９７７年4月20日の衆院社会労働委員会で、年金平均額の比較で厚生年金を１００とすると、国家公務員１５７、地方公務員１６８、東京都職員１８２、国鉄１５７、電電１７４、専売１６９の一方、保険料はほぼ変わらないとのデータを政府側から引き出した。しかも支給開始年齢は各共済とも55歳である。国民年金、厚生年金との格差は歴然で、与党議員による官僚批判は国民に新鮮にうつり、マスコミは盛んに取り上げた。加藤が翌１９７８年に大平正芳内閣の官房副長官に抜擢されるのは、その発信力を買われたからだろう。

前述した「年金制度基本構想懇談会」による「全国民を対象とする基礎年金制度の創設」は、こうした世論を受けてのものだった。

大平内閣は即座に動いた。１９７９年12月、支給開始年齢を55歳から60歳に引き上げることを柱とする国家公務員共済組合法改正案が成立した。

こうして前述のように、1980年年金改正で、厚生年金の65歳への支給開始年齢引き上げが提示されたわけだが、官民格差に怒りを覚える国民の前で、大平内閣が後ろ向きなのも仕方ないことだった。

給付の額を平等にするには、年金制度の一体化の議論は避けて通れない。しかし立ちはだかるのが、他でもない、官僚当人たちである。口には出さなくても、手厚い年金は手放したくない。加えて国家公務員共済は大蔵省、地方公務員共済は自治省などと管轄が分かれており、そこには積立金やポストという〝利権〟がぶら下がっている。一元化は、それらを一括して厚生省が受け持つことになるから他省は黙っていられない。一筋縄でいきそうもなかった。

山口はその軋轢を想定し、先回りした。すべての年金制度を「基礎年金＋収入に応じた報酬比例」とする2階建てにし、2階部分は従来の所管官庁に委ねる案を提示したのだった。実はこれは山口が1954年の厚生年金法改正を経験して以降、思い描き続けた案であった。

1982年11月、行政改革に燃える中曽根康弘が総理に就任。中曽根内閣は1983年4月、①1983年度に国家公務員共済と国鉄などの公共企業体共済を統合、②1986年までに国民年金、厚生年金、船員保険、共済年金の関係整理、③1995年をめどに公的年金制度の一元化を完了——の3段構えの「公的年金制度の一元化の今後の進め方」を示す。

異論の出ない①に関する法案は1983年11月に成立。難題は②だが、まずは基礎年金導入を柱とする国民年金法改正案を成立させなければならない。

特別支給の厚生年金

山口は寄り切り一辺倒というわけではなかった。次期改正で、あえて避けた大問題がある。1980年改正で断念した支給開始年齢引き上げだ。

その理由を前出の青柳が解説する。

「山口さんは1980年改正で、議論された末の限界を見ていた。だから支給開始年齢に手をつけても得られるものは少ないと思ったのだろう。支給開始年齢引き上げは後回しにしても基礎年金をつくることと、年金水準を将来に向けて下げること、この2つを最優先でやろうと判断した」

もっとも、この改正で女性の支給開始年齢引き上げには踏み切った。女性は定年まで働き続けるケースが稀有だったために、男性の引き上げが決まった1954年改正でも55歳で据え置きになっていた。それを1995年までに、60歳開始に段階的に引き上げていくことにした。

ただし将来に向けた「仕掛け」を盛り込んだと、青柳は指摘する。

「山口さんは『次に向けて仕掛けをつくっておけ』と言うんです。皆でさんざん考えたあげく、60歳からもらう厚生年金を『特別支給の厚生年金』という名前をつけて65歳以降と切り離して、法律の附則に置いちゃった。案の定、審議会の労働側の委員に目をつけられて『将来削るつもりなんだろう』と。『65歳支給の基礎年金との整合上必要なだけで、変えようなんて考えはこれっぽっちもありません』と応じつつも、特別支給にすることによって、附則の部分をいじれば、本体に影響を与えなくても改正できるようにしたんです」

要はこういうことだ。厚生年金の支給を基礎年金（国民年金）と同じ65歳からと定めてしまい、60歳から65歳までを「特別支給の厚生年金」と呼んだ。支給額は65歳の前と後で変わらないから実態は60歳支給開始なのだが、あくまで「特別」と意識付けをした。後輩官僚が支給開始年齢引き上げをしやすいよう道筋をつけておいたのだ。そしてそれは実行される。

同期に譲る

1983年9月、現在も厚生労働省が入る26階建ての中央合同庁舎5号館が竣工した。日比谷公園で憩う人々に威圧感を与える、官公庁初の超高層庁舎であった。大手町の労働省もこの建物に移転し、支給開始年齢引き上げなどで労働側との連携がとりやすくなった。

年金局は11階に入った。局長室は、他の局長室とは様子が異なった。当時はここかしこに置かれていた灰皿がない。それに局長の姿がほとんどなかった。

山口はこの年7月、右副腎の摘出手術を受け、左右の副腎を失った。副腎は血圧、水分などを一定の状況に保つホルモンをつくる臓器なので副腎皮質ホルモンの投与が必要で、山口は顔が丸くなる「ムーンフェイス」となっていた。

ちょうどその頃、夏の人事異動があった。山口が年金局長となって2年。通常、局長は2年で交代する。山口は局長就任の際、「年金改正には3年必要だから、3年させ続けよ」と条件を出していたが、この体調である。厚相・林義郎《はやしよしろう》は、山口に退職を視野に入れた休養をとらせてはどうかと、次官・山下眞臣《やましたまおみ》に持ち掛けた。

だが話し合いの末、林は山口を留任させることに決める。

「山口君の身体は続かないかもしれぬが、官吏として、職場で倒れるのもまた本懐ではないか。山口君はそういう気持ちをきっとわかってくれるであろう」（追悼集『山口新一郎さん』）。

山口にとって年金改正は、自らの命と同等かのようだった。山口が倒れるか、年金法案が成立するか、いずれが早いかの争いであった。


年金改正案は翌1984年2月に閣議決定、3月2日、国会に上程された。これで1984年中に成立ができる、と山口は喜んだ。

しかし前述した、山口が危惧したことが起きる。これまで初診時一部負担金600円という定額制だった被保険者の本人負担を、医療費の1割にする健康保険法改正案が国会に提出されたのだ。中曽根政権が指摘する「3K赤字」（国鉄、米、健保）解消のための法案。審議は年金法案と同じ社会労働委員会でバッティングする。優先順位を決める必要があった。

健康保険法案を牽引したのは、前出の山口の同期・吉村仁。「医療保険の鬼」と称され、この時、保険局長に昇進していた。山口が政治的立ち回りを好まない寄り切りタイプの一方、吉村は逆に政治折衝が得意だった。

発言も対照的だ。1984年2月9日、真新しい中央合同庁舎5号館低層講堂で、全国保険・

国民年金課長会議が開かれた際、二人は新改正案についてこう述べた。
「内容が理解されれば大方の人が賛成してくれるはずだ」（山口）
「各方面の同意は得られないとしても、理解だけは得てほしい。そうすれば未来に向かって進んでいける」（吉村）
山口は、性格は熱血漢ながら、言葉づかいは官僚的であった。『社会保険旬報』1984年2月11日号は、両者の発言を「一方はやや弱気な面が目立ち、他方は自信にあふれていたといえよう」と報じている。
法案提出で緊張が途切れたのか、山口の病状は悪化する。3月27日には11回目の入院となった。
青柳は一度だけ、がんセンターに山口を見舞っている。
「山口剛彦（年金課長）さんに『これから行くから来い』と。山口局長が入院しているのは知っていたけど、僕らはタコ部屋といって別の部屋で法案の作業をして、局長の顔を見なかった。山口剛彦さんに『優先順位をお前はどう思うか』と聞かれて、僕は山口局長の病状を全く知らなかったから、生意気にも『厚生省の一丁目一番地は健康保険ですよ。優先しましょう。健康保険のすぐ後ろについていけるように、年金の法案をやりますから』と言った。それを持って、病院に行ったのです」（青柳）
確かに、医療制度改革がただちに年6200億円のカネが産み出されるのに比べ、年金制度の効果を実感するのは何十年と先の話である。
青柳は、病室の山口の姿を見て、想像以上に病状が深刻なことを知った。

山口は、青柳らの進言に耳を傾けつつも、すでに腹は決まっていたようだった。病室から山下次官の席に電話を入れた。

「私としては必ずしも本意ではないけども、健康保険を先にしていただいて結構です」

実は吉村はとっくに、健康保険法を優先させるよう有力政治家に根回しをしていた。田原総一朗『日本大改造』によれば、自民党幹事長・金丸信に対し「今年は医療保険法案だけでいいから是非頼みます」と説得したという。

山口は束の間の退院で役所を訪れた際、吉村と顔を会わせた。吉村が「悪いな」と声をかけると、山口は寂しそうな顔で「まあ仕方ないよ」と答えた（前掲追悼集）。

告別式に首相が参列

衆院社会労働委員会では、年金法案は付託されたままストップし、健康保険法案の審議が進んでいた。

腎機能が低下し、人工透析が必要となった山口は4月13日、一高時代の水泳部仲間が副院長をしている社会保険中央総合病院へ転院。透析は効果があったようで、「寿司を食いたい」と言ったり、毎朝無理をしてタマゴを食べ、「生」への執念を見せた。

見舞いに来た元次官・八木哲夫には、

「車椅子に乗ってでも国会に行きたい。そうすれば大臣も安心するし、野党の同情も引くかもしれない。国会に出たいなあ」

と語った。なおも年金の資料を、鉛筆で細く震えた線を引きながら読んでいた。

とうとう山口は、気管支切開によって声が出なくなった。気管チューブを入れて人工呼吸する状態だ。6月14日、死期を悟り、アイウエオの五十音が記された文字板を使って辞世の句を詠む。

ゆく夏や　蟬なき河童の　目は涙

一高水泳部で身体を鍛え、自らを「河童《かっぱ》」と称した山口も、ガンに勝てなかった。その5日後の6月19日、山口は56歳でこの世を去る。

山口の死は政治家たちに衝撃を与えた。

20日の葬儀に参列した社会党書記長・田辺誠《たなべまこと》は、衆院社労委理事を長く務め、山口と旧知の仲であった。

「こんなことなら、山口君の生きている間に国会を通してやるんだったな」

と話した。

「壮烈な討ち死にですね」

と評したのは、前厚相・林義郎。

棺《ひつぎ》には、成立を見ぬ400ページにわたる年金法案が、長男の手によって納められた。二代目年金局長で次官を務めた山本正淑《やまもとまさよし》が、提案したのである。

7月9日には告別式が「駒場エミナース」で行われた。一高に近く、年金福祉施設であることから、山口がこの会場での式を希望していたのだった。功績が称えられ、「厚生省葬」として行われた。

いまにも泣き出しそうな空の下、2000人もの参列者が訪れ、一般献花の列が延々と続く。

「ただいま、中曽根総理が参列にお見えになりました」

ふいに館内のスピーカーからアナウンスが流れた。一局長の式に現職総理が顔を出すなど異例のこと。どよめく場内を、中曽根はさっそうと歩き、深く頭を下げ、献花をしただけで去っていった。

それは中曽根の申し出だった。省葬の日取りを聞いた中曽根は、自身のスケジュールに目を通し、秘書官にこう告げた。

「必ず出よう。全公務員の鑑のような死だから」(『中央公論』1984年9月号)

山口は「年金の鬼」「年金の神様」と称えられた。同様に「年金の神様」と呼ばれる小山進次郎の死は57歳。神様は早世するのか——。年金官僚たちはそう感じないわけにはいかなかった。

死せる山口、生ける政治家を走らす

後任の年金局長には吉原健二《よしはらけんじ》が就いた。第二章で登場した「小山学校」の最若手で、年金に精通する官僚である。

2期先輩の山口とは、上司部下の関係になったことはないが、ゴルフや碁をともにし、濃密な関係にあった。ちなみに山口は囲碁好きが高じて「日本棋院厚生省支部」を結成し、初代幹事長を務めた。

山口との最期の会話は、やはり年金についてだった。

遡ること半年前、年金法案提出の直前のことだ。児童家庭局長の吉原の席に山口から電話があった。

「国庫負担を基礎年金に集中したいと思うが、君はどう思うか?」

局は違っても、山口は「福祉は人の話を聞く」を実践した。

これまで国民年金は給付の3分の1、厚生年金は20%を国庫(税金)で負担していた。それを全年金共通の基礎年金部分に統一しようというのだった。これは税金の負担割合が減るため、大蔵省は賛成していた。

「いいんじゃないですか」

吉原はそう応じて電話を切った。

法案には基礎年金の3分の1を国庫が負担するように盛り込まれた。やがてその割合の引き上げは、政治の主戦場となっていく。

吉原年金局長の使命は、年金法案を1984年中に成立させ、1986年4月から実施のスケジュールに間に合わせることだった。それは山口の弔《とむら》いに他ならなかった。

しかし健康保険法案が与野党の対立により、目詰まりを起こしていた。衆議院を通過したのは、山口の死から1か月後の7月12日のことだった。

これでようやく年金法案の審議に入ることができたわけだが、8月8日に国会が閉会となる。国会が閉会すると基本的に審議は行われないから、成立は大幅に遅れてしまう。スケジュール通りいかなければ、年金数理なども仕切り直しとなる。年金局全体が、絶望感に包まれた。

焦る吉原は「閉会中審査」の扱いにするよう、与党幹部や厚生族議員に粘った。国会は応じ、審議だけでなく地方公聴会も開かれた。これほど積極的な閉会中審査は異例なことだった。死せる山口、生ける政治家を走らす――と言ったところか。

ここに野党が立ちはだかる。成立の遅れによって措置できていない1984年度分の年金額のスライド改定だけを成立させ、本体はじっくり審議しようと提案したのだ。

吉原は頭を抱えた。このままでは廃案になるかもしれない。

しかも与党内にも、物価が上がっており、スライド改定だけ成立させて差額を遡って支給すべきとの意見が出ていた。

年金法案審議のため、通例より早い12月1日に通常国会が開会した。野党の要求を呑む形で、いわゆる「スライド法案」が議員立法で提出された。同月21日に成立し、12月中に差額の支払いが行われた。

年が明けて1985年、どうにか本体の審議が始まった。4月24日、改正案がついに成立。参議院本会議場の傍聴席では、山口の遺影を持った着物姿の未亡人が見守った。

薄氷を踏む思いでの成立であった。吉原は野党議員からも「よかったね」とねぎらいの言葉をかけられた。

この時、次官は山口と同期の吉村仁である。

2日後の26日、春らしい陽気の中、年金局長・吉原、年金課長・山口剛彦、数理課長・田村正雄ら10人の職員が、横浜市久保山墓地を訪れた。山口の墓前に法案成立の報告を行うためである。吉原から順に手を合わせていく。緊張の連続で疲労困憊だった吉原に、ようやく笑顔が戻った。

句を贈られた年金課長

だが吉原の肩の荷が下りたわけではなかった。

前述した「公的年金制度の一元化の今後の進め方」では、1983年の国家公務員共済の国鉄共済吸収に続く第2弾として「1986年までの関係整理」があった。

ここまで見てきた年金法改正案は、厚生年金に関し国民年金を適用する建て付けで、基礎年金＋報酬比例部分の構造にする内容だ。共済年金については「基礎年金の導入を図る等の改革の趣旨に沿った制度改正を行う」と記されたに過ぎず、これとは別に、大蔵省などが共済年金の法改正をしなければならない。

果たして共済年金が基礎年金に乗ってきてくれるか、吉原たちは半信半疑だった。大蔵大臣の諮問機関・国家公務員等共済組合審議会の議論で、労働組合側が猛反発し、4月8日に出された答申では賛成反対の両論併記となっていた。

年金法改正案成立直後に審議に入れるよう、最強官庁・大蔵省の説得にあたったのが、当時43歳の山口剛彦・年金課長である。1969年改正時の山口新一郎・年金課長、剛彦係長以来の「山口ペア」で、山口新一郎の遺志を最も知る官僚と言えた。

渋る大蔵省に対し、山口剛彦が指摘したのは国鉄共済について。国家公務員共済が国鉄を救うとはいえ、5年間で350億円を国鉄側に交付し、それによって共済側の掛け金率が引き上げられるというシワ寄せが来ていた。大きな保険集団となって、公平な年金制度にすべきではないか

——山口はそう説得した。

この機会に基礎年金に乗っておかないと、共済自体が沈みかねないと、大蔵省は判断した。「最強官庁」がそうならば、と他の省庁は右に倣《なら》えだ。先の年金法改正案が成立する直前の4月20日、国家公務員、地方公務員、私学、農林漁業の各共済の改正案が提出された。

法案の審議は、国家公務員共済なら大蔵委員会、地方公務員は地方行政委員会、などと分かれる。国会での答弁は局長が中心だが、大蔵委には山口課長が乗り込んだ。

1985年5月21日、衆院大蔵委で、沢田広衆院議員（社会党）と、恩給《おんきゅう》も改革しないのかとの議論となった。

沢田「恩給はどういう性格のものなのか……厚生省はどういうふうにこれを見ているのか」

山口「今回公的年金制度の改革のスケジュールを全体で決めておりますけれども、その中には恩

給は入れておりません。と申しますのは、恩給というのは……社会保険方式を原則にいたしました一般的な社会保障制度としての年金制度とは、その基本的な性格を異にする」

沢田「軍人は軍人なりに命をかけるという保険を出しているのですよ。文官恩給は文官恩給として、無定量の義務を負って、昼も夜もなく、官吏は官吏としての義務を背負って従事をするものなんですよ。それはイコール、体をもって掛金にかえているわけで、軍人は軍人としてやはり命をかけて、それが保険になっているわけなんです」

山口「先生が御指摘になったような、体で保険料を払うというような思想がもともとありませんので、そういう意味でも、基本的に私どもの所管をしておる年金制度と恩給とは違いがあるんじゃないか」

質問者の沢田は国鉄労組役員を経て埼玉県議を務めた叩き上げ。山口は一切ひるむことなく、沢田と丁々発止の議論を展開した。

大臣席に座りながら、その切れ味に感心したのが、蔵相の竹下登《たけしたのぼる》であった。

このやりとりの前、竹下は沢田の厳しい追及に「沢田さん、なかなか専門的な知識の上に立っての御質問でございますので、素人の私には明快にこれを分析する今準備もございませんが……」とタジタジになっていたから、余計に山口の能力を思い知ったのだろう。

竹下は思わずその場でこんな句をメモ書きし、山口に手渡した。

山口年金課長の　答弁を聞いて　詠める

共済組合法案などは12月に成立。基礎年金制度は1986年のスタートに間に合った。

幻の「年金客船」

吉原はその後、社会保険庁長官、厚生次官に。山口剛彦も年金局長、官房長、保険局長、次官と中枢を駆け上がった。山口は前述の竹下のメモに感激して、それを大切に取っておいた。年金局長となって竹下に挨拶に行った際、清書をお願いした。竹下は筆で書き直してくれたという（中村秀一『平成の社会保障』）。

1985年改正はそんなベスト&ブライテストたちが、1973年改正など過去の尻ぬぐいを兼ね、懸命に軌道修正を図った内容だった。そこに現役局長の死というドラマが重なり、年金改正の金字塔となった。

審議の過程で、法案の大きな修正はなかった。それは「法案が見事なぐらい緻密《ちみつ》に検討され、細心の配慮と周到な準備のもとに提出されていたから」と、吉原は懐古《かいこ》している。

一方で、健康保険法を優先させたり、国会日程でズルズルと成立が遅れるなど、政治サイドに危機感があるとは言えなかった。中曽根総理が心血を注いだのは、内政では国鉄の分割・民営化、外交では冷戦体制下でのレーガン・米大統領、ゴルバチョフ・ソ連書記長との関係であった。中曽根の600ページ超の回顧録『天地有情』では、年金に関する記述は「年金の統合」のわずか5文字に過ぎない。

いかに政治家に危機感がなかったかを示すエピソードが、年金関係の文献に全く登場しない「年金客船」騒動である。吉原が証言する。

「中曽根さんが観光船のような『年金の船』をつくりたいと言ってきたんですよ。年金の船に乗って世界中を観光するのは面白いじゃないかと。発想は面白いけどね」

正確を期せば、言い出したのは中曽根ではなく、塚本三郎《つかもとさぶろう》率いる野党・民社党だった。

年金改正案が国会に提出された直後の1984年4月10日、参院予算委員会で、民社党・伊藤《いとう》郁男《いくお》が「海洋国家のシンボルとして乗員定員2000人、3万トンの豪華客船をつくる構想がある」とした上で、中曽根にこう詰め寄った。

「この構想というものは、各種年金の積立金がありますね、そういうものを拠出して、いわゆる年金客船というような形のものにしようじゃないかと、こういうことですね。大体250億円くらいのものですから、これは出し得ない金ではないわけですね」

グリーンピアの一か所200億円を上回る額だ。この頃バブル経済が膨れ上がろうとしており、年金給付以外に使うことに与野党とも抵抗がなかった。中曽根は、

「その夢と理想はよく理解できますけれども、またそのロマンも私は好きでありますけれども、やはりそろばんということが非常に大事」

といなしたとはいえ、運輸省が調査費をつけて検討を始めている。

最終的にNOを突き付けたのは、吉原局長だった。

「僕は断った。そんなのつくったら年金は赤字になるに決まっている。断って正しかったと思っています。いまなら、あんな年金局長代えろ、と言われかねない」

年金官僚の矜持《きょうじ》であろう。


だがそんな官僚たちの熱い季節は過ぎ去ろうとしていた。

元内務官僚の中曽根は前述の『天地有情』で日本の官僚をこう叱咤している。

「とくに冷戦以後（1991年以降）というものは、まったく気概が失せ、見識も度胸も落ちて世渡り第一主義に変わってしまいましたね」

戦後復興が終わって日本が完全に立ち直った一方、戦争の修羅場を経験していない官僚が増え、そこに「官民格差」によるバッシングが加わり、官僚たちに国家を担う熱量が薄れていったのではなかろうか。

それと反比例するように、年金受給者数は激増。政治家、学者、マスコミにとって年金が「飯のタネ」となっていく。

第五章　年金不信の正体

預言の書

1981年10月、書店にセンセーショナルなタイトルの本が並んだ。

『年金崩壊』――。発行は財団法人日本生産性本部。いまも続くシンクタンクで、初代会長が「財界総理」と称された石坂泰三《いしざかたいぞう》・経団連（日本経済団体連合会）会長という由緒ある組織だ。出版部門もあり、流通論の第一人者、林周二《はやししゅうじ》・東大教授の著作など、経営に関する学術書を多く刊行してきた。

奥付のページの著者紹介では、

大島　治（ペンネーム）
年金問題の第一人者

とだけ、記されている。

近未来小説の体裁なのだが、いま読めば、きわめて正鵠《せいこく》を射ぬいていることに驚く。

例えば第一章「年金のスライド停止」の設定は2000年。「政府自体が赤字国債の累増で予算編成に四苦八苦している」の記述は、総理・小渕恵三《おぶちけいぞう》が2000年度予算で史上最高の32兆6000億円の国債を発行して「世界一の借金王」と自虐的に語ったこととピタリと重なる。また、主人公の新聞記者は、先輩記者と酒を呑みながら、物価スライドを見送る年金改革について語る。年金額の目減りをともなう荒療治は、2004年改正のマクロ経済スライド導入と似ている。

前章で書いたように、1970年代後半に年金の官民格差や破綻《はたん》寸前の国鉄共済が話題となり、公的年金への不信感が芽生えた。それを週刊誌が中心となって煽《あお》り、「国立国会図書館サーチ」によれば、「年金崩壊」の文字が最初に躍《おど》るのが『週刊ポスト』1977年9月2日号の「国鉄共済年金88億円の大赤字は厚生年金国民年金〝崩壊〟の前兆だ」である。

そこにお堅い出版社から『年金崩壊』が刊行されたことで、この年金不信を示す代名詞が一般化したと言える。

もっとも当時の報道を見る限り、この本に反応したのは年金にかかわる学者や官僚くらいだった。年金受給者といっても無拠出の福祉年金が半数近くを占めていた時代だからだろう。

1968年に毎日新聞社に入社、後に社会保障担当の論説委員となり、政府の審議会委員などを務めた宮武剛《みやたけごう》が振り返る。

「年金は、懐妊期間といって、改革に着手して成果が出るのに10年も20年もかかる。世間の関心も引かなかったし、記者は血湧き肉躍る『現場』に行きたいわけだから、理屈だけの年金に興味を持たなかった」

岩瀬達哉《いわせたつや》によるノンフィクション『年金大崩壊』がベストセラーとなるのは、それから22年後の2003年のことである。

本章ではその間、国民を覆う「年金不信」がどのように醸成されていったのか、見ていきたい。

「年金評論家」の誕生

いったい『年金崩壊』を書いた大島治とは誰なのか。

軽妙な文章で読者を引き込む筆力、制度の行く末を見通す洞察力、由緒あるシンクタンクが認める「年金問題の第一人者」と言えば、当時一人しかいない。

村上清《むらかみきよし》であろう。

1926年、愛媛県生まれ。祖父・紋四郎《もんしろう》は元今治市長、父・常太郎《じょうたろう》は元最高検察庁次長、長兄の孝太郎《こうたろう》は大蔵事務次官を経て参院議員を、次兄・信二郎《しんじろう》も衆院議員という、愛媛随一の名家である。現衆院議員の村上誠一郎《むらかみせいいちろう》は信二郎の息子だ。だが清は、そんな政治の世界から一線を画す。東京大学経済学部卒業後、日本団体生命保険（2000年にアクサ生命と統合）に入社し、1960年代、40歳前後から「年金評論家」として言論活動を始めた。

それまで、評論家はいないわけではなかった。ただ、彼らの指摘は「年金給付が低いからもっと上げろ」「全額税方式にするべき」といった耳心地のいい極論ばかりで、年金官僚は相手にしていなかった。しかし村上は、国内外の年金制度を研究した上、日本団体生命営業第三部長を務め、実務にも精通している。年金官僚が無視できない専門家の先駆けとなった。

年金官僚が村上の慧眼《けいがん》を認めたきっかけは、伊部英男《いべひでお》・年金局長が手掛けた1966年改正の「1万円年金」である。

繰り返しになるが、年金制度は積立方式でスタートしたものの、保険料率が低く設定されたために、積立金だけでなく、5年ごとの財政再計算時に保険料を引き上げ、現役世代からの〝仕送り〟によって年金を賄《まかな》うようになった。これを年金局は「修正積立方式」と称していた。仕送りの「賦課《ふか》方式」ではなく、「積立方式」の呼び名にこだわったのは、自分が払った保険料が自分の年金になっているとの意識を植え付けたかったからだろう。これが現在に至るまでの誤解となっていることは、すでに指摘した。

要するに賦課方式ではないか――。そう喝破《かっぱ》したのが村上であった。

1966年改正時、年金局は5・5％の保険料（これを労使折半）を、将来9％程度まで上げると公表していた。しかし村上は、やがて完全な賦課方式となるから4倍の36％（現在の総報酬制では27％程度）になると指摘。年金局の数字は非現実的と切り捨てた。

結局、年金局はさらに保険料を上げざるをえず、1970年代後半、「賦課方式」と言い始めている。

横田陽吉《よこたようきち》・年金局長による1973年改正（第三章参照）にも、村上は苦言を呈した。給付が現役賃金の6割に上がるという改正で、山口新一郎《やまぐちしんいちろう》ら年金のプロには評判が悪かった一方、メディアは歓迎していた。村上は世論に流されることなく、「給付水準は将来80％超に上がる」「給付水準に上限を設定すべき」と主張。その指摘は山口の1985年改正へと連なっていく。

前述した『週刊ポスト』1977年9月2日号の記事で、村上は取材を受けている。この時、厚生省は1966年改正時の舌の根が乾かぬ内に、30年後に20％以上の保険料率にアップさせる計画を立てていた。それを村上は「絵に描いた餅」「この計画は厚生省の願望に過ぎませんよ」と一刀両断するのだ。国民、政治の猛烈な抵抗にあうことを予見したためだが、現在の保険料率は18・3％で固定されたから、やはり村上の指摘は正しかった。

その村上が「年金崩壊」と打ち出したのだから、年金官僚はたまったものではない。『年金崩壊』刊行直後の『文藝春秋』1981年12月号では、村上の著名で「年金崩壊の日が必ずやってくる！」を発表した。村上が「大島治」かどうか明らかとなっていないのだが、「年金崩壊」を広めた張本人であるのは事実だ。

年金官僚は村上を抱きこもうとしたに違いない。例えば、1993年には専門誌『週刊社会保障』（1月11日新春特別号）で、年金局長・山口剛彦《やまぐちたけひこ》らとの座談会が組まれた。

しかし両者は緊張関係を保つ。相容れなくなるのは、村上が、厚生年金の3階部分の厚生年金基金制度の批判をしたことだった。同基金は私的年金でありながら、厚生年金給付の一部（代行部分）を国の代わりに払っていた。賦課方式で運営されている公的年金を、積立方式の私的年金が代行すれば、早晩行き詰まると警鐘を鳴らしたのだ。

これまた正しかった。バブル崩壊後の運用悪化で代行部分の積立不足が生じ、2014年以降は厚生年金基金の新設は認められなくなった。ただし、平成に入る頃、1800超まで林立された基金は、年金官僚の有力な天下り先だった。ここにメスを入れる村上は、年金官僚にとって目の上のタンコブだったのだ。

村上が、国家公務員等共済組合審議会委員、ILO（国際労働機関）社会保障数理部会委員など、幾多の政府委員を歴任しながら、年金制度の本丸である年金審議委員に一度も声がかからなかったのは、偶然ではあるまい。

日本団体生命社内からも、嫉妬《しっと》を含め、疎《うと》んじられた。生保会社は基金も得意先であり、上司に「そこまで言うと差しさわりがある」と注意されたという。だから出世は、ヒラの取締役止まりだった。

1990年代後半から病に臥《ふ》せっており、私が年金取材を始めた2002年ごろには、村上がメディアに登場することはなかった。2008年12月、村上は82歳で死去した。

世代間不公平論

村上と入れ替わるように頭角を現した「年金問題の第一人者」が、一橋大学教授の高山憲之《たかやまのりゆき》である。

1946年生まれの高山は、東京大学大学院博士課程修了後、1976年に武蔵大経済学部専任講師として、研究者の道に入った。

当初の研究対象は、所得の不平等といった貧困問題だった。ある時、東大時代の指導教官の小《こ》宮隆太郎《みやりゅうたろう》・経済学部教授（ゼミ生に白川方明《しらかわまさあき》・元日本銀行総裁、岩田規久男《いわたきくお》・元日銀副総裁らを輩出）から、フランス・パリで開かれる年金の学会に行くよう言われた。その議論の中で、アメリカやヨーロッパでは、世代間の再分配問題が主流になっていることを、高山は知った。

現在、年金シニアプラン総合研究機構理事長を務める高山は、2023年4月、同機構の一室でこう振り返った。

「年金の実態に関する議論が日本では足りないと思いました。私は大学で年金を教えてもらったことはないのですが、『世代間の再分配』をキーワードにして、年金の話を深めようと思い、研究対象が年金に移っていった」

さまざまな論文を読む中で、「筋が通っている」と最も参考にしたのが村上清であった。高山は、20歳年上の村上を私淑《ししゅく》するようになる。

「村上さんをマークしながら研究の道に入った。ただ村上さんを見て、書いたものが実現するまでに早くて10年かかっている。厚生省がやろうとしていることはおかしい、こうやったほうがいい、と思うことを書いて、村上さんのように、10年先に認められればいいと思った」

高山が脚光を浴びたのが、高レベルの論文が集まる『季刊現代経済』1981年夏号に掲載された「厚生年金における世代間の再分配」だ。

厚生年金の場合、1980年度の新規受給者は、保険料を払うことによって自ら稼ぎ出した割合は13％に過ぎず、現行制度の機能は世代間の再分配にある。1973年改正によって年金額は異常に高くなっており、今後、保険料率を引き上げていけば、さらに世代間の公平を損なう。自らの保険料によって稼ぎ出した部分と現役時代からの再分配分とが明瞭に区分されるよう年金算式を改めるべき――。概ねそんな内容で、「世代間不公平論」の先鞭《せんべん》をつけた。

この論文は、当時の年金局で大問題になったという。年金課企画法令2係長だった青柳親房《あおやぎちかふさ》が語る。

「一方的にやられるのはおかしい。反論しようとなった。ただし年金局に、経済学的観点から何が問題なのか、どうやったら改善できるのかを考えて論文を読んでいた職員は、僕の記憶では、自分を含めて一人もいなかった。その後、高山先生に会って、付き合いが始まりました」

「総年金給付額／総保険料」の倍率が、若い世代のほうが低いというシンプルな話。当然、若い世代は制度への不信感を募らせていく。

年金局は、この土俵に乗るつもりはなかった。給付の倍率で世代間格差を論じるのは私的年金の考え方で公的年金にはそぐわない。賦課方式では高齢化が進めば世代間格差は必ず生じる。戦中・戦後で苦しい時代を生きた人と、現在の人を比較することに意味はあるのか——というのだ。

1985年改正時の年金局長・山口新一郎も「横綱は幕下と相撲はとらない」と語り、損得論の計算はしないと宣言したほどだ。

ただその抗弁はプロ筋には理解できても、「自分がいくらもらえるか」に関心のある一般人には、「不公平」は解せない。わざと数字を隠しているのでは、との疑いすら持たれた年金局は、後に〝損得〟を公表せざるをえなくなる。

1997年版の『年金白書』で、以下のような「概念図」が提示された。

	保険負担料	年金給付額
1924年生まれ	400万円	6100万円
1944年生まれ	1500万円	6200万円
1964年生まれ	2600万円	5800万円
1984年生まれ	3400万円	5800万円

一目瞭然。これは若い人の「年金未納」を引き起こす大きな要因となっていく。

社会保障制度審議会

年金官僚が警戒したのは、こうした村上や高山、それにマスコミといった発信力のある面々である。逆に、高名な学者が何を語ろうが、意に介さなかった。顕著な例が第二章に登場した「社会保障制度審議会」（制度審）に対してである。

アメリカによる占領下、ＧＨＱ（連合国軍最高司令官総司令部）は政治・警察、労働組合対策、社会保障政策の３つを重点政策として日本を立て直そうと考えた。ただし、貧困問題があまりに深刻で複雑なため、日本人の責任でやらせようとした。それが１９４９年の制度審の発足に結びつく。

審議会といっても、いまの数ある「審議会」とは比較にならない権威があった。まず総理大臣の諮問機関である。設置法では「内閣総理大臣及び関係各大臣は、社会保障に関する企画、立法又は運営の大綱に関しては、あらかじめ、審議会の意見を求めなければならない」と定められ、建前上、社会保障政策すべてについて制度審による議論を経る必要があった。

委員は与野党の国会議員、関係省庁の次官、学識経験者、総評（日本労働組合総評議会）など団体代表、それぞれ10人から成った。総理の諮問機関に、野党の国会議員が入るなど唯一無二。通常の審議会は官僚が片手間に事務作業を行うが、制度審には専属の事務局がつくられた。ＧＨＱがいかに社会保障を重要視していたかわかる。

初代会長に、大内兵衛《おおうちひょうえ》（東大教授、１９５０年から法政大学総長）に白羽の矢が立った。東京帝大経済学科を首席で卒業した大内は、大蔵省入省後、東京帝大の助教授に。日本共産党に属さないマルクス主義者、いわゆる「労農派」経済学者。GHQ占領時、蔵相・渋沢敬三《しぶさわけいぞう》によって日本銀行顧問に迎えられており、社会保障なら大内しかいないと、GHQは考えた。

大内は「不適任」と首を縦に振らなかったが、厚生省保険局長・宮崎太一《みやざきたいち》（後に厚生次官）に熱心に口説かれ、会長に就いたという（『社会保障制度審議会十年の歩み』）。

そんな日本の知の最高峰と言うべき集団が1950年10月に最初に出した勧告「社会保障制度に関する勧告」は、社会保障にかかわる文書の金字塔とされている。その序説で、大内は政府を次のように挑発する。

われわれは、これを以て、日本の当面する最大の問題について現在の日本において得られる最善の案であると信ずる。諸君！　諸君は私のこの言を以て笑うべき妄語とするなかれ。なぜならば、わが審議会40幾人はこの道のエキスパートであって、その人々の意見はほぼすべてここに盛られているからだ。

提出する相手の吉田茂《よしだしげる》・総理と、対等な物言いである。通常の公式文書でなされる官僚の下書きなどなかった。

厚生年金について、60歳支給開始（男性）を提言し、

「一般国民については、年金保険を実施することが困難なので財政が許すならば、次のような要

領の無拠出年金制度を設けることが望ましい」（第2章、第2節）と、70歳以上の高齢者に月1000円支給することも記された。後の「国民年金」「福祉年金」である。ところが、厚生省はこれを取り合わなかった。当時は、国民に年金保険料負担に耐える経済的余裕はなく、家族で仕送りをし合う共同体の関係があったからだ。

だが時を待たずに、日本は経済復興を果たし、1955年2月の衆議院選挙で、与野党とも「国民年金」の創設を掲げる。

制度審は国民年金に関する専門委員会をつくった。メンバーは大内の他、鈴木武雄《すずきたけお》・東大教授、高橋長太郎《たかはしちょうたろう》・一橋大学教授ら、いずれも日本の財政学の第一人者。一方、厚生省も負けじと国民年金委員を設置。委員長に元大蔵官僚の長沼弘毅《ながぬまこうき》・公正取引委員会委員長を据え、財政学が専門の井藤半彌《いとうはんや》・一橋大学学長、川井三郎《かわいさぶろう》・協栄生命保険社長といった、制度審に劣らぬ重厚な布陣である。だが第二章で触れたように、制度審は無拠出制、国民年金委員は拠出制を原則として、意見が異なった。小山進次郎・国民年金準備委員会事務局長（初代年金局長）は、時間が迫っていたため、両者を事実上無視し、連絡を取り合わないことにした。日本を代表する識者たちも形無しである。

国民年金法成立後、制度審委員の両巨頭の今井一男《いまいかずお》・国家公務員共済連合会理事長と近藤文二《こんどうぶんじ》・大阪市立大学教授による対談が『共済時報』1959年1月号で企画された。

近藤「例の年金の問題ですが、あれは厚生省の案か、野田（卯一・自民党）特別委員会の案かわからないような形で出ているが、ああいう形は従来あるのですか」

今井「ないでしょうね。僕に言わせると2対1ぐらいじゃないかと思います。厚生事務当局のウエートが2で、政治家たちの案が1」

「年金官僚主導」の苛立ちが伝わってくるやりとりだ。官僚は、学者による議論を、法律の権威付けのために利用しただけだった。

制度審は、会長の大内と今井、近藤の3人が牽引し、初期は「今井・近藤時代」と呼ばれた。とりわけ大蔵省給与局長まで務めた今井は、いかにもガンコ親父のやっかいな存在だった。1951年に制度審入りし、答申の文面は、今井によって一言一句点検され、手を加えられた。政治家や官僚を見下し、首相の佐藤栄作《さとうえいさく》を、年上にもかかわらず「栄作」呼ばわりである。亡くなるまで、歴代最長の35年にわたって制度審に君臨した。

今井の死去を受け、2代目の年金局長・山本正淑《やまもとまさよし》（後に次官、退官後に制度審委員）は、『共済新報』1986年9月号に追悼文を寄せた。文章全体では死者に敬意を払っているものの、

「独裁的な面でも相当な人であった」

「常に自分が第一人者であらねばならないとの気持が強く、批判され、自尊心を傷つけられることは許せなかった人柄」

と、トゲがある。

山本は1969年に厚生省を勇退するが、「大盤振る舞い」の1973年改正をよく思わなか

った。ストッパー役を制度審が担うべきだったと振り返っている。

「長期的に見ればそれらの措置は行き過ぎだったと思う。制度審では、高齢社会を支えるための経済構造や負担構造への転換などに触れてきてはいたものの、給付だけ良くすることの期待への当時の強いフィーバーに抗しえず、コントロールする力を十分発揮できなかったように感ずる」(『社会保障制度審議会五十年の歩み』)

制度審が年金官僚に影響力がなかった証左である。

1973年2月、第2代会長に戦後の労働経済学の道筋をつけた大河内一男《おおこうちかずお》・元東大総長が就任する。1964年3月の東大の卒業式の訓示で、哲学者ジョン・スチュアート・ミルの言葉を引き、「太った豚より痩せたソクラテスになれ」と語ったとされるエピソードは有名だ。そんな名物学者をもってしても、年金制度に対して存在感があるとは言えなかった。

だが、年金官僚が無視できない「有識者会議」が登場する。

土光臨調

1980年12月、鈴木《すずき》善幸《ぜんこう》内閣は、行政改革を推進させる第二次臨時行政改革調査会、いわゆる「第二臨調」を発足させた。推進役は、「ポスト鈴木」への野心を隠さない中曽根《なかそね》康弘《やすひろ》・行政管理庁長官。「第二次」なのは、池田《いけだ》勇人《はやと》内閣の1962年にも同様の調査会が設置されていたからだ。

中曽根は第二臨調会長に、類まれなリーダーシップを持ち、東京芝浦会長、経団連会長を歴任した土光敏夫《どこうとしお》を据えた。メンバーは、瀬島龍三《せじまりゅうぞう》・元伊藤忠商事会長、加藤寛《かとうひろし》・慶應大学教授、屋山太郎《ややまたろう》・時事通信社編集委員ら、中曽根が懇意にしてきた識者たち。さらに普段の夕食はメザシという質素な生活ぶりで「メザシの土光さん」と、土光のキャラクターに焦点が当たり、かつてないほど注目される有識者会議が誕生した。

官僚は、そんな発信力に弱い。1982年7月30日、「土光臨調」は基本答申を提出。キーワードは「増税なき財政再建」で、その一環として年金改革が取り上げられた。

「公的年金について、その公平化を図るとともに、長期的制度運営の安定強化を確保するため、被用者年金の統合を図る等により、段階的に統合する」

「各制度ごとの合理化、制度をまたがる併給調整等を進めるとともに、給付水準の適正化、高齢者雇用の動向を勘案した支給開始年齢の引き上げと弾力化、保険料の引き上げ等により、制度運営の安定化を図る」

山口新一郎年金局長が推し進めた基礎年金制度をバックアップする内容だ。

実はそれは、結果論であった。財界主導の土光臨調の根っこにあるのは、当時、注目されていたサッチャリズム、レーガノミクスだ。イギリスのサッチャー首相、アメリカのレーガン大統領は、公共事業の民営化と同時に、高福祉からの脱却を図ろうとしており、日本も追随。第二臨調の大きな功績として国鉄民営化が知られるが、公的年金も政府側の負担を減らしていく狙いだった。

当時の厚生次官で、年金局企画課長の経験もある山下眞臣《やましたまおみ》は、土光臨調の進め方には煮え切らない思いでいた。前掲の『社会保障制度審議会五十年の歩み』でこう回顧している。

「それはその時代は必要だったのかもしれないが、そういう環境の中で、一体社会保障がどうあるべきなのか。真に必要なのは何なのか。経済なり当時の財政なり政治の状況で揺れ動いていいのだろうかというようなことがあった」

「先行き社会保障はもたんぞ、社会保障を確固とするためにやらなければいかん、こういう気持ちでずいぶん推進したんですね。ところがやっぱり臨調の方は違う見地で応援するわけですよ。たまたま応援してくれたので、それは大いに応援してくれるならありがたいじゃないかと、一緒に組んでやれというので、両方とも通りましたけれど」

山下は、土光臨調は社会保障を軽んじているように思えた。たまたま方向性が同じだったから鵜呑みにしたというわけだ。

土光臨調の存在は、官僚と有識者のパワーバランスが変わるエポックメーキングな出来事だった。

それは山下次官が察したように「時代」であった。前述の近未来小説『年金崩壊』も、高山による「世代間不公平論」が登場したのも1981年。この年、社会保障給付費のうち、年金給付費が医療給付費を追い抜いている。年金の存在感が急速に増し、年金官僚が制度の維持だけを考えて法案をつくればいい時代は終わったのである。

年金官僚が日経コラムの手伝い

当時、一橋大学助教授の高山は、前出の青柳親房・年金課係長と知り合い、厚生省と接点を持ち始めた。

「官房長か人事課長から、『入省3年目くらいに、経済学の集中講義をしてほしい』と言われたのです。厚生省キャリア組はほとんどが法学部なので、経済学の勉強が足りないというわけです。青柳さんは東大経済学部なので、よくわかっておられた」

夏休み、厚生省の関連施設に法学部出身の若手キャリア官僚が10人ほど集められた。厚生行政に関する集中講義が開かれ、高山は年金担当。一講義90分で、休憩を挟んで質疑応答となる。

「彼らは法律の専門家ですから、私も教わることが多く、中身のある議論となった」（高山）

その頃の年金局長・山口新一郎は、時代の流れを掬い取り、学識者２００人の他、報道、経済界など計１０００人に大アンケート調査を行ったことは前章で触れた。ところが１９８９年改正を担当した年金局長・水田努《みずたつとむ》は、山口に比べると月とスッポンのように見られてしまう。ジャーナリスト・田《た》原総一朗《はらそういちろう》による『週刊文春』１９８９年9月14日号のレポートには、「ケンカっ早くて、頑固で、とにかくチームプレーというものが出来ない。みんな陰でミスター瞬間湯沸かし器と称している」と、匿名官僚によるクソミソな水田評が紹介されている。

水田は学者や労働側、他省庁への根回しはせず、大蔵省主計官と怒鳴り合いの喧嘩を演じることもあった。厚生年金支給開始年齢の60歳から65歳への引き上げが、閣議決定されたにもかかわらず実現しなかった（第一章参照）のは、水田の進め方のまずさも原因であった。

水田を反面教師としたのが、1994年改正時の山口剛彦・年金局長、中村秀一《なかむらしゅういち》・年金課長であった。

中村の述懐。

「僕が引き継いだ時、『年金局の独断専行』『密室の決定』と外から批判されていた。学者からも総スカンでした。そうでなくても年金は味方が少ない世界です。そこで村上清さん、高山憲之さんや丸尾直美《まるおなおみ》（慶應大学教授）さん、山崎泰彦《やまさきやすひこ》（上智大学教授）さん、労働経済学の清家篤《せいけあつし》（後に慶應義塾長）さんに、ヒアリングしていった」

高山はこの頃、日本経済新聞コラムの常連となっていた。

前出の青柳によれば、高山から「一緒にやらないか」と声をかけられた。青柳のサポートの下、高山は日本経済新聞「基礎コース」欄で「待ったなし年金改革」の連載をスタートさせる。ただし執筆者は「年金問題研究会」とあり、高山の名は登場していない。

「『基礎コース』は財界や労働組合の人が読む。厚生省に都合の良いように誘導するんじゃなくて、幅広にいろんな問題を早い段階で認識してもらうことを狙った」（青柳）

連載は1993年1月13日から2月18日まで30回に及び、「次期制度改正」「一元化」「制度の歴史」「世代間のバランス」など、年金をさまざまな角度から解説する内容であった。

さらに青柳は学者へのアプローチを重ねた。

「専門誌の『週刊社会保障』に、専門的なテーマで連載しました。学者向けで、これを読んで反

論してきてほしいという狙いでした。地道な環境づくりはできたと思います」（同前）

年金局は、社会保障審議会を無視して進めた時代からの脱却を図ったのだ。

その甲斐あって、1994年改正では、1階部分だけではあるが、支給開始年齢引き上げにスムーズに着手した。

だが、法案成立を目前にして〝黒船〟が来襲する。

世界銀行の衝撃レポート

1994年10月、ワシントンDCに本部を置き、開発途上国などに融資を行う世界銀行が、「Averting the Old Age Crisis」（年金危機をどう回避するか）のレポートを公表した。

ポイントは3つ。①既存の所得比例年金を積立型の掛け金建て制度に切り替える、②切り替え後は制度の運営を政府の手から切り離し民間に移す、③それらの実現のため、民間の年金制度への加入を義務づける――であった。

日本の年金制度を根本から否定する内容で、法案審議真っ只中という最悪のタイミング。もちろん年金官僚は無視を決め込んだが、先の第二臨調の議論のように、「低福祉」は世界的な趨勢であり、年金専門家ら、とりわけアメリカの議論を信奉する学者らは沸き立った。

当時、厚生省数理調整管理室長だった坂本純一《さかもとじゅんいち》が、苦々しく振り返る。

「日本の公的年金制度は世銀の目には『大きな政府』の典型と映るところです。公的年金制度はそもそも、生産活動ができる人が生産した物を、生産活動ができなくなった人に分配することを社会全体で行う、というのが趣旨です。それを潰してしまう議論が、出てきてしまった。年金制度について素人同然だった経済学者、エコノミストが、この報告書が出たあたりから『厚生年金は民営化しないといけない』などと言い始めたのです」

ただしメディアは、まだ年金で盛り上がってはいない。

前出の毎日新聞の宮武剛は、論説委員になった1991年、年金の取材を始めた。それまでは、労働運動がまだ激しい頃でもあり、ストライキなどの現場を取材する「労働記者」だった。

「大改革とされる85年改正の時ですら、主婦にも年金が支払われる『第三号被保険者』や障害年金の充実が話題になったくらい。拍手はしたんだけど、紙面の扱いは小さかった。社会保障全体のニュースバリューがなかった。ただ労組の賃上げ闘争といっても、100円、200円の争いで、医療保険や年金も上がる。これは社会保障を勉強しないと労働記者は務まらないと思ってコツコツ自分で調べ始めました。私が論説委員になった時、政治、外信、経済系が肩で風を切っていて、社会保障、教育、事件事故はバルト三国（ロシアから独立した弱小国）なんて呼ばれていた」

宮武は、年金課長、年金局長を歴任する前出の山口剛彦と交流を持った。山口は現場が好きな官僚だった。

宮武は、評判のいい病院の現場を見たいと、山口に相談した。すると千葉県南部の基幹病院、亀田総合病院を紹介された。山口は「僕も行きたいから一緒に行きます」と言う。部下も引き連れず一人でやってきて、他の新聞社の論説委員クラス数人とともに、近くの宿に泊まった。酒好きだったため、その後、新宿の居酒屋に繰り出し、割り勘で酒を呑んだという。

こうして年金官僚と記者は濃密な関係を築いてはいたが、記事は少なかった。「現場」がなく、数字の羅列で小難しいからだ。世界銀行案もマスコミの間でほとんど話題になっていない。

宮武が振り返る。

「年金改革に反論する一つの流れになったのは確か。年金は高齢社会の中で仕事になると、異分野の経済学者が入ってきた。その経済学者のほとんどが年金を知らない。民営化すると何かいいことが起きるということでしょう。でも、いまの制度を失くして済むなら別だが、二重の負担（制度を移行する際、現役世代は現在の年金受給者と、将来の自分のための二重に保険料を支払う必要がある）の問題はどうするのか。60年、70年かけて自然死を待って、新たな積立型の年金をつくるということです。年金制度に知識のある人は、相手にしませんでした」

当時の新聞をめくると、全国紙はどこも報じておらず、日本経済新聞がワシントン支局発として「高齢者、途上国で急増――世銀報告書、年金見直し求める」と触れた程度だ。

一方で年金以外の社会保障分野は記事になり始めている。きっかけは1994年9月、社会保障制度審議会が、公的な介護保険導入を提言したことだ。介護保険は寝たきり状態など介護が必要になった際、国民の保険料によって介護サービスが提供される制度。ドイツで導入が決まり、日本でも導入が叫ばれていた。

介護は、高齢化社会で、しかも家族の同居が減っている中、身近な問題だ。そして制度化には保険料は何歳までとるのか、サービスはどうするか、公費の負担は国か自治体か、など乗り越えるハードルは無数にあった。市民運動家、政治家、学者を巻き込む論争に発展する。「現場」があるので、記者たちは取材に走り、新聞が一面トップや社会面で大きく扱うようになるのだった。

制度審は2001年の省庁再編にともなって50年の歴史に幕を閉じるが、勧告を出したのは、前述した1950年、1962年、そして1995年の3回のみ。最後となった1995年7月の勧告でこう記した。

「今後増大する介護サービスのニーズに対し安定的に適切な介護サービスを供給していくためには、基盤整備は一般財源に依存するにしても、制度の運用に要する財源は主として保険料に依存する公的介護保険を基盤にすべきである」

この時の制度審会長は隅谷三喜男《すみやみきお》・元東京女子大学長。東大では前出の二代目会長・大河内一男の下で学び、労働経済学の第一人者だ。

年金で軽んじられた制度審だが、介護保険についてはこの勧告が大きな後押しとなった。介護保険法案は、3期の国会をまたぐ攻防の末、1997年12月に成立する。

その「介護保険ブーム」に押し出されるようにして、年金はようやくマスコミの俎上《そじょう》に載ってきた。

竹中平蔵デビュー

1998年7月、小渕恵三政権が発足した。首相直属の経済戦略会議が設置された。中曽根政権の「土光臨調」に似て、大物財界人らをブレーンに据えて経済政策を推進する狙いだ。議長はアサヒビール会長の樋口廣太郎《ひぐちひろたろう》で、トヨタ自動車社長・奥田碩《おくだひろし》、JR西日本会長・井手正敬《いでまさたか》、イトーヨーカ堂社長・鈴木敏文《すずきとしふみ》とズラリ。学者は4人入り、そのうちの一人が47歳の竹中平蔵《たけなかへいぞう》・慶應大学教授であった。竹中の「首相ブレーン」デビューである。

池田勇人首相のブレーンとして高度経済成長を進めた経済学者・下村治《しもむらおさむ》に憧れてアカデミアの世界に入ったという竹中は、社会保障の専門家ではない。世界銀行の年金改革案によって、素人の学者が参入してきたと述べたが、竹中はその筆頭だ。

竹中は、年金についてこう考えていた。

「年金に関しては、既存の制度が実質的に破綻していることが明らかになっているにもかかわらず、本質的な改革は何ら行われてこなかった」

「理論的に考えて、人口変動のリスクを減らす方法は一つしかない。最低限の基礎的部分はシビル・ミニマムとして、税金によって負担する。しかし、それ以外の部分は賦課方式から積立方式に切り替えることである」（竹中平蔵『経世済民』ダイヤモンド社）

世銀案と瓜二つである。もっとも、竹中が深く考えていたわけではなさそうだ。懸念される「二重の負担」には「このような過渡期の負担をどのようにするか、さらに具体的な議論が必要であろう」と記すのみ。無責任と言わざるをえないが、これらは１９９９年2月に出された経済戦略会議答申「日本経済再生への戦略」に、以下のように盛り込まれた。

「報酬比例部分（2階部分）については、段階的に公的関与を縮小させ、30年後に完全民営化を目指した本格的な制度改革に着手する」

「将来、基礎年金部分が税方式に移行し、報酬比例部分が完全民営化されれば、公的年金のための社会保険料はゼロになる」

１９９９年改正のはずが２０００年の「ミレニアム改正」にズレ込んだ顚末は第七章で詳述するが、その改革論議の真っ最中に、ちゃぶ台返しにしようというのだ。首相肝いりの会議がこうした提言をし、テレビに盛んに登場する竹中が「既存の制度は実質的に破綻」と語るのだから、国民の年金不信のボルテージは上がった。

竹中はこの会議を足掛かりに政権に食い込み、ついに２００1年4月、小泉純一郎《こいずみじゅんいちろう》が総理となると、民間人にして経済財政政策担当大臣に就任する。

竹中が所管の経済財政諮問会議は、廃止された社会保障制度審議会の後継組織である。ＧＨＱが形づくった社会保障の大家たちの権威が、〝黒船〟によって放逐されたのは何とも皮肉である。

逃げ水年金

支給開始年齢引き上げに着手した前回の１９９4年改正が、年金局内で「20世紀最後の改正」

と言われたものの、1997年1月公表の人口推計で、前回の1992年推計より深刻な数値が出たために、大改正を余儀なくされたことは第一章で書いた。

これは「逃げ水年金」と揶揄《やゆ》され、1996年の厚生省スキャンダル（次章参照）も相まって、国民が年金官僚を信用しなくなる要因となった。

そもそも現行制度は複雑怪奇だから、竹中が打ち出す抜本改革案のほうが、国民の頭にすんなり入った。年金を取材する記者たちは、そうではないと報じたいが、新聞紙面の少ないスペースでは丁寧に解説できないのが現実だ。前出の宮武は、こんな例えをする。

「年金制度はいわば巨大な建物で、全部建て直すには、住んでいる人、つまり受給者を追い出す必要があるので無理なのです。だから新館、別館、渡り廊下がつくられて、安い温泉宿みたいな制度になる。いまの制度は古いから止めますとなると大パニック。それがなかなか理解されない。国民からすると何回改正をやれば気が済むんだとなります」

妥協点を見出しづらいのは、年金が、他の医療、介護、雇用保険と決定的な違いがあるためだ。「医療、介護、雇用は、保険料を負担しながら受給もできる。しかし年金は保険料を払う人、年金を受給する人がきっぱり分かれています。現役世代は保険料負担、高齢者は年金額しか興味がなく、国民が全体を考えようとしないのです」（宮武）

それもあって、次期改正を担当する年金局長・矢野《やの》朝水《ともみ》は、初の試み『年金白書』を2回、発行した。改正案ができる前の1997年2月には「五つの選択肢」を、改正案の議論が本格化した1999年10月にはその解説や年金に関するデータをふんだんに盛り込んだ。現物を手にとると、文章はわかりやすく、紙質もきれいで見やすい。年金局が、国民に理解してもらおうと腐心したことは伝わってくる。

「五つの選択肢」と提示したのは、年金局が国民に当事者意識をもってもらうためだ。

A案からE案まであり、A〜D案は、2階建ての現行制度をしつつ、例えば、A案は給付にはいっさい手をつけない代わりに保険料が月収の35%になる高福祉高負担、B案は厚生年金保険料を将来30%以内にとどめる代わりに将来の給付を1割減らす、といった内容。そしてE案は「厚生年金の廃止（民営化）案」で、世銀レポートで火がついた民営化案を提示した。

これには厚生省内、さらに年金官僚OB、大蔵省からも反対の声が上がった。ヤブ蛇になるというのだ。だが矢野局長は、

「これを載せないとこの議論の位置づけというのがわからないでしょう。これを入れて議論してもらうというのが重要なんだ」

と強行した（『坂本純一（元厚生労働省数理課長）：社会保険改革のオーラルヒストリー』）。

経済界、労働界、報道、女性団体など有識者2000人を対象にしたアンケートを1998年3月から実施。年金局の大規模調査は、山口新一郎年金局長による1985年改正、前回の1994年改正に続く3回目だ。

年金官僚たちの不安は杞憂《きゆう》に終わる。現行の枠組みを維持すべきとの考えが70・9%を占め、最も多かった選択肢は、C案の保険料負担は年収の2割程度、将来の給付総額を2割程度減らす、で40・5%を占めた。「民営化」は17・1%、「厚生年金廃止」は8・5%にとどまった。

ところが現行制度を変えるべきとの声が、やむことはなかった。

年金改正の〝裏舞台〟

２０００年改正で2階部分の支給開始年齢引き上げを成し遂げた後、２００４年年金改正に向け、将来の保険料が固定されるとともに、年金給付額が減っていく「マクロ経済スライド」方式が打ち出された。それを厚労相・坂口力《さかぐちちから》が所属する公明党は「１００年安心」と掲げたことは、第一章で書いた。「逃げ水年金」を打ち止めにしようというわけである。

この頃、社会保障分野の研究者としてデビューしたのが30歳そこそこの鈴木亘《すずきわたる》（当時、大阪大学助教授）である。後に学習院大学教授となり、２０１２年に橋下徹《はしもととおる》・大阪市長の下、市特別顧問として西成特区構想を推進。２０１６年には小池百合子《こいけゆりこ》・東京都知事の下で待機児童対策を担当する。いわば官僚機構への〝劇薬〟の役割を担い、「行動する経済学者」と呼ばれて脚光を浴びた。

そんな鈴木が、現行の年金制度に対してモノ申した。前述の「世代間不公平」を指摘した上、世銀案に類似する「積立方式」がベストとの論陣を張る。

年金官僚は、世銀案がしぶとく生き延びていることにウンザリしただろう。だが気鋭の若手学者を無視するわけにもいかない。そこで取り込みにかかった。

「昔からあるそうですが、私は２０００年から２００４年まで、年金局がやっている研究会に参加しました。マスコミに知られないオフ・ザ・レコード。いわば〝裏舞台〟です」

2023年3月、鈴木は、私とのZoom取材でこう明かした。

年金局年金課長が主催し、年金課、数理課の官僚たちと、若手の年金学者が集められる。全体で7、8人ほど。2週に1回のペースで、時間は夕方6時から8時まで。ただし場所は、マスコミの目を避けるように、虎ノ門にあった「年金総合研究センター」（現年金シニアプラン総合研究機構）で開かれた。当時の理事長は坂本龍彦《さかもとたつひこ》・元厚生次官で、要は天下り団体である。

「私のように制度を批判する学者も厚労省べったりの学者もいた。2004年改正に向けた議論をするのですが、『よく知らずに批判するのは止めてください。裏舞台を見せるので、事情をわかった上で建設的に批判してくれ』との思惑《おもわく》です。侃々諤々《かんかんがくがく》の議論で、『政治の圧力があって……』とか、官僚がこんなこと言っていいの？　という発言もあった。ただそれは、紳士協定でマスコミにタレ込んだりしない。官僚にも、互いにわかり合おうとする度量があったのです」（鈴木）

日当もお茶も出ないが、若手学者にとって、実務を知ることができる有意義な集まりだった。ただし年金官僚にはさらなる重要な狙いがあった。「物わかりのいい」学者を、厚労省の社会保障審議会年金部会、年金数理部会といった法案審議の場にリクルートするのだ。

鈴木には、現在年金部会委員を務める、ある学者について、鮮烈な記憶がある。

若かりし頃のその学者は、年金のことをわかっているとは言えなかった。経済学の教科書に書いてあるような質問を官僚にぶつけては、周囲から呆《あき》れられた。だが2時間の勉強会が終わると、その学者は〝見どころ〟があるのか、年金課長たちに別室に呼ばれる。〝特別講義〟が行われるようだった。会を重ねるごとに、その学者の知識がレベルアップしていくことに、鈴木は目を見張った。やがて学者は、審議会の委員となった。

年金官僚の〝買収〟は露骨《ろこつ》だ。

鈴木は厚労省関係者から、大阪で行われる厚生年金に関する講演会に呼ばれた。報酬は50万円。当然、鈴木の講演は年金制度に批判的だ。多くの聴衆が顔を真っ赤にして苛立っていた。聞けば厚労省ＯＢの集まりだという。鈴木とその関係者との付き合いはそれきりとなった。

ある県の医師会の講演会に声がかかったこともある。報酬はなんと１００万円だ。鈴木がオファーされる報酬はたいてい30万円だから、高すぎる。まずいと思った鈴木は引き受けなかったが、医師会担当者はこう言った。

「○○先生は受けていらっしゃいますよ」

医師会は全国にあるので、各地に呼ばれれば、その学者の懐には、かなりの大金が入ったはずだ。

鈴木は前出の年金総合研究センターの研究プロジェクトの「主査」になった経験がある。それは何とも良い身分だった。

学者が研究プロジェクトを行う際、厚生労働科学研究費（科研費）補助金の審査にパスすると、研究費を使うことができる。ただし予算の管理や書類の手続きは煩雑だ。その面倒な作業を、すべて同センターの事務方がしてくれるのだ。

「アンケート作成の事務作業、聞き取り調査や、海外の年金事情の調査など約1200万円の科研費が出た。周囲から『先生、先生』と呼ばれ、経費精算もしてくれるし、研究に集中したい学者にとってこれほど楽なことはない。理事長や年金関係者と親しくなるんだけど、だんだん制度を批判できなくなる。だから私は一度限りでやめました」（鈴木）

2004年の年金改正が終わると、鈴木は〝裏舞台〟に声がかからなくなった。厚労省の審議会メンバーにも、一度も呼ばれたことはない。

「私は同じことを言い続けてきただけ。厚労省として、私の利用価値がなくなったのでしょう。厚労省は、言ってほしいことを言う学者としか付き合わなくなってしまった」（鈴木）

バランスシート論

公的年金の危うさをさらに突き付けたのが、前出の高山教授である。

2003年3月、国立社会保障・人口問題研究所主催のシンポジウム「年金改革の方向性と論点を考える」で、高山は「年金改革における最大の問題は、厚生年金のバランスシートに基づいた議論がほとんど行われていないこと」と斬り込んだ。いわゆる「バランスシート論」である。

高山が記した同年10月22日付け日経新聞「経済教室」から抜粋すると、概ね以下のような内容だ。

「厚生労働省が発表した厚生年金の1999年財政再計算結果によると、2000年3月末時点の給付債務（将来支払うことが予定されている年金給付のすべてを一括して一時金払いするときに必要となる金額）は2150兆円であった。他方、積立金・保険料資産・国庫負担をあわせた年金資産は総額で1620兆円であり、530兆円の債務超過となっていた」

「過去の支払い約束にかかわる債務超過額は公的年金制度全体として、国民年金などを加えれば約600兆円に及んでいた」

「隠れ国債ともいうべき600兆円の年金債務超過額は同時点の国債発行残高330兆円よりはるかに大きかったことになる」

後世に600兆円もの借金が先送りされる。そのために保険料をどこまで上げれば気が済むのか。もはや年金制度は破綻している――と、メディア露出の多い金子勝《かねこまさる》・慶應大学教授も同調し、年金不信のボルテージは上がった。

私が年金取材にかかわり始めたのは、そんな議論の少し前、2002年後半のことだ。当時、小学館の『週刊ポスト』の契約記者だった。

2002年12月、厚労省はマクロ経済スライドを盛り込んだ改革試案「年金改革の骨格に関する方向性と論点」をまとめ、2004年改正への号砲が鳴る。日本の歴史上最も人口の多い「団塊の世代」（1947〜49年生まれ）が定年退職を間近に控え、彼らをメインターゲットとする週刊誌業界は、年金を取り上げていた。私はその取材班に組み入れられた。

そんな中、バランスシート論は打ってつけの材料だった。記事には「債務超過」の文字が躍った。

「マクロ経済スライド」も「100年安心」も、年金官僚たちは不正確と知りながら、止めなかったことは、第一章で指摘した。もっともらしいワードで、痛みを強いる改革を煙に巻こうという狙いが、年金官僚にも政治側にもあったはずである。

そのあいまいさを突くことがメディアの役割に違いないが、題材として複雑で、地味すぎた。「債務超過」も記事の導入部分で扱われる程度。毎日新聞の宮武が指摘したように、報道には「現場」が不可欠なのだ。

代わりに、第三章で登場したグリーンピア（大規模年金保養基地）の杜撰《ずさん》な経営や、社保庁の福祉施設が林立するといった、年金保険料の無駄遣いが取り上げられた。そんな「現場」は、掘れば掘るほど出てくるから、ネタには事欠かなかった。

年金は「債務超過」で、これから額が減らされる〝改悪〟が待っているのに、年金官僚がのうのうと保険料をむさぼっている――。国民の怒りを煽る構図だ。やがて「年金」の文字がメディアに躍らない日のない「年金ブーム」が到来する。

『ポスト』編集長は「何でもいいから10週連続で年金の記事を書け」と号令を出したものである。それらをまとめた週刊ポスト増刊号『丸ごと一冊［得する年金］大特集』（2003年4月発行）は30万部超えという異例のヒットを果たし、他の出版社も「二匹目のどじょう」を狙ってムック本を刊行。前述した2003年9月刊行の岩瀬達哉『年金大崩壊』がベストセラーになるなど、年金はメディアにとって「カネの成る木」となった。

年金官僚の敗北、再び

年金局が、2004年改正案提出の詰めの作業で、最も苦労したのが保険料率であった。2000年改正で、戦後の混乱期以降初めて、保険料の引き上げ凍結が決まった。第一章で紹介したように、年金制度は段階保険料方式で、何％保険料を上げたかが年金課長の評価とされたほどだから、「年金局敗北」の一ページだった。2004年改正では、そうした改正のたびの闘争をやめるべく、厚生年金保険料13・58％から将来20％に段階的に引き上げることを決めてしまおうと目論んでいた。それは2003年9月に公表された厚労相・坂口力による「坂口試案」にも盛り込まれた。

年金の水準は「現役世代の平均賃金の6割」などと言われてきた。実は、加入歴などの前提条件はあいまいだった。それを2004年改正では、法律に落とし込むため、専門家の間で使われてきた「所得代替率」を登場させる。現役男性サラリーマンの平均手取り年収に対する夫婦のモデル年金（夫が平均的賃金で40年厚生年金加入、妻が40年専業主婦の場合の年金額）の割合を指す。法案には「給付水準の下限」として、所得代替率「100分の50」が示された。

数理課長・坂本純一らは、所得代替率50％をキープするのに必要な将来の保険料率が、20％くらいと弾き出していた。

だが保険料をなるべく払いたくないのが、国民の心理である。連合はもちろん、厚生年金保険料の額を企業が負担することから、経団連も立ちはだかった。経団連は自民党の支持団体であり、大口スポンサーだ。

坂口が思い起こす。

「私の案は最大20％。ヨーロッパあたりの年金は、だいたい上限20％にしている。経団連は最大でも15％。連合も15％。ともかく20％はえらい（難しい）と。経団連と連合は、いままで何でも異なる立場だったのに、タッグを組んで坂口試案に反論した。自民党は、経団連が言うなら20％は厳しいとなった」

一貫して政治側の窓口となったのが官房副長官、そして2003年9月から自民党幹事長となった安倍晋三《あべしんぞう》である。

安倍は2000年改正を衆議院厚生委員会理事、自民党社会部会長としてつぶさに見て、厚労族を自負していた。だから年金官僚たちも話が通じると思っていたが、そうではなかった。坂本課長は年金局長・吉武民樹《よしたけたみき》とともに安倍と対峙したことがあるが、

「安倍さんはマクロ経済スライドについて、よく理解しておられなかった。上の空という感じでした。どうやったらどれくらいになるとか、いろいろ聞かれましたが、経団連の言い分を重視していたようでした」（坂本）

坂本らの説明に対してポイントを理解していたのは官房長官・福田康夫《ふくだやすお》だったという。ただ福田は、2003年12月に始まった自衛隊イラク派遣の対応で忙殺され、年金どころではないのだった。

年金局は譲歩し「保険料率18・5％で所得代替率50・5％」を提案。だが安倍は首を縦に振ら

ない。「18％で50％が可能となるタマを考えてほしい」と指示を下す。年金局は70歳以上のサラリーマンにも保険料を求め、高額所得者の年金をカットするなどの案をひねり出し、「18％で50・3％」の試算を示した。

だがこの「安倍主導」に厚労族議員や公明党が反発し、結局、18・3％という、明確な根拠のない数字となった。厚生年金保険料は２０１７年に18・3％、国民年金は月１万３３００円から同年に１万６９００円までそれぞれ段階的に引き上げ、固定させるスケジュールが決まった。年金官僚は、２０００年改正に続き、またも政治に屈したのである。

２００４年２月10日、年金改正法案は国会に提出された。「年金ブーム」はさらにヒートアップした。

未納3兄弟

安倍がそうであるように「マクロ経済スライド」と言われても、読者、視聴者はついてこない。メディアはわかりやすい所でネタを見つけようとするのだが、ここに燃料を投下したのが、「年金未納」である。

社保庁は２００３年７月24日の社会保障審議会年金部会に、２００２年度の国民年金保険料納付率が、制度発足以来最低の62・8％となったと提示した。理由として、市町村に任せていた保険料徴収事務を２００２年度から国に移管したこと、保険料の全額免除の基準を厳格にしたこと、をあげたとはいえ、未納者に理由を尋ねた調査では、生命保険加入者が53％もいた。公的年金への不信は根強かった。

この「国民年金4割未納」に、福田官房長官が同日の記者会見で「年金崩壊という問題が出てくる」と反応。政府は自らの首を絞めていく。

だが「崩壊」はミスリードだ。

確かに、現行制度は現役世代の保険料でその時々の年金給付を賄う「賦課方式」なので、「未納4割」は制度の命取りに思える。ただそれは短期的な見方だ。未納によって年金給付が足りなくなれば国民年金積立金（当時で10兆円ほど）から立て替えられるが、将来、未納の人には年金が給付されない。したがって、立て替えた分の積立金が穴埋めされていく。影響といえば積立金のパイが小さくなって運用収入が減ることくらいで、給付は維持されるのだ。

その点を年金官僚は福田に説明したに違いない。ただ、会見の場でその説明したところでわかりづらく、未納の人は将来、無年金や低年金になるには違いないから、「崩壊しない」と胸を張るわけにはいかなかった。

そこで社保庁は同年11月から「国民年金保険料納付キャンペーン」を展開。人気ドラマ『ショムニ』（フジテレビ系）で主演を務めた女優・江角《えすみ》マキコをイメージキャラクターに起用し、ポスターなどを作成したのだが、ブラックジョークのようなスキャンダルが発覚する。江角が17年にわたって国民年金保険料を納付していなかった事実を『週刊現代』２００４年4月3日号がスッパ抜いたのだ。

年金記録は社保庁の端末で調べればすぐにわかるから、年金官僚による人選はあまりにお粗末だった。江角は涙ながらの記者会見を開いて、イメージキャラクターを降板し、追加納付が認められている過去2年分の保険料を支払った。この広告費に、年金保険料から6億2000万円も投じられたことも明らかになり、国民の怒りは手をつけられなくなった。

国民年金は、厚生年金と違い、保険料が給料から天引きされず、加入しなくても罰則がないため、未納でやりすごせてしまう。江角のケースが珍しくないことは想像がつく。メディアは「二匹目のどじょう」を探そうと、矛先を閣僚や国会議員に向けた。未納が発覚すれば、一女優の未納より話題性は十分だ。

国会議員は次々と〝自白〟を始める。2004年4月23日、総務大臣・麻生太郎《あそうたろう》、防衛庁長官・石破茂《いしばしげる》、経済産業大臣・中川昭一《なかがわしょういち》の3人が未納を自己申告。民主党代表・菅直人《かんなおと》が1999年にNHK教育テレビでヒットした「だんご3兄弟」に引っ掛け、「未納3兄弟」と上手いフレーズでこき下ろした。

ところが当の菅に、厚生大臣時代の年金未納が発覚する。閣僚入りすると国家公務員共済組合に加入するため、年金も適用されると思ってしまうが、実は医療保険のみである。事務方すら勘違いし、わざわざ菅の国民年金の脱退届を出してしまった。菅に過失は全くないのだが、間が悪すぎた。菅は代表辞任に追い込まれた。

さらに、次期代表就任を内諾した小沢一郎《おざわいちろう》・代表代行にも未納が発覚。国会議員の年金加入が義務付けされた1986年以前の話ではあったが、小沢は代表を辞退した。

ついには閣僚辞任に発展する。『週刊文春』が「個人情報」を盾に公表を拒んでいた官房長官・福田康夫に、国会議員になってから3年の未納、なる前の5年8か月の未加入期間があったとスクープ。5月7日、福田は「内閣提出法案のとりまとめ役である内閣官房の責任者として、政治不信を増幅してしまった」と引責辞任を表明するのだ。

江角のケースは悪質とはいえ、国会議員の多くは「うっかり」の類だろう。未納だからといって制度が崩壊するわけでないのは、前述のとおりだ。だがメディアは冷静さを欠いていた。「未納議員」を血眼になって探す、「魔女狩り」と化した。

疑いの目は、「ちゃんと払ってます」と言って公表しようとしない総理・小泉に向かった。

視聴率20%

そんな喧噪《けんそう》をよそに、法案審議自体は、着々と進んでいた。坂本数理課長は、制度論より年金未納問題に終始したためと、感じていた。

「年金局への取い合わせは未納ばかり。野党も肝心のマクロ経済スライドについて議論がなく、我々からすると変な所ばかり突いてきた。まともな審議になるのか、本当に心配になった。民主党議員の中での希望は山本孝史(参院議員)さんくらいだった」

もちろん、専門家は、マクロ経済スライドへの疑念を指摘している。

前出の宮武剛は1999年に毎日新聞を退社。埼玉県立大学教授として、坂口厚労相にインタビューをした（『潮』2004年3月号）。そこで宮武はこう斬り込んだ。

「給付水準を抑えるために『マクロ経済スライド』という手法をとるわけですが、こんな難しい用語ではなく、少子高齢化に応じた減額率を設けると説明したらどうですか」

第一章で詳述したように、この仕組みが「マクロ経済」とかけ離れ、人口減少の調整であるとは、坂口は口が裂けても言えないのだった。名目額は維持する、景気が回復してインフレ傾向が出た時に少ない伸び率でお許しいただきたい――などと坂口は繕《つくろ》った。

また、高山教授は、2004年5月刊行の『信頼と安心の年金改革』でこう喝破《かっぱ》した。

「中身はマクロ経済とは直接関係のない人口要因調整である。羊頭狗肉《ようとうくにく》というほかはない」

同著の帯の惹句《じゃっく》は「2004年改正法案を斬る！」「年金の鉄人による渾身の書き下ろし」で、法案審議の最中というタイミングもあり、よく売れた。当時、私も購入した。

だがこの点に関しては難解だからか、クローズアップされなかった。

高山がその原稿を書いている頃、テレビ朝日系『報道ステーション』の女性ディレクターからコンタクトがあった。『報ステ』は、久米宏《くめひろし》の『ニュースステーション』の後継番組として、古舘伊知郎《ふるたちいちろう》をキャスターに据え2004年4月から始まることが華々しく宣伝されていた。テレビ朝日の社運がかかっていた。彼女は、その番組の柱を年金にしたい、一から教えてほしい、と言うのだった。

高山は2004年1月から3月まで10回ほど、ディレクターにレクチャーをした。そして4月の番組スタートと同時に、高山は出演する。

「『今日の番組は瞬間視聴率が20％でした』と言うんです。視聴率がすごくて、私が街で歩いていても、知らない人から頭を下げられる」

先の著作と相まって、高山は「売れっ子年金学者」となった。

そんな高山も、年金官僚と同様、改革の中身の議論が不足しているように感じていた。

「『未納3兄弟』に焦点が移っていった。もっと年金局長や年金課長らがマスコミに出て説明すべきで、周知が遅かった。年金の理解は10年近く遅れた。私は、保険料を頭打ちにして給付で調整するというスウェーデン方式を日本に紹介してきました。それをアレンジして実現したのが2004年改正。日本の年金史に残る大改革と思っています」

小泉総理の年金未納

小泉総理は未納ではないのか——。メディアの過熱ぶりからすると、未納なら内閣が吹っ飛びかねなかった。私が属する『週刊ポスト』編集部はもちろん、そのスクープを狙った。

私は年金にかかわり始めて1年以上たち、関係者に人脈ができていた。担当デスクから、ある「関係者」にアプローチしてはどうかとアドバイスがあった。私が年金取材で知り合ったその人は、年金の加入歴がわかる「被保険者記録照会回答票」を入手できる立場にあった。

信頼関係を構築していたとはいえ、情報漏洩《ろうえい》は国家公務員法の守秘義務違反だ。私は、断られることを覚悟しつつ、「関係者」に「総理の回答票を見たい」と率直に告げた。するとその人は、自らに言い聞かせるように、こう答えるではないか。

「国を良くするためですよね。記者ではなく、友達である和田さんに渡すんですよね」

ほどなく、私は「関係者」と新宿駅近くの喫茶店で落ち合った。「関係者」はスーツの内ポケットから折り畳んだB5判の回答票を取り出し、私はそれを押し頂くようにして受け取った。回答票の読み方の解説記事を書いていたくらいなので、私は瞬時に小泉の「未納」を知った。普段はおしゃべり好きの「関係者」の口元が、小刻みに震えていた。

回答票によれば、小泉が1969年8月にロンドン大学留学から帰国し、1970年4月に横浜市内の不動産会社に勤務するまでと、国会議員も国民年金加入の対象となった1980年4月から強制加入となる1986年3月までの6年間、保険料を払っていなかった。その情報を元に、ベテランライターが「小泉首相の年金未納は6年8か月」の4ページの記事を仕立てた（『週刊ポスト』2004年5月28日号）。

記事の早刷りが5月14日金曜日昼には漏れた。総理の年金未納に、メディアは内閣が倒れるのではと色めき立った。メールが普及していない時代、私には記者や国会議員事務所から「早刷りをファックスで送ってほしい」との問い合わせが相次いだ。私は記者の醍醐味である「スクープ」に酔いしれた。

しかしそれもわずかな時間だった。政治巧者の小泉はあっさりと乗り切るのだ。

その日夜、記者団に囲まれた小泉は、こう言ってのける。

「40年前の学生時代に年金入ってなきゃいけないとみんな思ってます？」

自身の政治責任を問われても、

「これほど難しい複雑な制度だと、もっとわかりやすくしたほうがいいと私も思いますね」

と他人事だ。

実はこの時、記者の関心は別にあった。小泉は前々年２００２年9月に日本の総理として初の北朝鮮訪問を果たしており、最高指導者・金正日《キムジョンイル》から拉致《らち》事件の謝罪を引き出していた。そしてこの日、2度目の訪問を5月22日に行うことを電撃発表したのだ。年金未納を打ち消すべく、ビッグニュースをぶつけてきたのは明白だった。

小泉の対応は、年金未納問題が実は些細なことだと気づかせたとも言える。だが野党が黙っているわけがない。

回答票には、横浜市内の不動産会社で、55か月間の厚生年金加入歴があると記されていた。小泉が１９６９年12月の衆議院選挙で落選した後の時期にあたり、その頃、小泉が捲土重来《けんどちょうらい》を期して福田《ふくだ》赳夫《たけお》の下足番として修業を積んだのはよく知られている。つまり、勤務していないのに厚生年金に加入していたということだ。

民主党代表・岡田《おかだ》克也《かつや》は国会で厳しく問うた。小泉は、歌手・島倉千代子《しまくらちよこ》のヒット作にかけた〝迷言〟で切り抜ける。

「社員はこうだと言いますけれども、人生いろいろ、会社もいろいろ、社員もいろいろです」

（２００４年6月2日、衆議院決算行政監視委員会）

小泉は、その不動産会社社長から「あんたの仕事は次の選挙で当選することだ。会社なんて来なくていい」と言われたといい、勤務実態がないことを認めた。そんな太っ腹の社長をこう評した。

「いい人でした。……総理を辞めたら社長さんのお墓参りをしたいと思っている」（同年5月27日、参院イラク・武力攻撃事態特別委員会）

この話にはオチがある。その社長は当時94歳で存命だったのだ。

並みの政治家なら万事休すだ。しかし小泉は動じない。

「健在だと聞いてよかった。やっぱりいい人は長生きしてもらいたい」（翌28日、記者団に）

先の話だが、やがて社長は亡くなり、小泉は総理辞任後、遺族のもとを訪れた。

息子が言うには、社長はその質疑を病床で見て「オレが応援した青年が総理になってくれた」と喜んでいたという（『決断のとき』集英社新書）。

「専門家に聞いてください」

「未納政局」は途端に収束した。

ただし小泉は法案審議の最終盤、本筋にまつわる致命的な失態を犯している。

6月3日の参議院厚生労働委員会。坂本数理課長が「まともな議論ができる」と認めた民主党の山本孝史が尋ねた。

「（物価スライドとマクロ経済スライドは）どう違うかということを総理はどう理解しておられ

るか」

「それはね、専門家に聞いてください、専門家に」

この時、山本は呆れ果て、思わず笑ってしまったと振り返っている（山本のメルマガ）。

山本は問いを重ねる。

「総理大臣、小泉さん。あなたの口からマクロ経済スライドは何だということを言ってみてください」

「私はそういう経済の専門家の知識が乏しいですから、これはこうやっていろいろわかっている方も出ているわけですから、総理大臣としてはそういう専門家の意見を聞きながらやっている」

小泉はそう開き直った。厚生大臣を経験した小泉ですら説明できないほど、仕組みがわかりづらいことを国民に知らしめてしまったのだ。

では、山本の問うた物価スライドとマクロ経済スライドの違いは何か。後に、河野太郎《こうのたろう》が名物ブログ「ごまめの歯ぎしり」（2014年12月）で、わかりやすく説明をしているので、引用させてもらおう。

年金額は世間の物価や賃金に対応するため、連動させていた。それが「物価スライド」「賃金スライド」である。

一方「マクロ経済スライド」を、河野は「おむすび」に例える。公民館で炊き出しをすることになった。年齢順に並んでもらい、大きなおむすびを2つずつ配っていく。途中で、釜のごはんが予想より早く無くなっており、このペースでは行列の最後まで配ることはできそうにないことに気づいた。おむすびを1つにしようか。いや、行列の後ろの人は、前の人たちが2つもらっているのを見ている。そこで配るおむすびを少しずつ小さくすることにした――。

この、おむすびを小さくする仕組みが「マクロ経済スライド」というわけだ。

ところが年金官僚は「小さくする」と口にしたくない。そのため「マクロ経済」なる一見、学術用語のような言葉で煙幕が張られ、総理も説明できなくなったのだ。

翌4日の同委員会で、自民党委員が野党委員の質問時間を残して打ち切る緊急動議を突然提出。年金法案は強行採決された。人気漫才師の西川きよし参院議員は、1か月後の参院選への不出馬を表明しており、この国会質問が議員生活の花道となるはずだったが、叶わなかった。

こうして2004年年金改正案は、数々の〝屍《しかばね》〟を乗り越え、5日、可決・成立した。空前の「年金ブーム」に翻弄《ほんろう》されながら、結果的には順調なスケジュールで終えた。

ただし国民の不信は、7月11日投開票の参院選に投影される。改選で自民党は49議席、岡田克也率いる民主党が50議席を獲得し、民主党が改選第一党に躍り出たのである。参院トータルで自民党は第一党を維持したため、小泉の責任問題に発展しなかった。

選挙を終えるのを待って、年金局長・吉武民樹は訓告処分を受けた。理由は、法案の条文の直し漏れや、合計特殊出生率の公表遅れの監督責任といった些細な内容だが、吉武は厚労省を去った。事実上の更迭《こうてつ》であった。年金未納騒動の混乱、自民敗北の詰め腹を切らされたのが真相だ。数理課長を5年務めた坂本純一も、吉武と同時に退官した。

2004年改正は、高山憲之ら多くの学者も評価する大改革でありながら、年金官僚には後味の悪い仕事となった。

改正案成立後は、局をあげて打ち上げ会をするのが恒例だが、この時は開催されていない。

「制度支持派」の台頭

制度を支持する学者に、メディアが耳を傾けるようになるのは、2004年改正が成立してからだ。それまではいくら発信しても、「ブーム」にかき消されてきたのだ。

ブームの最中、まるで〝戦犯〟扱いされていた厚労次官・大塚義治《おおつかよしはる》は、ある論文に目を留める。それは2002年12月の「年金改革の骨格に関する方向性と論点」を支持する内容であった。大勢におもねらず、説得力がある。だが大塚は、その権丈善一《けんじょうよしかず》という慶應大学商学部教授の名を聞いたことがなかった。調べると著作もある。入手しようとしたが、近隣の書店には置かれていない。ますますほしくなる。大塚は黒塗りのハイヤーを駆って、出版元である慶應義塾大学出版会に出向き、ようやく『再分配政策の政治経済学』を手に入れたという。

社会保障政策を研究してきた権丈だが、年金にかかわるきっかけは、研究室に「方向性と論点」が届いたことだった。送り主は、あるパーティーでたまたま名刺交換をした年金担当審議官・井口直樹《いぐちなおき》。権丈は礼状を書こうと、参考資料も含めて155ページに及ぶ文書を読んでみた。内容は支持できるもので、授業で簡単に説明するためにまとめた数式付きのコメントを、井口にメールで送った。すると数か月後、井口からシンポジウムへの参加要請が届いた。前出の高山憲之が「バランスシート論」を提唱した、2003年3月の国立社会保障・人口問題研究所主催のシンポジウムである。「人生一度だけ年金を語ってくれ」との依頼であった。

困ったと思った権丈は、年金部会に一傍聴者として応募して参加。どんな議論がなされているのかを聞きに行き始めた。年金官僚も部会の委員たちも誰一人、権丈を知らない頃だ。

シンポジウムで権丈は、バランスシート論に疑問を感じながら聞いていた。元厚生官僚の堀勝《ほりかつ》洋《ひろ》（上智大学教授）が断ったゆえのピンチヒッターだったようだが、それが権丈の年金界デビューであった。

やがて直接対決の場が用意される。『年金時代』2004年1月号で、高山と対談するのだ。

権丈「バランスシートから給付債務部分を『将来世代に尻拭いさせる』とか『過去における不作為（負担の先送り）』と一方的に論じられています。先生ほどに影響力のある方がそうしてネガティブなイメージを持つ言葉で論じられると、若い人たちは条件反射的に公的年金制度に対して拒否反応を起こす」

高山「バランスシートを見る限り、将来の保険料を上げる余地はほとんどないのです。若者の年金不信を回復するには、支払った保険料と将来受け取る年金とが一対一対応で戻ってくるという約束が求められ、世界的な流れもその方向に進んでいます」

議論は平行線を辿るのだが、その頃の大手メディアに権丈の声は届いていない。

２００４年改正案成立後の７月、労働関係の会議でも高山は公的年金バランスシート論を報告した。会場の労働経済学者たちが「目からウロコでした」と評する中、年金部会の部会長代理を務めていた神代和欣（横浜国立大学名誉教授）が「その論はおかしいのではないか」と質問する。高山は「教科書にも書いてあるようなことだから、もっと勉強して質問してもらいたい」と答えた。そうした様子を眺めていた権丈は、司会者に質問はないかと促され、こう尋ねた。

「高山先生の年金バランスシート論への批判は出そろっています。先生が研究者として次になされるべきことは、先生の説への批判を論破することだと存じます」

高山は返答した。

「意味のある批判とそうでないものを見極めている」

学会終了後、権丈は三田の慶應大学に戻り、図書館に向かって、セルバンテスの『ドン・キホーテ』を借りた。権丈には自分の置かれた立場が、ただの風車が巨人に見えて戦いを挑んだドン・キホーテを諫《いさ》めるサンチョ・パンサのストーリーに似ていると思えたのだ。そして「やれやれの年金バランスシート論」と題したブログを書き上げ、公的年金バランスシート論への批判を展開する。

それは以下のような指摘だった。

・高山の指摘する「債務超過」は、賦課方式の公的年金を積立方式に転換すると仮定した際に必要な「二重の負担額」である。賦課方式のバランスシートを積立方式のバランスシートと勘違いして読んでいる。

・債務超過額が巨額に見えるのは、将来にわたって段階的に保険料を引き上げていく「段階保険料方式」にもかかわらず、現行の13・58％に固定してバランスシートを推計したからである。

このブログは、四面楚歌《しめんそか》の状態だった年金官僚を勇気づけた。8月、こんな書き出しの匿名のメールが、権丈の元に届いている。

「昨日、先生の『やれやれの年金バランスシート論』を読み、救われる気がいたしました。日頃より高山教授の破綻した論理が堂々とメディアから流され、それに理路整然と反論する専門家が全くいないと言う状況にうんざりしておりました」

数年後にある会合で、現役の年金官僚から「あのメールは私です」と打ち明けられたという。

高山の言い分を聞こう。バランスシート論をめぐる論争は「不本意な展開」だったと、私の取材に力を込めて語った。

――なぜバランスシート論を提唱したのか？

「私が言い始めたわけではないのです。1999年に政府が出した『年金白書』で、財政再計算をもとにして『厚生年金の給付債務と財源構成』を示した。これでは長ったらしい言い方でよくわからない。考えてみれば『バランスシート』だなと気づいた。厚生省は、声が強まっていた民営化論を潰すためにこの図を出した。それは私も同じ立場です。事実の認識として損益計算書とバランスシートは、経済的な評価をする上で最低限必要な資料。その一つとして書いたつもり」

――積立方式と賦課方式を勘違いしているとの指摘があるが？

「厚生省が賦課方式を前提としてつくった図。財政再計算結果はわかりにくい。それを単にバランスシートとわかりやすい言い方に替えたのが注目された。バランスシートのつくり方はアメリカやスウェーデンなどにあるんですが、みんな同じ考え方ではない。専門家の間でも共通理解がないから、このバランスシートでいいのか、との疑問はあった。ものすごい批判には唖然とした。バランスシートと言われるのが嫌がられた可能性はある」

2005年2月には、やはり高山を批判する前出の堀勝洋・上智大学教授が『年金の誤解』を刊行。2004年改革を支持する内容だ。

岩瀬達哉の『年金大崩壊』がベストセラーとなったのは、その1年半前である。メディアは批判一辺倒から〝転向〟したのだ。

「100年安心と謳ったことはない」

年金官僚は軌道修正に取り掛かった。「100年安心」の火消しである。

2004年改正は100年間安心できる仕組みではないことは、第一章でも触れた。概ね100年（正確には95年）にわたって、年金の給付水準が現役世代の平均賃金の50%を下回らないよう、年金積立金を給付費1年分を残すペースで取り崩すと同時に、年金額を減らしていく仕組み。5年ごとに財政検証（これまでの「財政再計算」から名称変更）を行い、今後100年の見通しを決めるだけで、法改正をし続けることには変わりない。

「年金不信」に食らいつき、政権奪取を狙う民主党は「100年安心」の根拠を問い詰める。年金局は、そのワードを使った公文書は存在しないと、時の厚労相・舛添要一《ますぞえよういち》に報告。舛添は2009年3月31日の衆院本会議で「政府といたしましては、100年安心と謳《うた》ったことはありません」と明言した。

しかしあまりに見事なネーミングだったため、国民の頭から払拭されることはなく、終章で詳述する2019年の「老後2000万円問題」でほじくり返されることとなる。

年金官僚にとって想定外だったのは、「マクロ経済スライド」の適用であった。物価、賃金の変動幅から1%程度の「調整率」を差し引く仕組みなのだが、物価上昇率が調整率より小幅なら年金額は据え置かれ、物価が下がれば、調整率は差し引かれないこととなった。前述した坂口力厚労相のインタビューで「名目額は維持する」と語ったのは、このためだ。

それはインフレを前提とした設計であった。しかしデフレ経済が予想外に続いたために、なかなかマクロ経済スライドを発動できない。ようやく使えたのは改正から実に10年たった2015年のことだ。制度の強化策として、発動されなかった分を、支給額が上がった時に持ち越して適用する「キャリーオーバー」の法案が成立するのは16年になってからだ（第八章で詳述）。

坂本純一が振り返る。

「当時は、ここまでデフレ経済になるとは思っていなかった。いまの人はいいけど、孫、ひ孫世代の年金額は、想定より下がっていきますよね。今後、マクロ経済スライドをどう扱っていくのかは、審議未了です」

将来、帳尻が合わなくなればどうするのか。穴埋めには4つの選択肢しかない。保険料を上げるか、年金額を下げるか、税金を投入するか、年金積立金を切り崩すか……。

年金改正の混乱の歴史を見れば、答えは明らかだろう。

年金積立金はいまや約220兆円（2023年6月末）に膨れ上がっている。その大金を巡り、年金制度発足時から官僚たちの間でさまざまな思惑が交錯してきた。次章では時代を遡《さかのぼ》り、大蔵官僚も巻き込んだ暗闘を見ていきたい。

第六章　大蔵省資金運用部

初登庁時の指令

1996年11月8日、中央合同庁舎5号館11階。厚生省年金局長・矢野《やの》朝水《ともみ》が眼鏡越しに望む日比谷公園の紅葉は、そろそろ色付く頃だが、あいにくの雨でじっとりと濡れていた。新内閣が本格スタートするこの日、その天気は文字通り、年金局にとって暗雲垂れ込める船出を暗示しているかのようだった。

矢野のデスクの電話が鳴ったのは午前10時ごろのこと。相手は大臣秘書官だ。至急、大臣室に来てほしいと言う。

その日午後、職員を集めた大臣就任の挨拶が予定されていた。それを待たずに年金局長を呼ぶのである。新大臣が年金政策に関し、何かロケットスタートを企んでいるに違いなかった。

　1969年入省の矢野は、一度も年金局経験のないまま、1995年に年金担当審議官、この3か月前の1996年7月に年金局長に就いた珍しいタイプである。前回の1994年改正を手掛けた山口剛彦《やまぐちたけひこ》局長は、第四章で触れたように、竹下登《たけしたのぼる》蔵相を唸らせた年金のエキスパートだった。

　ただし、矢野は厚生年金基金連合会企画振興部長の経験があった。同基金は厚生年金の3階部分なので、年金制度の理解はあるし、しかも約1兆円の運用を任され、信託銀行や生命保険会社の担当者と渡り合ってきた。だから矢野は、新大臣に呼ばれた理由は何となく察しがついた。

　大臣室の主は小泉純一郎《こいずみじゅんいちろう》。前日の第2次橋本龍太郎《はしもとりゅうたろう》内閣発足により、2度目の厚相に就いたばかりだ。

　小泉の就任はサプライズだった。

　小泉は前年9月の自民党総裁選に初出馬したが、橋本との一騎打ちに敗れた。橋本は厚生族のボス的存在である。その橋本が、よりによって自らの牙城《がじょう》に政敵の小泉を送り込んだのだ。

　その理由を小泉は後にこう振り返っている。

「族議員と関係なく、橋本さんの息のかかった団体に勝手に手を突っ込んだりしないからでしょう。……だいたい厚生大臣をやると自分の味方になってくれる団体を見つけて手をつける。それによって、ボスの縄張りを荒らしてしまう。私は一切、それをしなかった。橋本さんは、小泉だったら安心できると思ったのかもしれません」(『決断のとき』集英社新書)。

前任の厚相は菅直人《かんなおと》。非加熱血液製剤でエイズウイルスに感染した血友病患者らが国や製薬会社を提訴した「薬害エイズ訴訟」で、厚生省は加害責任を否定し続けてきた。しかし菅は自ら新たな資料を省内から見つけ出し、一転、謝罪し和解案を受け入れる。「菅官戦争」と呼ばれたこの一件で、菅はスター政治家に躍り出て、厚生省の信頼は失墜した。

そんな弱り切った厚生省に乗り込んだ小泉が、着任早々メスを入れたいことは何か。

矢野は、郵便貯金のかかわることだろうと睨《にら》んだ。

小泉が1979年、大平正芳《おおひらまさよし》内閣の大蔵政務次官になった頃、郵貯の非課税限度額(マル優)は年々引き上げられていた。限度額に達していない預金者がほとんどなのに、郵貯だけ特別扱いされるのは解せない。そこで小泉が唱え始めたのが郵政民営化だ。1992年の郵政大臣就任時、郵政省の職員を前に「民営化しよう」と挨拶したほど、小泉の筋金入りの「公約」であった。

これまで触れたように、集められた年金保険料から年金給付を除いた剰余金、すなわち年金積立金は、預託制度といって、全額、大蔵省資金運用部に資金運用部資金法で定めた金利(預託金利)をつけ預けられていた。それは、民間では対応が困難なプロジェクトにつぎ込む「財政投融資」(財投)に使われた。資金源は3分の2が郵貯や簡保といった郵政関係、3分の1が年金積立金という内訳だった。

それを厚生省所管の特殊法人・年金福祉事業団(年福)が、預託金利と同率で借りて市場運用を行ったり(自主運用)、「還元融資」として住宅資金貸付や福祉施設建設に使うという、回りくどい手続きを踏んでいた。

運用経験のある矢野は、そんな預託制度に限界が来ていると感じていた。

確かに財投は、戦後の焼け野原で、日本の社会基盤を復興するのに有効だった。預託の仕組みは、預託金利以上の利回りで市場運用できたから成り立っていた。ところが1989年にバブルが崩壊し運用環境は悪化。矢野が局長になった時、年福は約25兆円運用したうち1兆円の赤字が出ている有様だった。

小泉が年金に強烈に関心を寄せているとすればこの点であろう。すなわち、年金積立金が自主運用されると、郵貯も同様の気運が高まり、財投の仕組みは根幹から崩れる。郵貯が大蔵省から切り離されれば、民営化に近づくことになる……。


矢野はさまざまに思いめぐらせながら、7階の大臣室へ急いだ。

待ち構える小泉純一郎は、ライオンヘアの54歳。ギラギラとしたオーラをまとっていた。初対面の挨拶もそこそこに、険しい表情でこう切り出した。

「年金福祉事業団を廃止してくれ」――。

「日銀総裁くらいの力」

小泉の真意は何か。それを理解するため、ここに至るまでの大蔵省と厚生省の半世紀以上に及ぶ攻防を辿ることにしよう。

時代は、１９４１年の労働者年金保険法成立時にまで遡る。

年金制度は完全積立方式でスタートした。現役世代から年金受給世代への〝仕送り〟である賦《ふ》課方式も検討されたが、人口構造の変化で行き詰まる危険性があったためだ。当初は保険料を20年以上納めた人が、55歳からもらえる仕組み。適用事業所数は約6万、被保険者数は約３５０万人。初年度の１９４２年には1億４０００万円（現在の価値で約６８４億円）もの積立金が生まれた。

すでに始まっていた健康保険制度は、保険料を集める一方で支払いも発生する。ところが年金の支払いは20年も先で、雪だるま式に膨れ上がるのである。では、この大金をどうするか。所管である厚生省は、運用して収益を上げる以外に、国家のための事業として使うべきと考えた。

想像は逞《たくま》しくなる。厚生省外局の保険院総務局年金保険課の初代課長・花澤武夫《はなざわたけお》が『厚生年金保険制度回顧録』で往時を振り返っている。

「この資金があれば一流の銀行だってかなわない。……これを厚生年金保険基金とか財団とかいうものを作って、その理事長というのは、日銀の総裁ぐらいの力がある。そうすると、厚生省の連中がOBになった時の勤め口に困らない。何千人だって大丈夫だと。金融業界を牛耳るくらいの力があるから、これは必ず厚生大臣が握るようにしなくてはいけない」

厚生省の全OBを請け負うほどの、巨大な天下り組織ができると考えたのだ。

さらに花澤はあけすけにこうも語る。

「年金を払うのは先のことだから、今のうち、どんどん使ってしまってもかまわない。使ってしまったら先行困るのではないかという声もあったけれども、そんなことは問題ではない。貨幣価値が変わるから、昔三銭で買えたものが今50円だというのと同じようなことで、早いうちに使った方が得する……何しろ集まる金が雪ダルマみたいにどんどん大きくなって、将来みんなに支払う時に金が払えなくなったら賦課式にしてしまえばいいのだから、それまでの間にせっせと使ってしまえ」

この記述は、後にマスコミや国会で、年金の無駄遣いとして盛んに取り上げられることになる。花澤は大口を叩く「ラッパ吹き」と呼ばれ、後輩たちは迷惑極まりないが、当時の担当幹部の発言だから厚生省の一つの本音には違いなかった。

このように厚生省は自ら運用する「自主運用」を主張したが、そこに立ちはだかったのが大蔵省である。

大蔵省は1878（明治11）年から、預金部で郵便貯金（当時の駅逓《えきてい》局貯金）の受け入れを始め、国債、地方債の運用を行っていた。実は「預金部」といっても、国庫勘定科目の名称で、省内にそうした部署があったわけではない。実務を担う組織は預金局→主計局→理財局と転々とし、大蔵省外局として預金部が設置されるのは1925年になってからだ。そうした得体のしれない実態や、資金の使い道がガラス張りでなかったことから、預金部は大蔵省内で「伏魔殿《ふくまでん》」と揶揄《やゆ》された。

大蔵省は当然のように、国家の利益のためとして年金積立金の受け入れを主張した。

花澤課長は譲るつもりはなかった。大蔵省と折衝を続けたがちっとも進展しない。花澤が音を上げるほど、大蔵省は頑《かたく》なだ。やがて保険院長官・樋貝詮三《ひがいせんぞう》（後に衆院議長）と大蔵大臣・賀屋《かや》興宣《おきのり》のトップ会談にまで持ち込まれる。花澤は樋貝に発破をかける。

「絶対に譲ってはいけませんよ。これは歴史に残る大事業なんだから。厚生省で一番大事な事業だと思ってやってください」

樋貝も、天下り先を皮算用し、鼻息は荒かった。

「よし、それなら、おれも日銀の総裁ぐらいにはなれるかな」

だが蔵相就任が二度目の賀屋は手ごわかった。樋貝は「花澤君、だめだったよ」と白旗を上げて帰ってきたという（前出の『厚生年金保険制度回顧録』）。

こうして労働者年金保険特別会計法第5条で「本会計ノ積立金ハ国債ヲ以テ保有シ又ハ大蔵省預金部ニ預入レ之ヲ運用スルコトヲ得」と定められた。

ここまで大蔵省が抵抗したのは「省益」もあろうが、戦時となり、軍需会社、中国大陸などへの投資に使いたい、国家の思惑があったためだ。

ただ年金積立金の一部は福祉施設の建設に使われ（還元融資）、運用方法は厚生大臣と相談することとなった。そこで1943年11月に設立されたのが「財団法人年金保険厚生団」（1948年に厚生団、1990年から厚生年金事業振興団と名称変更）。どうにか天下り先は確保できたのである。その証拠に、初代常務理事にちゃっかり収まったのが、花澤であった。

花澤は、厚生団の仕事についてこう語った。

「そこにある団体と違って、デカイことをどんどんやろう。そこでまず住宅をつくろうとしたら、住宅は住宅営団が作るのだから厚生年金ではやることはできないと言われる。では、病院を作ろうと言ったら、病院は日本医療団とかほかにやるところがあると言う。何かしようにも何もできない。だけれども、整形外科というのはないのですね。では、整形外科病院をやろうではないかということで、まず別府の亀ノ井ホテルを早速買収して、整形外科病院を作ったのです」

仕事を生み出すことで、OBの勤め先も困らないというわけだ。

1944年、「労働者」という表現が社会主義思想を連想させるとして「厚生年金保険法」に名称変更される。積立金は9億円（現在価値で3335億円）に膨れ上がっていた。厚生団が使える額は1000万円ほど（同37億円）に過ぎないとはいえ、花澤の言う整形外科病院は4か所に設置された。

その他、温泉保養所、総合病院、労務者住宅などが林立されるのだが、最初につまずいた。第一号の「別府整形外科療養所」が1944年10月に開設されたものの、別府市が国際観光都市を目指すと主張し、地元有力者が買戻しを要求。1946年11月、わずか2年で廃止されてしまう。

資金運用部の誕生

戦後、GHQの方針で、年金積立金の運用先は原則として国債と地方債に限定され、福祉施設への還元融資はストップした。やがて国民生活が落ち着きを取り戻し、預金部資金に余裕が生まれると、財界から、戦後復興のための長期資金の供給を求める声が上がった。これに応えた法律が1951年創設の「資金運用部資金法」である。

この法律によって、郵便貯金や厚生年金積立金を一元管理することが、明確に規定された。その資金は、石炭、鉄鋼などの国家のインフラ整備、すなわち「財政投融資」（財投）に使われる。1952年から、還元融資は復活するが、あくまで財投の一部という位置づけだった。

そして大蔵省預金部が改組されて誕生したのが「資金運用部」だ。こちらも預金部と同様、実体はない。国庫金の運用という観点から理財局が担当し、資金課が新設された。

厚生省は1954年の厚生年金保険法の大改正で、積立金の奪還を試みる。与野党の他、労働側の日本労働組合総評議会（総評）や、経営者側の日本経営者団体連盟（日経連）にも根回しをした。法案に盛り込めなかったものの、国会の意思を表明する「付帯決議」に以下の項目をねじ込んだ。

・厚生年金積立金についてはこれを民主的、効率的に管理運用する様特別の措置を講ずること
・厚生年金積立金を大巾に還元融資し、老人ホーム、児童保護施設、医療施設及び住宅等を増設して、被保険者の福祉増進を図ること

確かに還元融資は1954年度で33億円、5年後の1959年度に85億円と「大幅に」増えたが、それは積立金そのものが増えたからだ。原資に占める割合は11％から15％への増加にとどま

る。大蔵省は一元的な管理の観点から、積立金を手放すつもりはないのだった。

それにしてもなぜ、厚生省が自主運用で「施設」をつくることにこだわったのか。確かに立派な施設もレジャーも少ない時代ではあったが、国家プロジェクトである財投に任せてもいいはずである。厚生官僚の天下り先確保に他ならないだろう。

やがて巻き返すチャンスが訪れる。国民年金創設である。

小山進次郎と積立金

国民年金をつくり上げた小山進次郎《こやましんじろう》・初代年金局長は、年金積立金をどう見ていたのか。

法成立前は、法案づくりに忙殺され、それどころではなかったし、その後も「自主運用」にこだわりはなかった。学究肌の小山に、省益争いは関心ないのだろう。

だから運用の議論が本格化したのは、1959年4月に国民年金法が成立した後だ。

試算では、国民年金の積立金は、保険料を支払う「拠出型」がスタートする1961年度で390億円（現在価値で959億円）、2015年度にピークを迎え、3兆6000億円（同8兆8000億円）に及ぶという。この巨額の資金の行く末はメディアも注視していた。法案成立翌日の朝日新聞は「国民年金制の問題点」として「政府が勝手に運用しないよう今後とも長く国民の監視が必要であろう」と、さっそく釘を刺している。

1959年4月下旬、厚生年金を所管する厚生省保険局は、大蔵省資金運用部が管理してきた厚生年金積立金を、新規の積み立て分から厚生大臣の管理下に置く構想を打ち出した。この時、厚生年金積立金は2800億円（現在価値で6888億円）。国民年金積立金と抱き合わせで、厚生省で管理しようという狙いだ。5月に発足した年金局ももちろん足並みをそろえた。

まずは露払いとして識者による議論が始まった。総理の諮問機関・社会保障制度審議会（制度審）、厚生省内の国民年金審議会、大蔵省の資金運用審議会である。

小山が国民年金の法案づくりの際、制度審などの意見を無視したことは第二章で触れたが、積立金に関しては丸投げだった。この時の小山の懸念材料は、拠出制スタートが近づくにつれて高まる反対運動である。

実はその運動の理由の一つに、積立金が含まれていた。厚生年金積立金が軍事費にまわっていた歴史は前述した。戦争の記憶は生々しく、積立金が再び軍備に使われるのではと疑われたのだ。それはさすがにありえない時代だが、積立金への注目度は上がった。大蔵省にとって不都合だ。厚生省をすっ飛ばし、大蔵省が郵貯とともに一元管理する必然性はないからだ。

劣勢と見た大蔵省は素早かった。1960年6月29日、経済学者で一橋大学初代学長の中山伊知郎《なかやまいちろう》を委員長に、資金運用部審議会小委員会を立ち上げた。2か月後の9月6日には、他の審議会の機先を制し、建議案を発表。積立金を資金運用部が預かる際の金利（預託金利）を年6％から6・5％に、還元融資を毎年増加分の15％から25％にそれぞれ引き上げるという、厚生省に優位な内容だった。

法政大学総長・有沢広巳《ありさわひろみ》を会長とする国民年金審議会は、大蔵省側の譲歩にトーンダウンする。

審議の過程で、ある委員が出席した厚生省幹部にこう言った。

「厚生省は自主運用をすると言っても、財政金融について素人のくせにまともに複雑な資金計画の中で資金運用部並みの運用ができると思っているのか」（『週刊社会保障』１９６０年10月号）

餅は餅屋に任せたらいいのでは、とのもっともな意見に、厚生省幹部は押し黙るしかなかった。厚生省の「運用」に対する意気込みは、その程度だったということだ。

小山が保険局厚生年金保険課の加藤威二《かとうたけじ》課長（後に次官）を引き連れ、資金運用部トップの理財局長・西原直廉《にしはらなおかど》を訪ねた時のこと。局長室のテーブルいっぱいに帳簿が積まれてあった。それは何かと小山が問うと、西原はこうぶった。

「大蔵省は、いま運用しているだけでこんなに帳簿がいる。それを分離して別の組織にすれば、これだけのものがもうひと揃え必要だ。そんな無駄なことはできない」

多分にパフォーマンスではあるが、それで小山はあっさり矛《ほこ》を収めている。

小山は大蔵省による運用に、こう理解を示していた。

「もし根本的な改革が行なわれることになれば、国民年金の積立金の自主運用の考えを厚生省としては直していかなくてはならんことになります。資金運用部が、国年や厚年の積立金を運用するにふさわしい性格を持つ仕組みに変わってゆくとなれば、それだけを別に運用するような動きが出てくる余地はないことになると思うんです」（『週刊社会保障』１９６０年10月号）

そんな経緯を『週刊社会保障』記者は情けない思いで眺めたようだ。「寝業のできない厚生省が縄張り争いの汚名を意識して避けようとする無意味な潔癖さ」とこき下ろしている。

こうして1961年1月、両省は「これまで通り全額資金運用部に預託し、財政投融資として運用する」の他、前述の預託金利年6・5%、還元融資を増加額の25%という大蔵省の意向に沿った形で合意する。かろうじて厚生省が「実」をとったのが、還元融資を行う専門機関として「年金福祉事業団」(年福)を設立することだった。

「事業はやりませんよ」

年福は、厚生省と大蔵省の妥協の産物であった。

その3年ほど前、「自主運用」に血道を上げる保険局厚生年金保険課は、積立金を原資にした「年金福祉金融公庫」をつくるべく、法律案まで用意していた。特に前のめりになったのが、第二章で登場した、同課長兼国民年金準備局次長の尾崎重毅《おざきしげき》である。尾崎は、後任課長・加藤威二に「これをやらなければだめだよ」と念を押している。

しかしすでに、住宅金融公庫、国民金融公庫、中小企業金融公庫、農林漁業金融公庫などが存在しており、いまさら厚生省が参入する余地はない。

加藤課長は、大蔵省主計官・岩尾一《いわおはじめ》に呼び出され、こう突っぱねられる。

「君のところは年金福祉金融公庫というのをつくりたいという気持ちを持っているらしいけれども、36(1961)年度予算では公庫、公団は一切認めないという大方針があって、絶対だめだ」

ただ岩尾は、厚生省の顔を立てることも忘れなかった。

「公庫なら一般会計から出資金を出すわけだから、もうそれはできない。年金福祉事業団というなら、何とか特別会計から交付金か何かでやればまだ間に合う。この場で返事をしろ」

一課長が決める権限はない。だがこのチャンスを逃すと何もできなくなる。「事業団」は想定からずいぶん後退だが、特殊法人をつくれば、将来「公庫」に変えることもできる――。加藤は逡巡したあげく、こう告げた。

「それでは事業団で結構です。その代わりに、事業はやりませんよ。事業をやる団体としては厚生団があるし、船員保険会もある。そういう団体に迷惑をかけてはこちらも困る。年金福祉事業団が法律上の法人として、厚生団の仕事などを取り込め、などということを大蔵省に言われたら困る」

「そういうことは絶対にない」

岩尾はそう約束し、1961年11月、年福が設立されたのである（『季刊年金と雇用』1987年5月号）。組織を減らされたくないから事業は行わない。そんな本末転倒な言い分も、天下り先確保のためなら厭わなかった。初代理事長は、11月まで厚生次官だった高田《たかた》正巳《まさみ》が就いた。それ

資金運用部は、国民年金積立金をも手中に入れ、財投は「第二の予算」とまで呼ばれた。それは「大蔵支配の源泉」となり、担当の理財局は、大蔵省内で主計、主税に次ぐ位置づけとなった。年福は、公庫になることはなく、結局、事業に手を出していく。

その象徴が1972年に発表された大規模年金保養基地（後のグリーンピア）構想で、天下り先も順調に増えていった。

ただし「運用」には、異変が起きていた。

高度経済成長の熱は収まり、市場金利が下降局面に入っていた。銀行の短期貸出金利は1970年の6・25％から徐々に下がり、1972年6月には4・5％に。これでは預託金利が市場金利を上回ってしまい、大蔵省資金運用部が何のために市場運用しているのかわからなくなる。

それでも大蔵省は積立金を手放さない。預託金利を6・5％から6・2％に下げる一方、還元融資枠を積立金増加額（当時2兆円弱）の25％から3分の1に引き上げる〝飴〟を厚生省に与えた。年福が、当初計画2000億円という大規模年金保養基地構想をぶち上げられたのはこのおかげである。第三章で坪野《つぼの》剛司《つよし》・元厚生省年金局数理課長が証言したように、この計画が始まると、大蔵官僚が年金局企画課内に席を構えた。

悲願の〝自主運用〟

厚生省がバトルを仕掛けるのは、基礎年金制度を導入した1985年の年金大改正のタイミングだった。山口新一郎から年金局長を引き継いだ吉原健二《よしはらけんじ》は、法案成立を成し遂げた後、悲願の自主運用に挑む。

1985年度末、厚生年金は50兆8000億円、国民年金は2兆6000億円の積立金を保有し、今後も毎年数兆円ペースの増加が見込まれる。だがベビーブーム世代（1947～49年生まれ）の巨大な塊が年金受給者になる時代はひたひたと近づいている。オイルショックも経験し、効率的な運用の道筋を、吉原は何とかしてつけたいと考えた。

厚生省は１９８６年度予算の概算要求で、初めて、年金積立金の自主運用を求めた。これまではあくまで両省の交渉にとどまっていたが、ついに自主運用が表舞台に立ったのだ。吉原たちの本気度に、大蔵省はおののいた。

大蔵大臣は「調整族」と称される竹下登。１９８５年12月27日の増岡博之《ますおかひろゆき》厚相との大臣折衝では「意見の相違はあるが、今後とも両省間で引き続き検討・協議を行う」と玉虫色に決着させたが、資金運用部の還元融資の一部を年福が運用する「資金確保事業」がひねり出された。これは大蔵省が郵貯などと統合して運用する建前は崩さない一方、厚生省が自前で運用する道を開く、両省の顔を立てた絶妙な内容だった。

初年度はわずか３０００億円で、積立金の１００分の1に満たないが、厚生省にとっては大きな一歩となった。

１９８６年6月に吉原の後任局長となった水田努《みずたつとむ》もこの勢いを引き継ぎ、１９８７年度の概算要求で自主運用を求めた。

ここで追い風が吹く。中曽根康弘《なかそねやすひろ》首相が、郵便貯金の利子非課税制度（マル優）を、カネが貯蓄ばかりにまわっている元凶として問題視。マル優廃止をぶち上げ、その代わりに、１９８６年12月、郵貯の自主運用が自民党で合意がなされた。これで年金積立金は例外というわけにいかなくなったのだ。

こうして「資金確保事業」とは別に、「財源強化事業」名目で、年福による1兆円の資金運用が認められた。運用益を前者は年福に、後者は年金特別会計に入れるという違いがあるが、厚生省にとってはどちらでも良いことだった。

年金局は沸いた。水田局長は、都市銀行でディーリングルームを見学し、「厚生省もこれからは『儲かりまっか』が挨拶となる」と鼻息が荒かった（『朝日新聞』1987年2月3日付、夕刊）。

あれだけ強行だった資金運用部が折れたのはなぜなのか。

それは、1985年9月のG5のプラザ合意によって公定歩合（日銀が金融機関に貸し出す基準金利）が引き下げられ、資金を抱え込んでいる旨味がなくなってきたことが大きい。また、バブル景気の中で株や土地に投資する「財テク（財務テクノロジー）ブーム」が日本中を覆っていた世の趨勢《すうせい》もあった。

ただ冷静に考えれば〝自主運用〟とは名ばかりと気づく。年福は利益を上げても元本は資金運用部に返済する。資金運用部は痛くも痒くもないが、厚生省は利益を上げて当然、赤字になれば世間から批判されるという損な役回りなのだ。

やがて「官」も巻き込んだ、財テクブームは終焉を迎える。1989年末に史上最高値を付けた日経平均株価（終値で3万8915円）は、翌1990年から真っ逆さまに下がり続ける。

バブル崩壊である――。

野村證券が損失補塡

この財テクブームで横行していたのが、証券会社による「損失補塡《そんしつほてん》」である。シェア拡大競争のため、顧客に損失が出た際に穴埋めしていた問題で、証券取引法50条で禁じられた、客の損失を補償して勧誘する行為に似た違法スレスレの手法だ。

バブル崩壊後の1991年、次々と補塡先企業が明るみとなる。日立製作所、トヨタ自動車、松下電器産業、日産自動車、丸紅……と名だたる企業ばかり。個人投資家や中小企業も損害を被っているのに、大手企業だけ補塡を受けていた事実は、国民の怒りを買った。

あろうことか、その中に年金福祉事業団も含まれていたのである。

マスコミ各社による補塡先企業割り出しのスクープ合戦が続く中、6月下旬、証券会社の「ガリバー」と称された野村證券が1987年から1990年にかけ、年福に対し53億円もの損失補塡を行っていたことが発覚する。この額は、証券会社の損失補塡先としては最大だった。

1986年度から始まった年福の自主運用は、多くが信託銀行や生命保険会社への運用委託だった。ただし、一部は年福自ら、証券会社を通じて国債や金融債などを売買していた（1991年度で累積1兆230億円）。これを「自家運用」と呼び、1987年度から1989年度にバブル景気を受けて209億円の運用益があったと報告されていたが、実はその4分の1が補塡されたものと国税庁は指摘したのだった。野村が損金処理したこの費用を、国税庁は課税対象の交際費と認定し、過少申告加算税とともに追徴課税した。

公的機関では、年福以外に、公立学校共済組合、警察共済組合も損失補塡を受けていた。確かに年金積立金が減らないので、国民のためには良かったと言えるが、証券会社が〝素人〟の「官」に巣くった構図が明るみとなった。

そんな中、大蔵省VS厚生省のツバ迫り合いが起きている。

厚生省側は被害者を装った。この時の年福理事長は、「小山学校」（第二章参照）の幸田正孝《こうだまさたか》・元次官である。1991年8月26日、参院予算委員会に参考人として呼び出された幸田は、

「事前に損失補償を求めたこともございませんし、事後に損失補塡を求めたこともございません」

との答弁を突き通し、年金局長・加藤栄一《かとうえいいち》も、

「厚生省ないし年金福祉事業団としてこれをチェックするということは期待できなかった」

と、損失補塡は知らぬ、存ぜぬの構え。

一方、大蔵省証券局長・松野允彦《まつののぶひこ》はこう断罪した。

「その取引のボリュームといいますか、数量が非常に大きいわけでございまして、例えば……1日で600億円の売買……というような取引でございます。……その取引によって利益供与が行われているという点をとらえて、税務更正でこれは損失補塡だという認定を受け、証券会社もそれが損失補塡だという認識をして争わなかった」

共産党・立木洋《たちきひろし》の追及に、厚生省は損失補塡が「なかった」、大蔵省は「あった」の平行線を辿るのだった。質疑はＮＨＫで中継されていたが、省益争いに視聴者はウンザリしたことだろう。

ここで浮き彫りになったのは、厚生省が自主運用を求め続けた思惑である。

そもそも運用は、大蔵省に預けておけば6％なりの預託金利でまわるので、厚生省は何も頭を使う必要はない。それでも自主運用に血道を上げたのは、当初はハコモノ設置による天下り先の確保だったと断言して差支えないだろう。しかしレジャーブームが終焉してハコモノ設置の限界が見える一方、年金給付が始まった。金利が低くなり、運用に本気で取り組まねば大変なことになる、と尻に火がついたのではないか。

だがいかんせん官僚は、運用の素人だ。増やしたいが元本は確保したい。そんな都合のいい運用をしてくれる金融機関を探したということだろう。

幸田の説明によれば、１９９０年度の運用額の配分は、野村投資顧問37・7％、大和投資顧問26・5％、山一投資顧問16・7％、日興国際投資顧問19・1％となっている。野村の損失補塡は、公的なおカネを扱うにあたっての「営業努力」だったのだ。

損失補塡問題を巡っては、野村の「大田淵・小田淵」と呼ばれた田淵節也《たぶちせつや》会長、田淵義久《たぶちよしひさ》社長や日興證券の岩崎琢弥《いわさきたくや》社長、それに補塡を受けていた側のＴＢＳの田中和泉《たなかいずみ》社長が辞任しただけでなく、不祥事を監督できなかったとして蔵相・橋本龍太郎も引責辞任した。

ところが官僚は身内に甘い。大蔵省は保田博《やすだひろし》次官、松野局長への訓告・減給などにとどまった。厚生省にいたっては無傷である。幸田も年福理事長を辞めることはなかった。

理財局資金第一課長の本音

霞が関2丁目の外務省と3丁目の財務省の間の道は、潮見坂《しおみざか》と呼ばれる。由来は、中世、日比谷公園あたりが入江だったためだ。

その坂を、1993年冬、雪がしんしんと降る中、眼鏡をかけた大柄な男が、傘をさし、肩をすぼめるように下っていた。向かう先は中央合同庁舎5号館にある厚生省年金局資金管理課だ。いったい何のために通わなければならないのだろう――。

46歳の大蔵省理財局資金第一課長・中川雅治《なかがわまさはる》は、大蔵省との500メートルほどの距離を、雪の日も雨の日も往復するごとに、そうした思いを募らせていった。

大蔵省といえば「官庁の中の官庁」であり、予算折衝の際などは、各省局長クラスを「呼びつける」立場である。

だが中川は、厚生省の課長相手に頭を下げにいくのである。

中川は花形ポストの主計局主計官（文教・科学技術担当）を経験した後、1991年6月、理財局国債課長として初めて理財局入り。翌1992年7月、資金第一課長に就いた。資金運用部の事務は、資金第一課、第二課、地方資金課、資金管理課が扱うが、財政投融資計画の取りまとめ役が第一課だ。

財投の編成作業は、第一課、第二課など80人ほどの職員がかかわるとはいえ、それでも足りないほど、仕事量は膨大であった。運用先として、年福や日本道路公団など61もある。それら一つ一つの事業について、融資がふさわしいか査定していくのである。

さらに第一課長にはやっかいな仕事があった。預託金利の設定だ。

預託金利は市場金利を加味して、上げたり下げたりし、政令に記される。大蔵大臣だけでなく、おカネを預けている側の郵政大臣、厚生大臣も閣議で了承しなければならない。第一課長は、厚生省サイドと交渉を担うのだった。

上げるのは苦労はしない。だが下げるとなれば、年金積立金を少しでも増やそうと、年金局は抵抗する。マーケット関係者も預託金利の動きを見ているから、最後は折り合うとはいえ、1か月、2か月と引き延ばすのが、年金局資金管理課長の仕事なのだ。

中川の第一課長在任の1年間で、預託金利を上げたのは1回だが、下げたのは4回。そのたびに中川は、厚生省に出向き頭を下げねばならないのだった。


これまで、巨額の年金積立金を巡り、自主運用をしたい厚生省とそれを阻む大蔵省、という構図を描いてきた。

だが2023年4月の統一地方選の合間を縫って、渋谷駅近くの喫茶店で取材に応じてくれた中川によれば、資金第一課長になった1992年ごろは「そうした時代は終わっていた」という。

「財投は郵貯、年金、簡保を国の信用に基づいて集め、国の政策を統一的に見ていこうというものでした。財政政策を扱う大蔵省が、予算、税制、財投を一体的に見ながら、計画を国会に提出する。これは省益というより責務と考えていました。1955年で300億円、1965年は1

兆6000億円。高度経済成長期で住宅、道路、中小企業金融とかニーズが高かった。ところが私が第一課長になった時は、郵貯が180兆円、年金が100兆円に肥大化していた。確かに資金は潤沢にありましたが、道路公団にしても、これまでたくさん道路をつくってきたので、必要以上に資金をもらった所で『もう結構です』という状態。おカネが余るので、国債や金融債で運用する。埋財局の限られた人数で、多額の余裕金の運用をするのは怖いなあと思っていました。むしろ年金局が自主運用をしたいなら『どうぞ』というのが本音でした」

加えて、前述の預託金利である。中川が厚生省に出向くことにやりきれない思いを持ったのは、何も天下の大蔵官僚が呼びつけられたのが理由ではない。厚生省とのやりとり自体、「全く意味のない交渉」と感じていたからだ。

「数兆円の時代ならまだしも、全額預託して役人が運用する、巨大な公的金融が存在するのは無理があるのではないか、そもそも制度として成り立たなくなってきたのでは、との声は実際に理財局の中で上がっていました。しかし私も課長ですし、明治以来の過去の制度にとらわれていた」（中川）

1991年度以降、年福による自主運用は毎年、赤字を計上していた。1994年度には、単年度で5777億円、累積で6940億円もの赤字に一気に落ち込んだ。ただし赤字といっても、資金運用部からの借り入れ利率を下回った「逆ザヤ」が理由である。そんな預託制度の歪《いびつ》さは理解していても、大蔵省が長い伝統にとらわれ、指摘するわけにはいかなかった、というのである。

厚相・小泉純一郎が「年福廃止」を矢野朝水年金局長に指示したのは、そうした背景があった。

菅直人から小泉純一郎へ

場面を1996年11月8日午前10時すぎ、厚生省7階大臣室に戻す。

小泉の思惑——財投に手を突っ込むことで郵政民営化を推し進める——を矢野は瞬時に嗅ぎ取った。

ただ「廃止」は言い過ぎだった。年福の事業すべてが無駄だとは、矢野は思っていなかった。特に1973年度に開始した住宅資金貸付は、年々融資規模は拡大し、住宅金融公庫に次ぐ重要な役割を担っていた。

「廃止するなら、大蔵省の預託をやめて厚生省で運用する仕組みにしなければなりません。それなら大賛成です」

矢野はここぞとばかり、年金局積年の悲願「真の自主運用」を訴えた。

小泉はむしろ我が意を得たり、といった反応をした。

「それでいこう。預託を廃止して、本当の意味で年金サイドが自主運用しろ」

小泉と矢野は、思惑の違いこそあれ、年金の自主運用という着地点は一致していたのだった。

ところが矢野の想定と異なる事態に発展する。

午後3時ごろ、その大臣室で新旧大臣による引継ぎ式が行われた。前任・菅直人は引き継ぎ書にサインし、小泉と握手。小泉も改革派とあって、菅は「後顧の憂いなしだな」とコメントした。

その後二人はそろって、2階の講堂へ。

まず菅が挨拶をした。「菅官戦争」を水に流すかのように、顔は晴れ晴れとしていた。

「厚生省のことをもっと考えてほしいという意見もあったが、私は国民全体のことを考えて行動した。意見の対立はあったが、議論を真正面から受け止めてくれたことを感謝したい」

続いてマイクの前に立った小泉は、菅をチラリと見やりながら、

「郵政大臣時代に官僚の意向に反する政策を主張し、退任する時に省内にほっとした気分が流れたのをひしひしと感じたことがある。みなさんの中にも前大臣が退任することでほっとしている人もいるでしょう」

と、職員らの笑いを誘った。だが弛緩《しかん》した空気を小泉は見逃さない。

「ある意味で皆さんの意向に反する指導力を発揮した前大臣に、なぜ国民があれだけの大拍手を送ったのか、考えてほしい。(新大臣は)少しは官僚の言うことを聞いてくれるかもしれない、と思っているかもしれないが、それはやってみなければわからない」

事務方を代表して挨拶に立ったのは、次官・岡光序治《おかみつのぶはる》。薬害エイズ事件を立て直すため7月に次官に就いたばかりの、「厚生省再生の切り札」と称されたエース官僚だ。

「大臣と真剣に議論させてもらった。意に沿わぬこともあったと思うが、仕事に対する情熱に免じてご容赦《ようしゃ》を」

このわずか10日後、岡光が辞任に追い込まれるとは、この場の誰も想像していなかった。

想定外の報道

翌朝、矢野は新聞各紙を広げ愕然とした。例えば朝日新聞2面の政治面にこんな記事が載っていた。

小泉純一郎厚相は8日の記者会見で、厚生年金や国民年金など公的年金の積立金を自主運用し、年金の上乗せ支給をはかる厚生省所管の特殊法人「年金福祉事業団」について「年金をかける人に事業団が本当に必要なのか。厚生省がやるべき仕事なのかについて検討を指示した」と述べ、廃止を含め抜本的に見直す方針を明らかにした。

また、郵便貯金や公的年金などで集められた資金が財政投融資の原資になっていることについて「年金をかける国民に全然有利に運用されていない。今の状況なら引き揚げることも考えないといけない」として、財政投融資制度の現状を強く批判した。

確かに財投にも触れているが、記事の主眼は、年福を不必要と断じている点だ。記事の見出しは「年金福祉事業団見直し、廃止含め抜本的に　小泉純一郎厚相が指示」である。

他紙も、

「小泉厚相『年金福祉事業団は不要』――ローン業務など、疑問を呈す」（毎日新聞）、

「厚相会見、年福事業団廃止も検討」（日本経済新聞）

など、年福廃止が見出しになった。

年金積立金を使った還元事業は、1954年の厚生年金保険法改正の付帯決議で記されたと前述した。政治が決めたことを執行してきただけなのに、突然廃止と言われ、あたかも年金局が悪者扱いされるのはたまったものではない。

矢野は記者会見の議事録を読んでみたが、やはり小泉の真意は年福廃止でなく、財投改革にあった。だがマスコミの関心は逆だった。

行政改革を内閣の最重要課題に位置づける首相・橋本龍太郎は、これを追い風とばかりに、12日の閣僚懇談会の席で、

「見直しの必要性があるのは間違いない。早期にやるものと中長期的にやるものとを分けて考えなければならない」

と、財投改革に切り込んだ。橋本は、バブル崩壊後の金融システム改革のため、イギリス証券制度の大改革「ビッグバン」にならい、「日本版ビッグバン」を打ち出していた。小泉はそれを引き合いに、

「市場性と透明性、国際性を重視する改革なら、国営最大の金融機関である郵貯、簡保、財投の見直しを含めたものでないと大きな改革に結びつかない」

と、郵政改革に結びつけた。小泉の視線の先にあるのは、あくまで郵政だった。

年金局の思惑とは裏腹に、年福廃止は行政改革の象徴となってしまう。小泉は「橋本内閣の行革のリーダー」としてテレビ番組にひっぱりダコとなった。

そこへ、落ちた犬を叩くようなスキャンダルが、厚生省を襲う。

岡光事件

岡光序治は小学1年生の時、広島の原爆投下を、爆心地から15キロほど離れた呉市から眺めた鮮烈な経験をしている。そのためか腹が据わったところがあった。

地元の県立高校、東大法学部を卒業後、公務員試験をパス。成績が良くなく、選べる官庁が少ない中、1学年先輩の多田宏《ただひろし》から厚生省に誘われた。面接の際、保証人を書く欄にあつかましくも、同郷で知り合っていた池田勇人《いけだはやと》首相と宮澤喜一経企庁長官の名を記した。面接官から、

「あなたの保証人というのは、ずいぶんと偉い人なんですね」

と遠慮がちに聞かれると、

「偉い人が多いほうが、こういう場合はいいんじゃないかと思いまして」

と答え、面接官の爆笑をさらう。その戦略は成功したようで1963年、厚生省に入省した。ただ役所は肌に合わなかった。会議で上司に突っかかり、「ちびっ子ギャング」とあだ名をつけられた。ズルズルいる格好となったが、「大山小山事件」（第二章参照）を見てあえて保険局に異動希望を出すなど、向こうっ気の強さが買われたようで、出世は順調だった。

転落の原因をつくった男と出会ったのは、社会局施設課長の時だ。同じ広島出身の先輩・吉村仁《よしむらひとし》（第四章参照。山口新一郎の同期）から「面白い男がいる」と、6歳年下の小山博史《こやまひろし》を紹介さ

れたのだ。

元代議士秘書の小山は、自閉症の子供の施設をつくりたいと語る。猪突猛進型で、岡光がマンション購入費用の捻出に苦労していると知ると、いきなり6000万円の現金を持って現れた。岡光の妻には、社会福祉法人の理事をやってほしいと頼んでくる。ゴルフやスキーを共にする深い付き合いとなるのに、時間はかからなかった。母一人子一人で、曲がりなりにもエリート街道を歩んできた岡光にとって、小山は出会ったことのない人間臭い男だった。

さらに岡光は、後輩官僚の茶谷滋《ちゃたにしげる》が埼玉県高齢者福祉課長に出向するというので、小山を紹介する。茶谷は海部《かいふ》俊樹《としき》元首相と同じ愛知・東海高校弁論部出身で、「第二の海部俊樹」を目指す政治家志望。埼玉に政治家としての足掛かりを求めており、小山と意気投合した。

1996年7月、エイズ事件の責任をとり、次官・多田宏が退任した。岡光を厚生省に誘った男である。こうして保険局長の岡光が次官に昇格した。

朝日新聞が一面トップでスクープを放ったのは、それから4か月後の11月18日のことだ。

「岡光序治・厚生次官に利益供与　特養施設理事長側からゴルフ場会員権」

小山が1600万円相当のゴルフ場会員権を購入し、約350万円相当の新車の乗用車を一時提供するなど、岡光に利益供与を図っていたとの内容だった。

即座に、岡光の住む市ヶ谷の公務員住宅には報道陣が参集した。岡光は便宜を図ったことを否定し、

「社会福祉施設に関しては、まず県でOKを出すから関係ない。県に働きかけるなどそんなバカ

なことはない。進退は考えていないが、厚生省に大変迷惑をかけたと思う」と語った。よもや自身が逮捕されるなど思ってもおらず、小山が運営する特別養護老人ホーム関係者の告発だろう、それにしてもつまらない運営をやっていたものだ……と感想を持った程度だった。

しかしその日夜、警視庁捜査二課が茶谷を収賄容疑で、小山を贈賄容疑で逮捕し、一変する。

翌19日夜、岡光の自宅に小泉厚相から電話がかかってきた。

「ちょっと出てくれないか」

岡光は厚生省に出向き、小泉と会うやこう詫《わ》びた。

「いろいろとご迷惑をおかけしています」

小泉は冷徹だった。

「あんたにこのまま厚生省に居座られていたら、懸案の介護保険法案成立の見通しが立たない。新聞でこれだけ連日書き立てられたら、僕としてはもうどうしようもないんだ。君にもいろいろ言いたいことがあるのはわかる。しかし悪いけれど、とりあえずここのところは辞表を出してくれないか。その後のことは何とでもするから」

岡光は次官の部屋に入り、逡巡した。自ら苦労してまとめ上げた介護保険法が廃案になるのは避けたい。辞任を決意し、辞職願を小泉に渡しに行くと、あっさり受理された。

以上が、後に岡光が記した『官僚転落』などを基にした、事件に至った流れである。

次官辞任から半月後の12月4日夕、岡光は、小山から現金6000万円を厚生省内で受け取ったなどの収賄容疑で、警視庁捜査二課に逮捕された。2003年6月、最高裁は岡光の上告を棄却し、懲役2年の実刑判決が確定した。戦後の汚職事件で次官経験者の実刑は初めてだった。

著書は「言い訳本」の域を出ず、腹いせであろう、前述したように次々と先輩官僚の実名が登場する。引導を渡された小泉についても言いたい放題。

「政治家として小泉純一郎さんの印象は、まさに総論はあるけれども各論のないひとというものだ。かつて厚生大臣に就任した際に一般国民にわかりづらいという理由で『英語禁止令』を出された以外、私にはこれといった印象がまるでない。大臣在任期間中に厚生行政についてのヴィジョンを聞かされた記憶もない」

そんな岡光ですら、唯一、手放しで絶賛する官僚がいた。「年金の神様」小山進次郎である。

「当時の厚生省内では、こんなひとは二度と出ないのではないかと言われるほどの大秀才だった。ふつうにしゃべっている言葉を書き取れば、そのまま精緻な文章になっているくらいに頭がよかったと言われていた。私は小山さんがかつて生活保護について書いた本はいまでもこのジャンルでは権威がある本だと思っている。入省当時、私は官僚という人種がどうも肌が合わないと思いながらも、小山さんについては人間として役人として畏敬の念を持って見ていた」

小山率いるベスト&ブライテストたちによって組織された由緒ある年金局が、この時、陰鬱《いんうつ》な空気に包まれていた。

不磨の大典

逮捕された茶谷は、埼玉県出向から本省に戻ってきた1995年4月に年金局年金課に、1996年7月には、年金局の若手最高ポストである企画課課長補佐に就いていたのだ。

ただし翌8月に衆院選準備のため退官し、10月の選挙で埼玉6区から出馬するも落選している。

岡光の後任次官には、年金のエキスパート・山口剛彦保険局長が昇進したが、年福廃止に抗う余力などない。片や小泉は厚生省をかばう気はなく、むしろ宣戦布告する。

「厚生大臣になっても、就任翌日、特殊法人であります厚生年金福祉事業団、これは厚生省本来の仕事か、年金を有利に運用しているのか、私はそうは思わない、廃止を含めて見直しをしよう。年金福祉事業団が大規模保養地やら住宅融資、本当に厚生省としての仕事なのかよく考えてくれという指示を出しました。本来だったらば、我が省の特殊法人は守る、我が省の権限は守るというのが良き大臣の風習だったと思いますけれども、私はあえて逆をいって、行政改革の先頭に立ってやりたい」（12月9日、衆議院予算委員会）

12月16日には、現職厚生官僚16人に減給などの処分を下すことを公表。小泉自らも俸給5分の1を2か月間、自主的に国庫に返納することとした。この年5月、薬害エイズ事件で幹部15人が処分されたばかり。厚生省の信頼は地に堕ちた。

ただ年金局には、年福の廃止をどうにか阻止したい理由があった。年福本体で160人、住宅融資関連に700人、グリーンピア1000人もの職員がおり、その後ろには家族がいる。一気に彼ら彼女らを、路頭に迷わせるわけにはいかないのだ。

矢野らは小泉への説得を試みたが、正論で跳ね付けられる。

「積立金の運用は誰のためか。それは今後年金給付を受ける人のためだ。そういう事業よりも確実に給付を行う。そして増大する保険料をできるだけ軽減する時代に入っている」(『新世紀の年金制度』社会保険研究所)

せっかく自主運用の気運が高まろうというのに、これまで天下り先をつくり続けてきたツケが、年金官僚の首を絞めているのだった。

年金局は年福本体から気を逸らすかのように、年末の予算編成に向け、自主運用実現に力を注ぐ。3年前から予算編成のたびに求めてきたのが、「運用寄託」といって、年金特別会計にある積立金を、大蔵省資金運用部を通さず、直接年福に運用を任せる方式。いわば「真の自主運用」である。これは小泉の考えとも合致している。

そのためには預託義務が記された資金運用部資金法を改正する必要があった。同法は1951年の創設以来、50年近くも触れられてこなかった。永久に消滅しそうもないことから年金官僚の間で「不磨の大典」と揶揄されてきた。

実は同法を所管する大蔵省理財局が、本音では預託制度はなくなってもいいと考えていたことは前述した。1996年7月に理財局次長となった中川雅治が振り返る。

「『不磨の大典』というのは、少なくとも私の時代には聞いたことがない。OBの中には『明治以来続いた制度を廃止していいのか』という人はいましたけど、理財局では、この流れに乗ろうという議論が始まっていました」

こうして12月24日、小泉厚相、三塚博蔵《みつづかひろし》相による大臣折衝で、積立金を直接運用する方式が初めて俎上《そじょう》に載った。

小泉「年金資金については、本来、厚生省が責任を持って自主的に、確実かつ有利に運用するべきである。したがって、年金特別会計が直接運用する方式を含め、年金資金全体の運用のあり方を次期財政再計算時（１９９９年）を目途に検討していただきたい。また、財政投融資の将来のあるべき姿を検討し、財政投融資の改革を進めていただきたい」

「次期財政再計算時」と入れたのは、大蔵省が、ズルズルと先延ばしにすることを危惧したためだ。

三塚「ただいまの厚生大臣のお考えについては重く受け止めたい。年金資金の運用のあり方については、直接運用問題を含め、財政投融資全体についての抜本的な検討・研究を進める中で検討したい」

自主運用の問題を、年金局は年金改革の中で、理財局は財投制度の中で対応するという意味付けの違いはあるが、預託制度廃止に向けて歯車が動き出した。

新理事長に〝踏み絵〟

小泉が「年福廃止」をうやむやにするわけがなかった。

橋本首相は、特殊法人改革を自民党行革推進本部に丸投げしていた。12月18日、小泉は同本部長の佐藤孝行と会談、年福廃止の方針を正式に伝えた。翌19日、同本部会合で、事業目的をおおむね達成した法人はその段階で廃止・縮小する、採算性があり国の事業として行う必要がなくなった法人は民営化する――といった基準を示し、了承された。

ここから特殊法人改革の号砲が鳴り、行革本部による所管省へのヒアリングが始まる。年福廃止は既定路線となり、族議員や党幹部に根回しをして巻き返しを図ることは意味をなさなくなった。

ただ年金局は、行革本部のヒアリングでわずかな抵抗を試みている。住宅融資やグリーンピアは需要があり、雇用や経済に影響する。最終的には撤退するにしても十分な時間を取るべき――そう訴えた。

小泉は外堀を埋めていく。1988年から2期8年務め、予算編成対応を理由に留任していた前出の年福理事長・幸田正孝を退任させ、年福廃止に協力するとの〝踏み絵〟を出して選定するのだ。キモは1961年の年福発足以来、幸田に至るまで5人すべての理事長が厚生次官経験者という慣例を断ち切ることだった。

小泉が面談の上、白羽の矢を立てたのが、元環境事務次官の森仁美《もりひとみ》。厚生省出身で社会保険庁長官官房総務課、同庁年金保険部長と年金行政に精通する一方、1990年から環境庁に移籍しており、厚生省内では傍流であった。1997年2月1日、森は年福理事長に就任する。

3月27日、行革本部は、年福を含めた11法人について整理合理化案を取りまとめ、橋本首相に提言した。年福に関しては以下のような記述となった。

平成11（1999）年に行われる年金の財政再計算に合わせ、年金資金の運用の新たなあり方につき結論を得て、廃止する。資金運用業務については、資金運用部との関係を含め、担当機関のあり方を長期的かつ専門的見地に立って、別途検討するよう求める。大規模保養基地業務からは撤退し、また、被保険者向け融資業務については、適切な経過措置を講じたうえ、撤退する。

ここで年金局の援軍となったのが、意外にも社民党（1996年1月に日本社会党から改称）だった。この行革本部案は、橋本政権で連立を組む社民、さきがけを含めた与党特殊法人改革協議会（座長：山崎拓《やまさきたく》・自民党政調会長）に持ち込まれたが、社民の及川一夫《おいかわかずお》・政審会長はこう反発した。

「生首を飛ばされるかもしれない労組の話も聞かず、改革ができるのか」

年金局が不安視した雇用に斬り込んでくれたのだ。もっともこれは、社会党の時に比べて存在感が薄くなった社民が、労組にアピールする側面が強かった。

そのおかげもあって、「特殊法人等の整理合理化を行うに際しては、いささかも雇用不安を招来することがないよう、雇用問題に万全を期す」などの条件をつけることで3党は合意。6月6日の閣議決定で、ついに年福の廃止が正式決定した。小泉の鶴の一声と、橋本首相が進める行政改革の相乗効果で、7か月で廃止を決める力業だった。

ただ年金官僚も、本音では仕方がないと腹をくっていた。当時の年金局運用指導課長・資金管理課長の皆川尚史は2000年8月の座談会（前掲の『新世紀の年金制度』に収録）で、率直にこう述べている。

「先達が知恵と力を絞って創設し、実施し、そして世の中に受け入れられてきたそれぞれの事業について、長い歴史のどこかで少しずつ歯車がかみ合わなくなるように、制度疲労を起こしてきたからにほかならないと思います。そしてそれに気づかず、あるいは気づいても不断の見直し、事業の再構築を怠ってきたからではないでしょうか。……年金事業の拡大に伴って急速に拡大してきた還元融資事業について、制度疲労の臨界点に達しようとしていたのを見過ごしてしまったようです」

ところが厚生省は、なおも粘りを見せる。確かに年福は廃止され、2001年4月に特殊法人「年金資金運用基金」が発足した。特殊法人改革なのに特殊法人が生まれるというジレンマに陥ったのは、資金運用部資金法で、国、地方自治体以外で資金を借り入れることができるのは特殊法人を想定していたためだ。事業の多くは引き継がれ、変わったというのは名ばかりであった。

それはやがて総理に上り詰める小泉の逆鱗に触れ、またも改革のターゲットにされてしまうのだが——。

資金運用部ショック

年金局が、厚相の私的検討会として「年金自主運用検討会」（座長：三宅純一《みやけじゅんいち》・日本総合研究所副理事長）を発足させて自主運用の枠組みの検討を始めた一方、本丸の財投改革は、自民党や大蔵省資金運用審議会懇談会の推移を見守るしかなかった。

財投改革は、橋本首相の金看板である中央省庁再編の一部に組み込まれた。政府の行政改革会議会長代理でもある武藤嘉文《むとうかぶん》・総務庁長官は1997年8月、NHK番組で、

「厚生省も年金預託をやめることだし、財政投融資制度は非常に小規模になる」

「資金運用部を管理する大蔵省理財局を廃止すべきだ」

とぶち上げた。

泡を食った大蔵次官・小村武《こむらたけし》は記者会見で弁明する。

「理財局や資金運用審議会懇談会で財投債や財投機関債の発行など問題点が提起されている」

これは預託義務を廃止すると同時に、資金調達のために大蔵省発行の「財投債」、特殊法人発行の「財投機関債」で賄う案だ。内容の悪い特殊法人は、マーケットで高い金利でしか調達できないため淘汰《とうた》されていく、との狙いだ。

この「財投機関債」案は、主に財界から出てきた。「海運界一の論客」と称された商船三井会

長・転法輪奏《てんぽうりんすすむ》、配管業のベンカン会長で東京商工会議所副会頭・中西真彦《なかにしまさひこ》、日本総研副理事長・二宅純一といった人物論客たちが唱えるので、メディアも同調していた。

中川理財局次長は、預託義務廃止はかまわないが、「財投機関債だけにせよ」との議論は阻止せねばと考えた。民間ではできない政策を実現させるという、財投の意義そのものの否定になるからだ。

「例えば公共の有料道路を、すべて民間に任せるわけにはいかないでしょう。経理上は赤字になっていても、市場の淘汰にゆだねてはならない政策もある。ここは民主主義のプロセスで政治が廃止なり、民営化すべきです。転法輪さんとか、某新聞社の論説委員室に行って、何時間も議論しました」(中川)

結局この年、三洋証券、北海道拓殖銀行、山一證券が相次いで破綻《はたん》。「市場淘汰」の厳しさに直面したことで、「財投機関債」案はフェードアウトしていった。

11月21日、自民党行革本部は報告書を橋本内閣に提出した。

財政投融資の抜本改革にあわせ、資金運用部を廃止し、新しい財政投融資制度の新しい機能にふさわしいスリムかつ効率的な執行体制を確立する。

1951年からの歴史を持つ大蔵省資金運用部にメスを入れた瞬間である。

こうして翌1998年6月9日、中央省庁等改革基本法が成立。1府22省庁を2001年1月から1府12省庁に再編する内容で、厚生省は労働省と合流することになった。
法律の第20条で、ついに「不磨の大典」資金運用部資金法の改正が規定された。

> 財政投融資制度を抜本的に改革することとし、郵便貯金として受け入れた資金及び年金積立金に係る資金運用部資金法第二条に基づく資金運用部への預託を廃止……。

行政改革の道筋がつけられた一方、１９９７年4月の消費増税（3％から5％へ）などの影響で景気は落ち込んだ。橋本は恒久減税を実施するかどうか発言を二転三転させ、支持率は急落。１９９８年7月の参院選で、自民党は改選前の60議席から44議席に減らす大惨敗を期し、橋本は退陣を表明した。

後継を選ぶ自民党総裁選は、田中派の流れを汲む平成研究会会長の小《お》渕《ぶち》恵三《けいぞう》、橋本内閣で官房長官を務めた梶山静六《かじやませいろく》、そして小泉純一郎が名乗りを上げた。結果は小渕の勝利だった。ただ「一致団結・箱弁当」と畏怖《いふ》された団結力と「数」をバックに、政局の中心に居続けた平成研が総裁を輩出するのは、これが最後となる。

消え入る運命の資金運用部が、線香花火の「散り菊」のような存在感を放ったのは、小渕政権下の１９９８年12月22日午前のことである。

資金運用部は、膨れ上がる潤沢な資産を国債で運用し、金融市場の安定に一役買っていた。

「買い切りオペ（公開市場操作）」である。しかし景気対策の強化で、政府系金融機関や地方自治体への融資が増えており、国債買い入れの余力は低下していた。

この年7月に理財局長に昇進した中川雅治《なかがわまさはる》は、そろそろ買い切りオペは止めてもいいのではと思い始めた。１９９８年12月22日、国債の入札事務を行う日本銀行に対し、来年1月から中止する旨を通知。もちろん蔵相・宮沢喜一に報告はしたが、いずれ明らかになることだし、余裕金で行っているからわざわざアナウンスする必要もないだろう、くらいに中川は考えた。

情報をキャッチした記者が、記者会見で宮沢に確認した。宮沢もニュース性があると考えていないから、

「そうじゃないですか。大したことじゃない」

と、あっさり口にした。するとこの発言によって債券市場がハチの巣を突いたような騒ぎになったのだ。ストップ安の大幅下落となり、株、円も急落する「トリプル安」となった。「資金運用部ショック」である。

国債相場が下落すると、金利が上昇し、住宅ローン金利や企業の資金調達コスト上昇につながる。景気回復に冷や水を浴びせるから、中川たちは慌てた。

中川は普段から付き合いのある証券会社のディーラーや、担当記者に説明してまわった。金利を上げるなんて考えていない。そう受け取られるなら、買い入れは再開します。保有国債の売却も考えていない。理財局は「マーケットフレンドリー」です——。

宮沢蔵相が１９９９年2月からの買い入れ再開を公表したことで、市場は沈静化していった。

「理財局の職務は金利政策ではない。しかし、膨大な額を運用していれば、予期せぬことも起きるわけです。資金運用部は無くなることが決まっていたとはいえ、やはり役割を終えたのだと感じました」（中川）

政府委員制度廃止

２０００年５月、資金運用部資金法改正案が成立した。ついに、年金積立金の預託義務が廃止されて自主運用に切り替わった。１９４１年の労働者年金保険法発足以来の年金積立金を巡る大蔵省と厚生省の縄張り争いは、60年近くの時を経て終止符が打たれたのである。

法律名は「財政融資資金法」に。部署のような名称で、得体のしれない存在だった「資金運用部」は幕を閉じ、わかりやすく「財政融資資金特別会計」となった。

中川は、省庁再編と同時に、環境庁から改組された環境省の局長に転任、環境省次官となった。退官後は参院議員、環境大臣を務め、２０２２年に政界を引退した。

財投改革にみっちり携わった中川は、こう振り返る。

「理財局がやっつけられた改革のように見られていますけど、そうではありません。市場との関連や時代の流れを見て、将来のために本当にいい制度にしていこうと、理財局が一体となって本気で進めたのです。政治家が進めた改革に、うまいタイミングで乗れたということです」

この思いは厚生省年金局も同様であった。小泉厚相が改革のメスを入れたからこそ、悲願の積立金自主運用を勝ち取った。

省庁再編をもって厚生省を退官した矢野朝水は、年金局長として6人の厚相に仕えた。その中で、最も気配りを感じた大臣が小泉だったという。

「ご馳走になったのは小泉さんだけでしたね（笑）。小泉さんはもともと大蔵族。大蔵省に知り合いが大勢いて、『今一番苦労しているのは年金局長だ。理財局長と晩飯一緒に食おう』と。課長2、3人と行きましたかね。赤坂の『津やま』などで2、3回ご馳走になった」

「津やま」は小泉が初当選の頃から通う小料理屋だ。小泉は官僚を敵に回しているようでいて、ねぎらう気持ちはあった。

しかし行政改革の波によって、そんな政と官の関係性は大きく変わる。政府委員制度の廃止である。

これまで各府省の局長らは「政府委員」として国会で答弁してきた。それが1999年秋の臨時国会以降廃止される。代わりに、副大臣、政務官が新設され、省庁再編で閣僚の数が減る分を補った。

矢野は政府委員制度下の最後の年金局長となった。

「政府委員は毎回国会が始まる前に『第●回国会　政府委員を命ずる』という立派な辞令書をもらっていたんです。政府委員は地位が高くて、国会の答弁はほとんど私が答えるんです。ものすごく責任を感じていましたし、選挙で選ばれた方と国会で堂々と議論ができた。おかしいことは

おかしいと言えたんですね」（矢野）

政府委員廃止が目指したものは、政治家同士の丁々発止の論戦を国民に見せることだった。しかし始まってみれば、野党議員が大臣に質問を浴びせ、立往生させたり、失言を引き出すパフォーマンスの場と化した。官僚は「説明員」の役割に格下げされ、国会に呼ばれる際は「政府参考人」の立場である。

矢野は嘆《なげ》く。

「役人の地位が下がった。役人の気概とか責任感が乏しくなったんじゃないかと思いますね」

政治主導の獲得は、官僚が、時に暴走する政治家のストッパー役になりえない危険性をはらんでいた。やがて年金官僚を無視して政治家がつくった「改革案」が、政権交代を後押しするまでになる。

第七章　民主党年金改革の蹉跌

「嚙みつき犬」社会保険庁

矢野《やの》朝水《ともみ》が1990年、社会保険庁（以下、社保庁）運営部企画課長になった頃の話である。社保庁の出先機関である社会保険事務所の職員は、各自治体の公務員の扱いのため、自治労（全日本自治団体労働組合）に加入していた。戦闘的な組合員が多く、「自治労の嚙みつき犬」との異名を持った。

ただ矢野はあまり恐れてはいなかった。矢野の前職は厚生省保健医療局管理課長で、全国の国立病院・療養所の再編成のため、共産党系の全医労（全日本国立医療労働組合）と毎月1回交渉し、怒鳴り合いを演じてきた経験があるからだ。

ところが社保庁に赴任して愕然《がくぜん》とする。社保庁は「社会保険一家」と呼ばれるほど団結力が強く、組合員であるプロパー職員の係長や班長が力を持っていた。社保庁そのものが、組合に乗っ取られており、想像以上に組織の体を成していなかった。

矢野のように、本省から来るキャリア官僚は「お飾り」「お客さん」である。

矢野は赴任早々、社会保険事務所に行って意見交換をしたいと申し出た。すると、現場に拒否された。

また当時の官房長・古川貞二郎《ふるかわていじろう》（第二章参照）から「年金運用の『室』を設けたい」と矢野に相談があった。前章で触れたように、矢野が厚生年金基金連合会に勤務した経験があるからだった。矢野は年金局に年金運用の「課」を設け、その代わりに自身のいる「社保庁運営部企画課」を削減すべきと、古川に伝えた。するとその数週間後、社保庁総務部職員課長に呼び出された。職員課長は社保庁プロパーの最高位ポストである。

「あんたは官房長に運営部企画課を潰して年金局に課を作っていいと言っただろう。社会保険庁が〝本店〟で年金局は〝支店〟だ。本店が減って支店が増えるなんてとんでもない話だ。社保庁の運営部に4つの課を作るのにどれだけ苦労したのか知ってるのか！」

そう怒鳴りつけてくるのである。

最終的に、年金局に年金運用指導課が新設、社保庁は企画課と年金管理課が統合して課は減ったが、「国民年金都市対策室」をつくることで決着した。

矢野はこう振り返る。

「課長や課長補佐の仕事は、下から上がってきた書類にただ、ハンコを押すだけ。夕方5時をまわったら職員を飲みに連れて行くのが仕事、と言われていました。聞きしに勝る組織でしたね。2年在籍したが、私は何も残せなかった。帝国陸軍の敗因を分析した本を読んでいたのですが、組織内の実質的な権限が下に下りて上層部が抑えられなかったという。それとそっくりな組織じゃないかと。この組織は長く持たんなと思いました」

社保庁が、厚生省外局として誕生したのは1962年7月。1961年に国民皆保険や拠出制国民年金が施行され、事務量の増加が見込まれることから「企画（厚生省）と運営（社保庁）の分離」をするためだった。

発足時の課題は、もっぱら医療保険の扱いだった。社会保障給付に占める割合（1965年）は医療が47・1％に対し、年金は8・7％に過ぎなかった。以降、年金給付が増えていき、1981年に医療を逆転する。

給付全体で見ると、1970年時点で3兆5000億円、国民所得の5・77％だったが、2000年には78兆1000億円、国民所得の21・02％を占めるまで膨張した。

年金は、医療と違ってサービスが介在しないため「お上体質」になりがちだ。年金の扱い高が増えるのと比例して、現場の声は大きくなっていく。

そこに構造的な問題も加わる。社保庁職員は、人事権は国にあるのに、知事の監督下にある地方事務官という中途半端な位置づけだった（2000年から地方分権一括法により国家公務員に)。それを良いことに、労組が国も知事も跳ね付けて幅を利かせていたのだ。

元総評社会保障局長・公文昭夫《くもんてるお》が語る。

「社保庁は現業部門。国民、地域住民と直接対峙して交渉しなければいけない。社保庁の労働組合は、厚生省の『全厚生』の一組織ではあるけど非常に左派的だった。ストライキをやるといえば本気でやった」

本省は社保庁を腫物《はれもの》を触るように扱い、両者は解離していくのだった。

社保庁運営部長を経験した青柳親房《あおやぎちかふさ》はこう指摘する。

「国民年金ができた1960年ころは、各県の国民年金課長にキャリアが行っていました。当時は社会党が保険料を払わないという運動を展開している中、苦労して首長の所に出向き、将来必要になるから、と説得して回っていました。その後、キャリアの採用人数が少ないことを理由にして、現場に出なくなった。税務署や警察は、キャリアは現場を経験しますが、厚生省はそれがない。キャリアが実務を知らないので、現場が反発するのは当然です」

初の民間人長官

そんな歪《いびつ》な組織だから「廃止論」が出るのも自明だった。1996年、橋本龍太郎《はしもとりゅうたろう》政権での行政改革の頃だ。

時の厚相・小泉純一郎《こいずみじゅんいちろう》が調査させると、組合と社保庁長官ら幹部との間では、端末のキーボードのタッチを1日平均5000回以内、操作時間は1日平均200分以内、といった事細かな確認書が結ばれていた。それを小泉は、すべて破棄するよう長官に指示した（飯島勲『小泉官邸秘録』日本経済新聞社）。

小泉が総理に就くと、一気に廃止へ舵が切られる。第五章で書いた女優・江角《えすみ》マキコの年金未納問題、さらに未納情報の流出、年金保険料の無駄遣いといった社保庁の不祥事が雨後の筍のように露呈《ろてい》し、解体止むなしとなったのだ。

小泉は手始めに、厚生次官一歩手前のポジションだった社保庁長官に民間人を据えた。2004年7月、村瀬《むらせ》清司《きよし》・損害保険ジャパン副社長が初の民間人長官に就いた。そのサポート役として社保庁運営部長に起用されたのが、前出の青柳である。

「確かに年金未納はけしからんけど、その個人情報が勝手に流出していた。組織として情報管理がなっていない。もう一つは社保庁がつくった福祉施設、保養所による年金保険料の無駄遣い。それまでの経験から考えて、この二つの問題を片づけるなら僕かなと思っていた」

期待されたのは、組織の立て直しでなく、「どう解体するか」であった。

青柳も、他のキャリア官僚同様、社保庁への赴任で愕然とする。例えば、社保庁が運営する福祉施設。社会保険病院は良いとしても、健康保養センターなど466施設に及ぶ。それほど林立したのは社保庁OBの再就職のためだ。55歳くらいでクビを切り、再就職を斡旋する。寿命が延びているから前任は居座る一方で、新しい施設をつくらないと回らない。

小泉の改革によって、福祉施設は徐々に地元企業などへ売却が進んでいた。ただ借金を抱えたままの施設もあるし、閉鎖されれば雇用がなくなる。そこで青柳は、OBに相談を持ち掛けた。

「赤字で地元に迷惑かけないため、みんなで寄付を募り、地元の企業や取引先への負債が万が一にも返せないような事態にならないよう、手当してはどうか」

1週間後に返ってきた答えはこうだ。

「運営部長が言うことにはお付き合いできません」

青柳が振り返る。

「例えば国民年金関係の施設であれば、厚生年金や政管健保関係の施設の連中からすると、同じ社保庁の施設なのに『なぜ付き合わなければいけないのか』と言うわけです。社保庁の中で助け合う気持ちが全くない。僕はOBの連中から一生恨まれることになっても、こんな組織は存続させるべきではないと思いました」

ダメ押しとなったのが、「消えた年金記録問題」である。

「ミスター年金」の登場

民主党衆院議員・長妻昭《ながつまあきら》は慶應大学法学部卒業後、日本電気（NEC）で営業マンを経験し、『日経ビジネス』の記者となった。不良債権問題の取材で大蔵官僚の傲慢《ごうまん》さを目の当たりにし、衆院議員・菅直人《かんなおと》と出会って世襲でなくても政治家になれると知ったことが、政界入りのきっかけだという（『招かれざる大臣』朝日新書）。

長妻が脚光を浴びたのが、年金保険料の無駄遣いを追及したことだ。社保庁職員のレクリエーションとして、カラオケやゴルフ練習、ミュージカルのチケット代に使われたのはいかにもマスコミ受けするネタであった。それを炙《あぶ》り出すのに一役買ったのが、質問主意書である。質問主意書は国会法で定められた制度で、国会議員が内閣に文書で質問すると、内閣として7日以内に答弁書を出さねばならない。総理大臣名なので、担当の役所は野党相手といえども適当な対応はできない。それを長妻は質問しまくり、2004年には全議員中最多の49本提出。ターゲットとされた年金官僚たちは悲鳴を上げ、2005年2月、当時の細田《ほそだ》博之《ひろゆき》官房長官が「行政の阻害要因になっている」と指摘したほどだが、長妻は意に介さなかった。

長妻の元には、情報提供が舞い込んでくる。その中に「年金記録が消えている」との手紙やメールがあった。

長妻は社保庁幹部を呼んで説明を求めたが、彼らは「特殊事例です」と歯牙《しが》にもかけない。長妻はコツコツと調べ上げ、基礎年金番号に統合されていない膨大な記録があることに行きつく。

基礎年金番号とは1997年1月に始まった制度で、公的年金の受給者、被保険者全員に10桁の番号がふられる。それまでは国民年金、厚生年金、公務員共済などそれぞれの制度で付番されていた。例えば、会社員から自営業者になれば厚生年金、国民年金の2つの番号を持つことになり、統合漏れのトラブルも発生していた。それを一人一番号に統一したものの、1996年までに複数の年金制度を渡り歩いた人の中に、記録が統合できていないケースもあるようだった。

加えて、役所側の入力ミスによって正確な年金額になっていない人もいることがわかった。

民主党としてバックアップし、衆議院規則による「予備的調査」を提出。２００７年２月、政府から回答が来た。その中で正式に「未統合記録５０００万件」が登場したのだった。

それまで関心を示さなかったメディアも、政府が「５０００万件」を認めたことで、問題視し始める。２月17日、日本経済新聞は一面でこう報じた。

「基礎年金番号漏れ　記録に不備５０００万件」

ここから、社保庁の杜撰《ずさん》な対応が、週刊誌やワイドショーにとって格好のネタになっていく。グリーンピア（大規模年金保養基地）や社保庁の無駄遣いと違い、自身の年金額に響く問題だ。年金ブームが再燃し、長妻は「ミスター年金」ともてはやされた。

その頃、永田町を社保庁幹部を中心とした年金官僚が駆け回っていた。

「お亡くなりになった方の記録はつなげるチャンスがない。そのままになっている」

「そういう数を足し合わせたのが５０００万件。５０００万人の年金記録が消えているということは全くない」

そうした説明を与党議員や担当記者にして回っているのだ。

年金記録すべてを照合するには、気の遠くなる膨大な作業が待ち受けており、そして不可能であると、社保庁職員は理解していた。第三章で元数理課長・坪野《つぼの》剛司《つよし》の証言を紹介したように、１９７３年の段階ですでに、書類の保存状況の悪さから、年金記録の把握に匙を投げていた。もっと遡ると、１９５８年、当時の行政管理庁が厚生年金について監査を実施し、「整備不能、整備不完全、不明の台帳が少なからず残されている」と、改善勧告を出している（『消えた年金』を追って』リヨン社）。

これらが放置されてきたのは、先に見た組合の横暴、年金事務の「お上体質」のツケがまわってきたからに他ならない。本省年金局は社保庁に責任をかぶせたいのが本音だろう。だが世間からすれば、同じ年金官僚である。ここは省一丸となって「5000万件の矮小化」に奔走せねばならなかった。「パンドラの箱」が開けば、もうお手上げである。

それに年金局は「本筋」の改革を抱えていた。小泉政権下の2006年4月に道筋がつけられた、厚生年金と共済年金の一元化、いわゆる「被用者年金一元化」である。

年金の「官民格差」是正のため、85年に基礎年金制度ができたものの、厚生年金は2階建て、共済年金は3階建てで、格差は続いていた。社保庁バッシングの波に乗り、小泉が一元化に着手。続く安倍《あべ》晋三《しんぞう》政権が引き継ぎ、2006年12月に政府・与党合意がなされ、法案を国会に提出せねばならなかったのだ。

塩崎恭久の証言

安倍官邸はこの問題にどう向き合っていたのか。

私は2023年3月、当時の官房長官・塩崎恭久《しおざきやすひさ》に、衆議院第一議員会館の第6会議室で話を聞いた。安倍が仲のいい議員ばかりを入閣させたことから、「お友達内閣」と揶揄《やゆ》され、そのシンボルに位置づけられたのが塩崎である。

塩崎は2021年10月をもって政界を引退。地盤を長男・彰久《あきひさ》に譲り、妻とともに地元・愛媛県で里親の登録をして、それがメディアに好意的に取り上げられていた。すっかり好々爺《こうこうや》になっているのかと思いきや、鋭い眼光と語り口は、政策通で鳴らした現役時代のままである。

「5000万件」が炙り出された2007年2月、安倍官邸は、厚労省に対応を任せきりだったと、塩崎が振り返る。

「官房長官の所に報告はなかった。何か、委員会で引っかかっているなと気づいて、厚労省にどうなってるんだと聞いた。どこまで深刻なのか、よく見極めないといかんなと思った。タカをくくっていたわけではなくて」

安倍はこの問題は、社保庁廃止によって解決すると考えていたようだ。それを「戦後レジームからの脱却」と位置づけ、新組織の名称を自ら決める。厚労省は小泉政権時代、「年金事業庁」の新名称を提案していたが、小泉は「センスが悪い」と却下。2007年2月20日、厚労省が「日本年金センター」など複数を上げたうち、安倍は「日本年金機構」を選んだ。

3月13日、社保庁から日本年金機構に2010年1月に移行する法案が提出された。法案の所管は厚労省にはせず、行政改革の一環との理由で行革相・渡辺喜美《わたなべよしみ》にした。厚労省に改革を望むのは無理と考えたのだ。

長妻が5月8日の衆院本会議で、「全員に納付記録一覧である年金加入履歴を送付して、漏れがないかチェックしていただくことを強く要請します」と訴えても、安倍は、

「大部分の方の記録が真正なものであることを考えれば、非効率な面が大きいのではないかと考えます」

と突っぱねた。

安倍官邸が危機感を持ち始めるのは、5月27日夜のことである。『毎日新聞』が26日、27日に実施した世論調査で、内閣支持率が前回調査から11ポイント下落、政権発足以来最低となったとの情報が入ったためだ。しかも7月に控える参院選で「最も重視する政策」の1位は「年金」であった。

「厚労省に対策を任せてもダメだと。物事は官房長官で決めようと。大事なのは国民の不安をどうやって収めるか。自分の記録はどうなんだと尋ねて来た時に、全国でちゃんと説明できる体制を組まないといけない。だが社保庁を誰も信用しない。そこで閣内で改革に前向きだった菅《すが》（義《よし》偉《ひで》総務相）さんに協力してもらった。手足が地方にないとサポートできないから、総務省の力を借りようと」（塩崎）

6月2日、安倍は有識者による委員会の設置を表明し、8日には菅が、前検事総長・松尾《まつお》邦弘《くにひろ》を座長とする「年金記録問題検証委員会」のメンバーを公表した。ついにパンドラの箱が開いたのだった。

もはや年金局は被用者年金一元化どころではなかった。4月13日、法案は提出されたが、審議に入れない。

年金局長・渡邉芳樹《わたなべよしき》は後に、著書『分岐点Ⅱ』でこう悔やんでいる。

「5000万件の年金記録問題などがありましたから、到底無理だったとは思いますが、仮にそれがなく当時審議に入っていたとしたら、19（2007）年度の臨時国会に行ったとしても、通っていたと思います」

安倍は心ここにあらずであった。6日から、ドイツ・ハイリゲンダムでG8サミットが開かれるためだ。最大のテーマは温暖化で、温室効果ガスを2050年までに半減するとの長期目標を首脳文書に盛り込むべく、安倍は意気込み、成功した。

安倍はその成果を引っ提げて9日午後、意気揚々と帰国した。公邸では、首相動静には載っていないが、ひそかに塩崎が待ち構えていた。

塩崎は、年金記録問題が日に日に悪化している、総務省に「検証委員会」に加え、保険料納付の領収書がなくても受給に結びつくか審査する第三者機関を設置する——ことなどを報告した。安倍の表情が見る見る曇っていく。

前述の社保庁を廃止する法案は29日、採決に入った。厚労相・柳澤伯夫《やなぎさわはくお》の問責決議案が提出されるなど与野党の攻防が続き、日をまたいで30日午前1時ごろ、法案は成立した。だが支持率が回復する気配はなく、参院選になだれ込んでしまう。

官房長官室に詰める次官

7月12日午前11時、いまにも雨が降り出しそうな曇り空の下、安倍が公示日第一声の場に選んだのは、オタク文化の聖地・JR秋葉原駅前であった。無党派層取り込みのためだ。安倍は「年金」に触れざるをえなかった。

「年金記録漏れ問題は、私に一番の責任があります。すべての解決を約束します。一番目の使命は、最後の一人まで記録をチェックし、年金をお支払いすることです。この問題は社会保険庁の体質に原因がありました。悪しき労働慣行、労使の癒着、こういう仕組みをぶっ壊す」

「最後の一人まで」が不可能なことは、安倍の耳に入っていただろうか。だとしても、選挙ではこう言うしかないのだろう。

安倍が全国を飛び回る間、塩崎は、首相官邸最上階の5階の官房長官室に詰め、ほぼ終日、年金記録問題の善後策に忙殺された。

罪滅ぼしのように、長官室に陣取ったのが、厚労次官の辻哲夫《つじてつお》だ。年金福祉事業団資金運用事業部長、年金局長を経験しているから、この問題の重要性は身に染みていたはずだ。塩崎が辻に問い合わせると、すぐに年金局の官僚が飛んできた。

17日には、葛西敬之《かさいよしゆき》・JR東海会長らによる「年金業務・社保庁監視等委員会」の設置を発表。全国の社会保険労務士会に協力を仰ぎ、都道府県で相談体制を組んだ。

塩崎は、やれるだけやった、フルメニューがそろい、国民の不安は早晩消えていくだろう――そんな思いで7月29日の投開票日を迎えた。

結果は、自民が27議席減の歴史的大敗。1989年、1998年に次ぐ3度目の参院選の過半数割れとなり、「ねじれ国会」、すなわち衆・参で異なる首班指名が行われる状態となってしまった。

（なんでこうなっちゃうんだろうか……）

塩崎は愕然とした。

「正直、善後策は、これさえあれば、少し時間はかかるけど、絶対国民の不安がなくなると思っていた。それでも歴史的敗北になった。その時思ったのは、年金は国民の皆さんの背骨なんだなと。年金の不安が募ると、こういう選挙の負け方をするのかと。老後の年金の意味合いの大きさが嫌というほどわかった」

ただし年金官僚の反省点はやや異なる。年金記録は自分自身のことなのに、国民がこうまで関心を持たない、役人に任せきりとは思わなかったというのだ。

渡邉局長は、こう振り返っている。

「老後生活を託しながらも若い頃から自分の年金記録などには関心を持たれていないという国民の意識のギャップを十分政府として訴えて来なかったこと、そのギャップを埋める努力を促す仕組みを社会保険庁として作り上げなかったことに大きな責任を感じないわけにはいきませんでした」（『週刊社会保障』２０１２年3月19日号）

年金官僚が考えている以上に、国民は公的年金に頼り切りだった。年金官僚は、国民の年金への「依存」を切り離していかねばならなかった。

安倍は参院選敗北の責任をとらなかった。「参院選は負けても政権選択の選挙ではない」との小泉の助言によるものだった。

内閣改造で仕切り直しを図るのだが、その前に、厚労省人事で責任を取らせた。辻を通例2年は務める次官を1年で更迭《こうてつ》、村瀬清司社保庁長官も退任させた。辻の後任、江利川毅《えりかわたけし》は1970年厚生省入省で辻と同期。内閣府事務次官をもって1年前に退官していたが、呼び戻された。社保庁長官の坂野泰治《ばんのたいじ》にいたっては、行政管理庁入庁で日本放送協会監事を務めており、厚労省とは無縁。厚労省の描くラインを無視した人事であった。

8月27日、安倍は新内閣を発足させた。官房長官の塩崎を交代させ、ベテランの元通産相・与《よ》謝《さ》野馨《のかおる》に。厚労相は、この参院選で2期目当選直後、安倍を「リーダーの出処進退は、国民のほうを見て仕事をするかに尽きる」とこき下ろしていた舛添要一《ますぞえよういち》・参院政策審議会長をあてた。

しかし安倍のストレスは限界に達していた。持病の潰瘍性大腸炎を悪化させ、9月12日、突然退陣表明する。「放り投げ辞任」と呆《あき》れられた。

安倍の後継は、年金未納で2004年に官房長官を辞任した福田康夫《ふくだやすお》。だが「ねじれ国会」の下、小沢一郎《おざわいちろう》・民主党代表に苦しめられ、2008年9月、またも放り出す。衆院任期が2009年9月に迫っていることもあり、国民の人気の高い麻生太郎《あそうたろう》が、4度目の総裁選出馬で総理の座を手に入れた。

その間、舛添は厚労相を続投した。大臣就任当初、「最後の1人、最後の1円まで確実に給付につなげる。命がけでやりたい」と意気込んだものの、2007年11月21日の記者会見で、「何としても見つからない記録が数%出てくるかもしれない」と白旗を上げる。翌12月には5000

万件の内訳を公表。持ち主をほぼ特定できた記録は2割の1100万件に過ぎない一方、「今後時間をかけて解明が必要な記録」は、それを上回る1975万件に及んだ。

そんな負のイメージに染まった年金を、凄惨《せいさん》な事件が襲う。

元厚生次官殺傷事件

2008年11月17日午後7時前。すっかり日が暮れた埼玉県・武蔵浦和駅近くの住宅街に、1台のレンタカーが停車した。降りて来たのは坊主頭のがっしりとした男で、積んでおいた段ボールを抱え、やがて瀟洒《しょうしゃ》な一軒家の前に立った。もし近隣住人が彼を見かけたとしても、宅配業者と思うであろう。だから男がインターホンを押し、宅配便と告げると、疑いもなくドアは開いた。夕餉《ゆうげ》の匂いとともに、眼鏡をかけた高齢男性が姿を見せた。

男はさいたま市北区の自宅アパートで練習した通り、包丁で男性をめった刺しにした。異変に気づいた妻が、背後で茫然《ぼうぜん》と立っていた。男は躊躇《ちゅうちょ》なく妻も襲った。二人が息絶えたのを確認すると、室内を荒らし、テーブルにあった財布から現金を抜き取った。計画性のない強盗の仕業に見せるためである。

玄関前に血が流れているのを不審に思った近所の人が夫妻の遺体を発見したのは、翌18日午前10時20分ごろになってからだ。

高齢男性とは、本書で年金のエキスパートとして登場した元厚生次官の山口剛彦《やまぐちたけひこ》である。享年

66歳。非常勤の全国生活協同組合連合会理事長を務めていた。

元事務次官の殺人事件とあって、昼以降のニュースはこの事件一色となった。

だが男にはまだすべきことがあった。この日目指したのは、自宅から30キロほど南に下った東京・中野区の住宅街。同様の手口で、夕飯時を狙い、宅配業者を装ってインターホンを押した。出てきた高齢女性を、やはり躊躇なく包丁で襲う。元厚生次官・吉原健二《よしはらけんじ》の妻である。吉原は外出中だった。男は逃げる妻を深追いはせず、レンタカーへ戻った。妻は通りかかった男性に助けを求め、緊急搬送され、一命をとりとめた。

男はその足で、東に30キロほど離れた千葉県浦安市へ向かった。社保庁長官、最高裁判事を歴任した横尾和子《よこおかずこ》の自宅だ。だが警察は、厚労省の元幹部を狙った連続殺人と見て、緊急配備を敷いていた。男は横尾の家の近くまで来たが引き返し、翌朝に再訪。また警察の姿を見て、犯行を断念した。

吉原、山口とも年金局長、厚生次官を歴任したとあって「年金テロ」と報じられた。

しかしそうではなかった。

22日午後9時22分、川越ナンバーのピンクの軽乗用車が、東京・桜田門の警視庁本部正面玄関近くの歩道に突っ込んできた。一般車両が入る所ではないから、すぐに警備にあたっていた警察官に取り囲まれた。男はこう言い放つ。

「俺が事務次官を殺した」

「さいたま市北区の小泉毅《こいずみたけし》、46歳」

証拠として、犯行で使った血のついたサバイバルナイフ、段ボール、スニーカー、さらに住民票まで持っていた。

犯行の動機は年金とまったく関係がなかった。

小泉が山口県柳井市に住んでいた小学生の頃、愛犬が保健所に連れていかれ、殺処分を受けた。それを小泉は生涯根に持ち、4、5年前から、保健所を管轄する厚労省トップを次々と殺害する計画を立てる。住所は国会図書館の官僚名簿で調べ、レンタカーやバイクで下見をした計画的犯行だが、「狂気のクレーマー」であった。「殺したのは魔物で、人を刺したわけではない」と供述し、反省の様子は見せなかった。最初に山口夫妻を狙ったのは、自宅アパートに近いという理由だけだった。

2014年6月、最高裁は小泉の死刑を確定した。

吉原健二はその裁判を傍聴した。忌《い》まわしい事件から10年以上の時を経て、私は本書の取材で吉原にインタビューしたわけだが、この話題に触れざるをえなかった。吉原は思い出したくないというように、言葉を振り絞った。

「(妻は)奇跡的に助かって。いまも後遺症に悩んでいますけど。かわいそうなことをした。頭が上がらないんだけど」

だから一層、「年金」は吉原の体に澱《おり》のように沈んでいる。

「年金の思い出って、不祥事なんかも絡《から》んでるもんですから嫌な思い出もあるんですよ。あんな事件もあったし、私がいた厚生団（厚生年金事業振興団理事長を務めた）は潰されたし」

民主党年金改革案

衆院任期が２００９年９月に迫る中、麻生政権が浮揚する要素はなく、１９７６年以来の任期満了選挙も視野に入ってきた。各社世論調査では、内閣支持率は20％ほどで、政党支持率は民主が１位。民主党への政権交代は既定路線であった。２００９年１月18日、自民党と民主党は同じ日に党大会を開いたが、自民党担当記者の多くが民主党大会の取材に来ていたことを、私は印象深く覚えている。

「消えた年金記録」で弾みをつけた民主党が次期衆院選で打ち出すのは、もちろん年金改革である。

６月25日、「衆院選マニフェスト」の年金改革案を発表した。打ち出した新年金制度は以下の一本立てだ。

・収入に応じて支払った保険料の納付額で給付額が決まる「所得比例年金」
・所得比例年金の受給額の少ない人を対象に、全額消費税で最大で月７万円を支払う「最低保障年金」

現行の年金制度をちゃぶ台返しにする内容である。年金官僚たちは誰しも不可能だと感じていた。官僚が支える気がないから、失敗が約束されたようなものだった。事実、制度改革は１ミリも進めることができずに葬《ほうむ》り去られる。

なぜこのような案を、政権交代に手が届こうという時に旗印にしてしまったのか。

少し時を遡《さかのぼ》って、民主党の年金改革案の変遷《へんせん》を辿ることにしよう。

民主党が創設されたのは、自民と、１９９４年12月に結党した新進党との二大政党制の気運が高まり、小政党が埋没する危機感からだった。１９９６年の衆院選を前に、元自民でさきがけ代表幹事の鳩山由紀夫《はとやまゆきお》が、薬害エイズ問題で脚光を浴びた菅直人らを引き込んで旗揚げ。57人が集まり、鳩山、菅による二人党首体制という異例の船出だった。１９９８年夏の参院選を前に、民政党、新党友愛、民主改革連合が合流。民主党議員は一旦離党する手続きをとり、１９９８年４月、同じ党名ながら形式上は新しい民主党が誕生。菅を代表とし、１３１人の所属議員でスタートした。

この動きを後押ししたのが、「自民党に代わる勢力の結集」を掲げる日本労働組合総連合会（連合）である。

国民年金創設時、激しい反対運動を展開した戦後最大の労働組合組織・総評は、中曽根康弘《なかそねやすひろ》政権での国鉄解体を機に力を失い、１９８９年11月に解散した。代わって、官公労組、民間労組を結集して誕生したのが連合だ。800万人を擁する労組史上最大のナショナルセンター（全国中央組織）となった。

連合は発足当初から、労働者の退職後の根幹である年金を研究し、「60歳からの支給開始を堅持」などと訴えてきた。もっとも、加盟する労組の支持政党が与野党に分かれる「又裂き状態」にあっていたこともあり、その声に現実味がなかった。

だが民主党誕生で連合の存在感は増す。その相乗効果が発揮されたのが、2000年の「ミレニアム改正」である。名前こそ輝かしいが、本来「1999年改正」のはずだった。しかも前章で詳述した、年金積立金を巡る自主運用も同時並行で進められていたから、年金官僚にとって過去にないほど難事業となった。

ハンストを考えた年金局長

第一章でも触れたように、その前の1994年改正で、年金局悲願の60歳から65歳への支給開始年齢引き上げに着手された。ただし批判をかわすため、2階部分（報酬比例部分）をキープしたまま、1階部分（基礎年金部分）だけ段階的に引き上げていく仕組みをとった。

なぜわざわざ1階と2階を分けて引き上げるのか。一緒に上げればよいではないか――。

官房総務課長という国会を裏方で支えるポストでその改正を眺めながら、そう感じていたのが矢野朝水であった。年金局長として、次の改正にかかわることになる。

1997年1月公表の人口推計で、前回の1992年推計より深刻な数値が出たために、2階部分も支給開始年齢引き上げに踏み切るのは必至となった。さらに山一證券廃業など1997年の金融危機を受け、戦後の混乱期以降初めて、保険料引き上げの凍結も決まった。

連合は総評時代を彷彿《ほうふつ》させる反対闘争を繰り広げる。

連合が出した年金改革案は、①基礎年金の国庫負担を3分の1から2分の1にただちに引き上げ、②基礎年金は将来的に税方式に転換——といった内容。年金局は報酬比例部分の5％削減を提示していたが、連合の独自試算では、その必要はなくなるという。

法案づくりの前に議論される厚相の諮問機関・年金審議会は、反対意見も付記して民主的に運営される権威ある機関だ。だが連合は納得しない。審議会委員19人のうち、桝本純《ますもとじゅん》・連合生活福祉局長、山根昭昶《やまねあきなが》・化学リーグ21副委員長、久保田泰雄《くぼたやすお》・電機連合副委員長の連合所属の3人が「我々の意見が一顧だにされていない」と反発。会合を2度、途中退席する前代未聞の事態となった。1999年3月、3人は厚相・宮下創平《みやしたそうへい》に辞任届を提出。連合の笹森清《ささもりきよし》・事務局長は「審議会の運営は暴挙」と抗議声明を出した。

ここから政治マターの法案協議が始まるが、〝身内〟にも敵がいた。連立与党を組む、小沢一郎率いる自由党である。

小沢は1998年1月、自由党を結成。同年7月の参院選で、自民が大敗し参院議席数が過半数割れとなったことから、1999年1月、自自連立政権ができた。

すでに前年1998年12月から、年金局の考える年金改正案について、自民、自由、そして政権寄りのポジションを取り始めた公明の政策責任者が協議を始めていた。自由党も特に注文をつけていなかったため、法案提出に苦労しないだろうと、と矢野年金局長は睨《にら》んでいた。

ところが小沢は豹変《ひょうへん》する。連合と同様の「基礎年金の税方式化」を法律附則に盛り込むよう求めてきたのだ。

小沢は消費税の「福祉目的税」が持論だ。自民との連立協議の際には「消費税については税率・福祉目的への限定（基礎年金、高齢者医療、介護など）など抜本的な見直しを行う」と提案している。この小沢の考えは、後に民主党に合流する際の年金改革案のキーになっていく。

国民年金創設時、「拠出制か無拠出制か」で揉めたように、社会保険方式か税方式かは永遠の課題だ。自民党は、税方式は消費増税を誘発しかねないと難色を示し、膠着《こうちゃく》状態に入った。

小沢は譲る気はなかった。4月8日、岩手県釜石市内の街頭演説で、「当面のつじつま合わせのために年金の掛け金を上げて、給付を下げるという案で、こんなことで、持つわけがない。早晩、年金制度が崩壊する」「いままで役人が絵をかいてきたやり方は、限界が来ている」と痛烈に批判。だから、税方式にせよと言うのだった。

厚相・宮下創平、事務次官・山口剛彦が小沢に直談判するがナシの礫《つぶて》。小沢がこうまで頑《かたく》ななのは、自民が公明に接近し、自由党の支持率が下がってきているためだった。年金の税方式一点で、政界を揺さぶるのである。

自由党政策調査会長だった藤井《ふじい》裕久《ひろひさ》は、私の取材にこう指摘した。

「小沢さんは一言で言いますと政策マンであることは事実なんですよ。消費税を社会保障の目的税にするというのは立派な政策だと私は思います。同時に政局に関してはものすごい関心がある人だった。年金は技術論なんですね。小沢さんは技術論には興味がない。政局屋なんです」

藤井は元大蔵官僚だけに、日参する矢野らに「すまんなあ」と気遣いを見せたという。キャリア官僚として、さまざまな法案に立ち会ってきた矢野も、法案の中身がすべて固まりながら提出のメドが立たないという経験は初めてだった。

矢野はあまりにやりきれなくて、赤坂にある自由党本部前で、ハンガー・ストライキをしようと真剣に考えたほどだった。厚相の宮下に「やめとけ」と一笑に付されたのだが。

「小沢一郎さんはよく言われるように、政局の人で政策には関心ないんですね。年金がどうなるか知ったこっちゃないと」（矢野）

初の乱闘採決

自由党が自民党と合意するのは7月になってからだ。

年金と同様に政局に使われた衆院比例代表の定数削減について、総理・小渕恵三《おぶちけいぞう》から実現を図るとの言質《げんち》が得られたためだ。合意文書にはこう記された。

基礎年金については、財政方式を含めてその在り方を幅広く検討し、当面平成16（2004）年までの間に、安定した財源を確保し、国庫負担の割合の2分の1への引き上げを図るものとする。

国庫負担割合3分の1を2分の1に引き上げ、小沢の「税方式」に配慮を見せつつも、その議論は次期改正の2004年へと先送りにするとの内容だ。

1999年7月27日、年金改正法案は矢野らの想定の4か月遅れで提出された。法案審議に入ると、連合は組合員を動員し、国会前で座り込み集会を開いた。さらに「数」をバックに、民主党に法案反対を働きかける。民主党は呼応し、連合と同様、給付の維持と基礎年金の税方式化を掲げた。

それは矢野ら年金官僚には意外だった。急速な少子高齢化で、年金給付を下げるのは自明であり、政権交代を狙おうかという民主党は理解を示すだろうと思っていたからだ。衆院議員任期が2000年秋に迫り、総選挙がいつあってもおかしくない状況の中、民主党は連合に気を遣ったのである。

9月、鳩山由紀夫が民主党代表に就いた。さっそく矢野局長は法案の説明に出向いた。後に「直前に会った人の言うことを聞く」とか、不思議な言動から「宇宙人」と揶揄されるが、この時がまさにそれであった。

矢野が40分ほどレクチャーする中で、鳩山は手放しで法案を褒めてくれた。

「これから少子高齢化で人が減っていくので、給付のスリム化はやむをえない。時間をかけてスリム化するのだから、よくできた案ですね」

矢野は法案成立に手ごたえを感じた。ところがしばらくして、鳩山が新橋駅前で、年金を批判する演説をぶったと知る。配られたビラを入手すると「数の暴力で将来の年金が１０００万円減る」とある。支給開始年齢引き上げと、厚生年金の報酬比例部分の５％引き下げにより、40歳以下の世代は夫婦で１０００万〜１２００万円減少することを指しているようだった。今回改正は保険料を上げておらず、給付減と負担減をセットとしているのだが、鳩山は「１０００万円減」のみをあげつらった。

11月26日の衆議院厚生委員会での採決の日、民主党を中心とする野党議員が人垣をつくり、自民党の江口一雄《えぐちかずお》委員長が委員会室に入れないよう抵抗。江口が入室しても、開会を宣言させないため、口を手でふさいだり、マイクを撤去する議員も出た。有権者や連合に向け、カメラを意識してパフォーマンスをしたのだ。年金法案で乱闘騒ぎになったのは初めてのことだった。

午前の採決はできず、夕方、野党議員にもみくちゃにされる中、江口は衛視に守られて採決を宣言。委員会で可決された。

審議は越年。こうして「１９９９年改正」のはずが「２０００年改正」になったのである。参議院で法案が成立したのは２０００年3月28日、法律施行の3日前のことだった。

「防衛隊長」の死

「基礎年金の全額税方式」は、年金未納の人や低年金の人をカバーできる魅力的な案に思われたが、民主党内でも疑問の声が上がり始めていた。その一人が、大蔵省出身で党税制調査会事務局長の古川元久《ふるかわもとひさ》だ。2004年に予定される年金改正に向け、財源となる税制改革と関連があるからと、年金にかかわるようになった。

2021年6月、古川が衆議院第二議員会館の自室で振り返った。

「当初の民主党の年金改革案は基礎年金全額税方式。連合もずっと言っていた。しかし大蔵省と議論をすると、『生活保護との違いがなくなる』『ありえない』とバトルになって、そこからスタック（立ち往生）しちゃった。国会議員の私もそうだけど、自由業の人は国民年金で、その加入者が増えている。第3号被保険者（専業主婦は保険料を払わなくても国民年金がもらえる）も、女性がこれだけ働く世の中になっている。そういう中でいかがなものか。現行の年金制度は、多くの家庭が夫はサラリーマン、妻は専業主婦、子どもは2人という昭和30年代後半の社会状況で出来たもので、時代に合わず、変えないといけない。そこで今井さんが超党派で改革をしようと呼びかけるのです」

今井さん――今井澄《いまいきよし》・民主党参院議員は、2期目ながら「次の内閣雇用・社会保障担当」に就いていた。「年金は国家百年の計だ」とも語り、単なる野党議員に収まらない実力者であった。

それは波乱に満ちた半生に起因していた。1958年に東京大学に入学するが、1960年安保闘争に関与して退学処分に。その後2度、復学と退学を繰り返し医学部生となり、29歳にして1969年の東大安田講堂事件にかかわった。学部生では最年長とあって「防衛隊長」に担がれ、安田講堂に最後まで立て籠もった。機動隊に逮捕され、1年間東京拘置所に勾留される。

どうにか医師国家試験合格に漕ぎつけ、1974年に長野県・公立諏訪中央病院に赴任するが、今度は安田講堂事件の判決が下り、静岡刑務所で1年間服役する。1980年、40歳で同病院院長となり、地域の健康づくりに携わった。診察の時、聴診器を手で温めてから患者にあてるという、誠実な医師として知られた。1992年、日本社会党の参院長野選挙区から初当選。52歳になっていた。民主党結党とともに、民主党入りする。

そんな今井は、自民党の津島雄二《つしまゆうじ》（元大蔵官僚。1990年、2000年に厚相）らとスウェーデンに飛び、年金改革を担当した議員から話を聞いた。スウェーデンは年金を政治問題化せず、政権交代を経ても協議を続け、1999年の年金大改革を成し遂げていた。

年金は数理の世界だから党派対立の具にしてはいけない。全額税方式と言っている限り年金改革はできない――今井はそうした思いを強くした。

実は今井は、胃がんに侵されていた。手術を受けたものの転移が見つかる。医師ゆえに余命は察していたであろう。自ら自民党議員を口説いてまわり、与野党20人ほどの超党派の勉強会を立ち上げる。2002年7月の会合には、やせ細った身体で、車椅子に乗って参加した。

今井は、それを見届けるようにして、長野県茅野市の自宅に戻り終末期医療を受けた。9月1日、62歳で静かに息を引き取った。

今井の遺志を継いだのが、第五章で登場した「ネクストキャビネット厚労相」や年金改革プロジェクトチーム座長を務めた山本孝史《やまもとたかし》・参院議員である。

山本もまた苦難を抱えていた。5歳の時、小学2年の兄を亡くした。自宅隣の運送業者のトラックに轢《ひ》かれたのだった。その経験から立命館大学時代、ボランティアグループ「大阪交通遺児を励ます会」を結成。財団法人交通遺児育英会に就職した後、1993年、日本新党から衆院議員で初当選。2000年衆院選に敗れた後に参院議員に鞍替えした。前出のミレニアム改正では民主党年金制度改革小委員長に就いており、年金政策の第一人者となっていた。

2003年6月3日、前出の津島を世話人とする「超党派年金シンポジウム」が憲政記念館で開かれた。与野党の9人が一堂に会し、民主党からは山本、古川が出席した。2004年改正について、公の場で議論されるのは初めてで、今井の遺志であった。

ただ、基礎年金国庫負担を3分の1から2分の1へ上げたり、厚生年金報酬比例部分の民営化を否定するといった一致点はあったものの、保険料引き上げ、国庫負担を消費増税で賄《まかな》う点では意見が分かれ、「シンポジウム」の域を出ることはなかった。

まやかしの「スウェーデン方式」

年金局が、将来の保険料率を固定し、少子高齢化や経済低下が進めば、自動的に給付を下げて財政のバランスをとるスウェーデンの年金制度を参考に2004年改正案をつくったことは第一章で記した。スウェーデンの制度は、現役時の所得が低い人は税財源の「保障年金」が中心で、所得が高くになるにつれ、保険料財源の「所得比例」の割合が増え、一定の所得以上はすべて所得比例となる仕組み。この「スウェーデン方式」は、完全な2階建て構造の日本の制度と異なる。

ただ保障年金が全額税財源で、低所得者でも一定の年金をもらえる点は、これまでの連合や民主党の考え方に似ており、現地を視察した今井にも魅力的に映った。税ではなく、所得比例年金がベースになると、大蔵省は反対しづらい。

古川はこのスウェーデン方式を、民主党の改革案にしようと画策する。

しかし、鳩山由紀夫に代わって２００２年12月に代表に返り咲いていた菅直人は、あまり理解していないようだった。加えて政調会長・枝野《えだの》幸男《ゆきお》は、連合の唱える「基礎年金全額税方式」にこだわった。

浮かび上がった改革案は、全額税で最低保障額を定めた「国民基礎年金」の上に、「比例所得年金」を乗せるという内容だった。一定の所得以上は「国民基礎年金」の割合は減っていく点はスウェーデン方式に似ているが、２階建て構造には変わりなかった。

古川は驚いて、枝野に訴えた。

「こんなことやると誤解を招くじゃないか。あくまで最低保障は補足の年金のはず。年金だけで暮らすのではなくて、年金は生活費の一部にすべき。最低生活を年金で保障するのは無理だ」

枝野は折れなかった。

「菅さんを説得するには、いままでの改革案と変わらないと言う必要があるんだ」

国民の人気取りの才能に長けた菅は、連合に配慮すると同時に、「スウェーデン方式」なる、もっともらしい呼び名が出来れば良いようだった。

衆院の解散が取り沙汰される中、２００３年9月、菅は小沢一郎率いる自由党との合併（民由合併）を果たす。自由党は2000年4月に自民党との連立離脱をしていたが、今度は野党につき、政権交代を狙った。合併にあたっての政策協議に、小沢の持論である、基礎年金の財源に消費税を充てることを盛り込んだ。

10月10日、衆院は解散、11月9日の投開票が決まった。菅はこの選挙を「マニフェスト（政権公約）選挙」と位置付け、民主党マニフェストの「2つの提言」の一つ目には、こう記された。

基礎年金の財源には消費税を充て、新しい年金制度を創設します。

基礎年金と所得比例部分からなる二階建て年金制度を4年以内に確立します。

消費税を財源とすることで、負担を公平化し、持続可能な社会保障をつくりあげます。

詳細を記した中で、「厚生年金等と国民年金を一元化し、すべての人を対象に、所得に比例した拠出を財源とする『所得比例年金（仮称）』を設けます」と、「一元化」にも踏み込んだ。

「この改革案が後々までの混乱につながっていくのです」

古川はそう悔やむ。

「本当は、民主党案は社会保険による年金がベースのスウェーデン方式だったんです。しかし、いままでと変わらないとその場を取り繕ったことで、誤解がその後、ずっと続くことになってしまった。菅さんがそれでないと納得しないというので、私も仕方なく折れた」

この衆院選で民主党は、137から177議席に大躍進。自民党以外の政党の議席としては過去最多得票であった。年金改革案が〝承認〟されたと言ってよく、引くに引けなくなるのだった。

年金官僚不在の改革案

民主党案がつくられる過程で、年金官僚はどう振舞ったのだろうか。

古川が言う。

「役人にはあんまり聞かなかった。駒村《こまむら》（康平《こうへい》・慶應大学教授）さんや、広井《ひろい》良典《よしのり》（元厚生官僚で当時、千葉大学法経学部教授）さん、高山《たかやま》（憲之《のりゆき》。第五章参照）さん。役人はいまの制度を維持するなら働く。創造的で破壊的なアイデアを期待できない」

一方、当時の年金数理課長・坂本純一《さかもとじゅんいち》は「まったく相談はなかった」と断言する。

２００４年２月、マクロ経済スライドなどを盛り込んだ政府の年金法改正案が提出され、４月８日、売り言葉に買い言葉のように、民主党は対案を出した。

民主党案は当然否決されるが、その議論を、坂本は呆《あき》れるように眺めていた。

「スウェーデン方式は端的にいえば報酬比例部分と一緒で、基礎年金が果たしている所得再分配効果がなくなる。現役時代の給料の差と年金給付の差が同じになってしまう。それをいまの制度からどう接続するか問題となるのです。民主党の対案は、説明資料にもならないような感じの資料しかなく、国会では、箸にも棒にもかからない議論になりました」

その頃、老健局長の中村秀一《なかむらしゅういち》は、枝野幸男と酒を呑む機会を持っている。中村は、１階部分の支給開始年齢引き上げに着手した1994年改正時の年金課長だ。自然と年金の話題に移る。

枝野は民主党政調会長を辞してはいたが、前述のように民主党年金改革案に携わっている。だが会話の中で、中村には枝野が年金制度をよく理解していないように感じた。やがて枝野はこう言い放つ。

「年金の水準なんて下がっていいいんですよ」

中村は二の句が継げなかった。水準をできるだけ下げないよう、命を削るようにして法案を策定する年金局の苦悩など理解していない。民主党の若い有力者ってこの程度なのか。世の中を甘く見ているのではないか――。

枝野に限らず、他の民主党関係者からも中村に年金改革の相談はなかった。

「あったら指摘したでしょうね。最低保障機能を高めることを目指すのはいいんですけど、商品を売るわけだから、成り立つ設計を詰めないといけなかった。そこが飛んでいた」(中村)

皮肉にも、後に中村は、枝野のいる民主党政権中枢に入り込むことになる。

本会議でがんを公表

「年金の神様」小山進次郎、山口新一郎、それに前出の今井澄がそうだったように、年金にかかわると早世してしまうのだろうか。

民主党の山本孝史に2005年12月、胸腺《きょうせん》がんが見つかった。自覚症状はなかったが、すでにがんは肺や肝臓《かんぞう》に転移する「ステージ4」。いわゆる「末期がん」で余命半年の宣告だった。

2004年改正案成立直前の質疑で、小泉総理がマクロ経済スライドの説明ができない答弁を引き出したのが山本だったと、第五章で触れた。

前出の坂本は山本をこう称《たた》える。

「民主党からは実質的な議論はあまりなかった。マクロ経済スライドのメカニズムをよく理解していただいた先生は山本孝史さんくらい。それ以外の人はそこまで至らなかった」

2006年5月22日、山本は参院本会議で質問に立った。抗がん剤治療を始めたせいで、頬はこけ、カツラをつけるようになった。

「私自身がん患者として、同僚議員始め多くの方々のご理解、ご支援をいただきながら国会活動を続け、本日、質問にも立たせていただいたことに心から感謝をしつつ……」

サラリとこう述べて、がんであることを公表した。政治家の病気の告白は、今後の権力争いから離脱することを意味する。それでも山本が踏み切ったのは、全国で適切ながん治療が受けられるよう定めた「がん対策基本法」が、与野党の攻防によって成立が危ぶまれていたからだった。

質問の15分の持ち時間はオーバーしていた。参院事務局職員がそれを知らせるメモを議長・扇《おおぎ》千《ち》景《かげ》に手渡す。だが扇は、山本の演説を遮らなかった（「ゆき．えにしネット」HP）。

山本はこう締めくくった。

「年間30万人のがん死亡者、3万人を超える自殺者の命が一人でも多く救われるように、がん対策基本法と自殺対策推進基本法の今国会での成立に向けて、何とぞ議場の皆様のご理解とご協力をお願いをいたします」

議場は大きな拍手に包まれた。涙を流す議員もいた。同法案は1か月もたたず、6月16日に成立する。紛れもなく山本の熱意に与野党が突き動かされたからだった。

山本の体力は見る見る低下し、2007年5月には医師から抗がん剤治療はできないと通告される。山本の参院議員任期は同年7月までで、次期参院選の出馬は不可能と思われた。しかし山本は国会で働きたい思いが強かった。

そこで山本は、これまでの大阪選挙区でなく、全国比例区での挑戦を決める。当選し、任期中にもしものことがあっても、民主党議員が繰り上げ当選する。民主党に投票した有権者を裏切ることにならないからだ。

選挙直前の6月12日、山本は参院厚生労働委員会の質疑に立つ。疼痛《とうつう》緩和のための医療用麻薬・メサドンの早期承認を求め、「検討なり調査なり、そういったものをきちっと進めてまいりたい」と高橋直人《たかはしなおと》・厚労省医薬食品局長から前向きな答弁を引き出した。

熱が入ったのはやはり年金である。本章冒頭で書いた「消えた年金記録問題」が炙《あぶ》り出されていた頃だ。矢面に立ったのは、前出の青柳親房・社会保険庁運営部長だ。

山本「年1回、納めた保険料が、あなたは今年1年間これだけの保険料を納めましたよということをなぜこれまで通知してこなかったのか」

青柳「私どもとしては、まずは毎年毎年、ねんきん定期便をお送りする中で、これまでどのくらい保険料を払っていただいていたんだと、そしてそれが年金額にどういうふうに反映していくのかということをお伝えするというサービスをやっと始めさせていただいた」

これに山本はカチンと来た。

「あなたたちがやってきた話じゃないの！　私が提案したの！」

最後に、10年にスタートする日本年金機構について懸念を述べた。

「社保庁を業務ごとにばらばらにしてしまったら、私は現場と上の人たちとの意思疎通が離れてしまって業務改善の意見が上がってこなくなるというふうに思います。そこはやっぱり制度上ちゃんとしておかなきゃいけない問題だというふうに思います」

山本の不安は的中し、日本年金機構は２０１５年に１２５万件の個人情報が流出するなど、不祥事に見舞われてばかりとなる。

山本の国会質問は、これが最後となった。

私の手元に、その頃、親しい関係者に配られた『いのちをかけて、いのちを守る。』と題したわずか16ページの冊子がある。著者は山本と妻のゆき。半ば遺書であった。ページの多くはがんにまつわるものだが、ゆきは年金についてこう記した。

「年金の山本」の存在感を示した、年金記録消失問題に関する質問では、「わかりやすくて聞き入ってしまった」と、委員会室で写真を撮っていた記者さん。その話を聞いて、「そういうことばの一つひとつが励ましになるよ」と孝史は嬉しそうでした。

山本はやせ細った身体で、酸素吸入器を帯同して参院選を戦った。街頭演説は4回しかできなかった。結果は前述のように民主党が第一党となり、比例区は20議席を獲得。山本は6万761 2票で最下位に滑り込んだ。

だが5か月後の12月22日、ゆきに看取られて、眠るように息を引き取った。58歳だった。

翌2008年1月23日の参院本会議での尾辻秀久《おつじひでひさ》の哀悼演説は名演説として語り継がれ、私の知人秘書が暗記したほどだ。元厚労相の尾辻は、山本の最大の論敵であった。

「先生、今日は外は雪です。随分痩せておられましたから、寒くありませんか。先生と、自殺対策推進基本法の推進の2文字を、自殺推進と読まれると困るから消してしまおうと話し合った日のことを懐かしく思い出しております。あなたは参議院の誇りであります。社会保障の良心でした」

尾辻は声を震わせながら、天を向いて呼びかけた。

民主党の「良心」である山本孝史と今井澄の不在は、民主党年金改革の蹉跌《さてつ》へと連なっていく。

政局に使われた新試算

民主党の政権交代前夜に話を戻そう。

渡邉芳樹率いる年金局の目下の課題は、基礎年金の国庫負担割合を2分の1に引き上げる国民年金法改正であった。これまで触れたように1994年改正以降、検討課題に取り上げられながらも実現できないでいた。それがもう一歩の所まで来ていた。

だが参院で民主党が第一党という「ねじれ国会」。勢いづく民主党の要請を、何でも丸呑みせざるをえなかった。

民主党が求めたのは、2009年2月公表の財政検証を踏まえた「世代間格差」の試算。第五章でも書いたが、年金局としては、世代間の給付と負担の関係を論ずるには損得ではない、なぜなら制度発足当初は負担能力に見合った低い保険料からスタートし、その後の経済発展で給付アップを後代の負担で行ってきたため——との立場をとる。しかし与党は有無を言わさず年金局数理課に指示した。

5月26日、年金部会が3か月ぶりに突然開かれ、試算結果が公表された。

厚生年金受給額を世代別にみると、翌年70歳となる1940年生まれの人は生涯に保険料を900万円納めるのに対し、年金はその6・5倍、5500万円を受け取る。一方、30歳未満の人は保険料の2・3倍止まり。1940年生まれの人は2004年の試算（6・3倍）より倍率がさらに0・2ポイント高くなり、1975年生まれは2004年と同じ2・4倍のままで、一層世代間格差が広がったことがわかった。

不安を煽る結果に他ならず、年金部会委員からは批判の声が上がった。慶應大学教授の権丈善一《けんじょうよしかず》は言った。

「公的年金に世代間格差があるよといったって、それだけをとりあげて議論する意味にはかなり疑問符がつくわけですし、むしろ弊害でもあるわけです」

だが年金局が出した正式な試算には違いない。俄然、民主党は勢いづく。

「この試算で明らかになったのは、世代間の給付と負担の格差が広がっている。働き方によっていただける年金給付額に格差が出てきている。もはやこれはもう制度を見直すべきときに来ているんではないでしょうか」（5月26日、参院予算委員会。蓮舫《れんほう》の発言）

法案成立のためとはいえ、与党は火に油を注いだのだった。

一方この審議の中で、渡邉年金局長は、こんな答弁をして物議を醸《かも》している。

「一部の外国の年金改革の例にありますように、高所得者に対する給付は厚く低所得者層についでは保障をしっかりするが、間の中間所得層の給付水準の低下には無頓着《むとんちゃく》であると、こういうような制度体系というものも見かけないわけではございません」（6月4日、参院厚労委員会）

自民党・西島英利《にしじまひでとし》が「民主党が国民年金も含めた年金制度の一元化を主張していることをどう思うか」といった趣旨の質問をしたことへの答え。渡邉は能吏《のうり》らしく直接批判はしなかったが、「一部の外国の年金改革」、すなわちスウェーデン方式に触れる形で、民主党年金改革の危うさを指摘したのである。

6月19日、差し違えるようにして国民年金改正案が成立。基礎年金の国庫負担を2分の1とすることが決まった。ただし、引き上げに必要な財源は年2兆3000億円に及び、2009年度、2010年度は財政投融資特別会計から流用するが、以降は、消費増税も含めた財源確保の議論が必要となる。これは「社会保障と税の一体改革」として、民主党分裂を伴う激論へ発展することとなる。

社保庁長官を本流に

総理・麻生太郎は7月21日、任期満了に追い込まれるように衆院を解散。その間隙を縫って、厚労省は24日付けで人事異動を行う。「民主党政権」になる前に、との思惑があったのは疑いようがない。

渡邉年金局長は社保庁長官に、栄畑潤《えばたじゅん》・官房審議官が年金局長に昇進した。渡邉は2010年1月発足の日本年金機構発足に向け、社保庁の〝しんがり〟を務める役割である。社保庁不祥事により、長官は民間人の村瀬清司、その後継に行政管理庁入庁で厚労省とは無縁の坂野泰治《ばんのたいじ》が就いたことはすでに触れた。それを年金官僚の〝本流〟に戻したのである。

厚労相・舛添要一の関心は年金局にないようだった。もっぱら「医系技官改革」で、医系技官の聖域となっていた医政局長に事務官の阿曽沼慎司《あそぬましんじ》・社会・援護局長を、医系技官の外口崇《とぐちたかし》・医政局長を事務官ポストの保険局長に据えるという、厚労省にとってありえない人事だった。年金官僚はしたたかに、そのドサクサを利用したと言える。

27日、民主党代表・鳩山由紀夫はマニフェストを公表。金看板である年金について、こう掲げた。

年金制度を一元化し、月額7万円の最低保障年金を実現します。

目新しいのは「7万円」の数字を強く打ち出したことだった。

根拠は、国民年金の満額月6万6000円（40年加入）だ。2004年に国会に提出した対案では、財源となる消費税の議論を避けて通れないため、数字は盛り込まれなかった。初めて「7万円」がマニフェストに入ったのは、岡田克也《おかだかつや》代表下の2005年9月の衆院選。ただし説明文の中でわずかに触れている程度だ。2007年参院選では、小沢一郎代表は年金に関し一切数字を入れさせなかった。そして今回、大見出しに数字が入ったのだ。

「7万円」に疑問を持つ声が無くはなかった。当時、「次の厚労相」の藤村修（後に官房長官）ですら、後にこう振り返っている。

「あれは明らかに間違いです。今そこで話を聞いている人には関係ない話です。二〇年後ないし二〇年後にそうなりますという話です。……あれは間違ったプロパガンダだったと思います」（『民主党を見つめ直す』毎日新聞社）

しかし「次の内閣年金担当」の「ミスター年金」長妻昭は入れることにこだわり、なし崩し的に載ってしまう。政権さえ取ればどうとでもなるという空気が、党内、それに国民の間にも蔓延していた。

8月30日投開票の衆院選は、民主党が308議席獲得（定数480）という、単独政党として過去最多の圧勝を果たした。自民党は1993年の政権交代選挙でも守った衆院第一党の座から初めて陥落した。

この日の夜、前出の権丈善一・慶應大学教授は、年金部会委員を辞任する旨を年金局事務方に伝えている。

「政策の方は勝手にやってくれ、政治と関係ない人生を歩もうと。ただ勝手に辞められないんだよね。後日、事務方に喫茶店に呼び出され、辞表を書かされた」

事務局は、新政権になる前に手続きを済ませたかったようだ。「委員を免ずる」との辞令は、舛添大臣最後の日、9月15日付けになっている。

大臣を拍手なしで出迎え

民主党は衆参で多数を占める盤石な体制を築いた。総理は鳩山由紀夫、党幹事長は小沢一郎の「小鳩」体制が組まれ、厚労大臣に長妻が就いた。

とりわけ年金官僚にとって長妻は〝天敵〟である。社保庁追及での事前のレクだけでなく、質問主意書の嵐に気が滅入っていた。

そんな彼らの思いは、長妻の初登庁時に露骨《ろこつ》に表れた。

9月17日午前10時、長妻は厚労省正面玄関に黒塗りの公用車で乗り付けた。大臣の初登庁では、事務次官以下幹部が拍手で出迎え、女性職員が花束を渡すセレモニーを行うのが習わしだ。しかし水田邦雄《みずたくにお》次官ら、黒いスーツを着た男たち50人は、こわばった表情で、手を前で組んで待っているだけ。水田は一応、「よろしくお願いします」と声をかけた。長妻は二度、「よろしくお願いします」と告げ、足を止めずにエレベーターに乗っていった。

官僚たちは示し合わせたわけでなく、自然とそうなったようだが、それほど長妻への敵意は根深いものがあった。あまりの大人げなさに、前任大臣の舛添が「長妻さんをいじめるな」と幹部を叱ったほどだった（『舛添メモ』小学館）。

午後2時、職員が庁舎2階大講堂に集められた。長妻は上着の内ポケットから折り畳んだ冊子を取り出した。民主党のマニフェストである。

「選挙前は、これが公約集でした。しかし、政権交代したいまは、これが国民の皆さんと新しい政府との契約書になるのです」

官僚たちは鼻白み、お手並み拝見といった様子であった。

長妻は、自身が掘り起こした「消えた年金記録」解消に着手するが、年金官僚の動きは鈍かった。2009年12月、長妻はその迅速化のため、国民年金保険料記録が漏れていると思われる期間が2年以内、などの一定の条件を満たせば、第三者委員会を通さず、年金事務所窓口で回復できるようにした。周知徹底を年金局幹部に発破をかけると、その幹部はこう応じるのみだ。

「朝礼を開いて周知しています」

訝《いぶか》しんだ長妻は、新たに設置した年金回復委員会委員長の磯村元史《いそむらもとし》・函館大学客員教授に、覆面調査を依頼した。すると社保庁の現場職員の多くは、長妻の指示を知らないのだった。年金局は、通達をしただけで「周知」したことにしていた（『招かれざる大臣』朝日新書）。

結局、長妻が退任する２０１０年９月までに１２００万人の記録が戻ったが、２０００万件は不明のまま。しかも、コンピューター入力前の７億２０００万件の紙台帳記録とオンライン記録を突き合わせる、気の遠くなる作業を始めねばならなかった。

人事の執念

肝心の「７万円の最低保障年金」の制度改革はどうなったのか。

年金局長・栄畑潤は念のため、長妻にこう尋ねている。

「年金制度改正に向け、有識者会議を発足させましょうか」

だが、長妻はこう答えるのみだったという。

「イヤ、君らが水面下で勉強しておいてくれ」（『毎日新聞』２００９年12月27日付）

長妻は年金記録問題に血道を上げたが、他にも新型インフルエンザ対策、雇用問題など喫緊の課題を抱えていた。年金制度に踏み込む余裕などないのだった。年金局は「勉強」という名の、民主党改革案のサボタージュを決め込む。

実はマニフェストには、逃げ道が記されていた。「具体策」として「年金制度創設のための法律を平成25（２０１３）年までに成立させる」と、４年かけるよう時間稼ぎをしていたのだ。

２０１０年２月26日の衆院予算委員会で、真綿で首を絞めるように問い詰めたのは、２００４

年改正時の厚労相・坂口力《さかぐちちから》だった。まず目をつけたのは「閣内不一致」だ。

「私どもは、民主党の年金についての将来構想に全面的に賛成しておるわけではございません」

そう応じたのは、連立を組む国民新党の亀井静香《かめいしずか》・郵政改革担当相。亀井は自民党政調会長を務めた経験があり、年金の一元化などできないと喝破していた。

坂口は「7万円」の財源となる消費税増税のスケジュールを問うたが、長妻は、

「4年後に新しい年金制度の法案を提出、成立させるということを申し上げておりまして、その際に財政再計算ということが必要になってくるというふうに考えております」

と具体策を示せなかった。

ようやく着手したのは、政権発足から半年たった2010年3月8日、鳩山を議長とする「新年金制度に関する検討会」が立ち上がってからだ。夏に控える参院選を前に、年金で積極姿勢を見せておく思惑があった。もちろん年金局が事務方に入ったが、主導権は政治側にある。

前出の古川元久は、国家戦略室長として事務局長に就いた。

「亡き今井澄さんたちが超党派でやってきた、新しい年金制度の基本的な枠組みを作ろうと考えたんですよ。ソフトランディングさせるために最低保障年金の7万という数字は消した。厚労大臣の長妻昭さんは『数字を入れろ』と言って、私とやりあいました。現実を考えれば、水準を約束するより形を変えることが大事ですから」

こうしてまず、「7万円」が葬り去られた。いまは下ごしらえの時期で、本格的な改革は7月の参院選を乗り越えてからだ。古川はそう考えていた。

ところが鳩山政権は、「新年金制度に関する検討会」が何の報告書も出さないうちに終わりを迎える。

2009年衆院選で鳩山は、沖縄県の米軍普天間基地について「最低でも県外移設」と、マニフェストに書かれていないリップサービスをした。だが結局、翌2010年5月4日、従来通りの辺野古《へのこ》移設を容認する閣議決定を出す。社民党が連立離脱した責任、それに参院選が控えており、6月2日、辞任を表明したのだった。わずか9か月の政権であった。

鳩山政権での年金局最大のイベントは、社保庁廃止、それに伴う2010年1月からの非公務員組織「日本年金機構」の発足であった。

年金局としては「本流」の渡邉芳樹・社保庁長官を、そのまま日本年金機構にスライドさせたい。しかし、麻生政権時代、理事長はコンピューターメーカー「日本NCR」出身の経団連常務理事・紀陸孝《きりくたかし》に決まっていた。そこで厚労省は、副理事長ポストに渡邉を押し込むべく画策する。

これに待ったをかけたのが長妻だ。理由は渡邉が、1996年の岡光事件（第六章参照）で、会食5回、ゴルフ5回の接待をされ、減給1か月の懲戒処分を受けたためだ。10年以上前の話で、しかも年金とは無関係だ。ただ長妻は、年金の信頼回復のため、過去の懲戒処分者を日本年金機構に移行させせない「分限免職」を掲げていた。「トップを例外にしては他の職員に示しがつかない」と、渡邉を定年まで4年を残し、退職に追い込んだのだった。

しかし厚労省はただでは転ばなかった。渡邉は退官から8か月後の2010年8月、スウェーデン大使に決まる。外務省に周到な根回しをして、長妻に知られぬよう進めていたのだった。長妻が知ったのは、人事の閣議決定の前日夜。外務省の人事とあって、長妻は粛々と閣議でサインするしかなかった。

異例の厚労出身総理秘書官

「新年金制度に関する検討会」が発足した直後の10年3月22日。春分の日の振替休日で静まり返った財務省を、権丈善一・慶應大学教授が訪れた。向かう先は、財務相・菅直人のいる2階大臣室である。

権丈は前述のように、民主党政権となって政治とのかかわりを断ち切っていた。菅サイドから熱心なアプローチがあったが、断り続けていた。だが菅はあきらめず、「財務大臣ではなく一国の副総理として会いたい」という妙な説得によって、人がいない祝日を指定されて面会することとなった。

前年度末の予算編成時に埋蔵金などないことを知った菅は、2月にG7に出席した際、ギリシャの財政危機を実感し、財政健全化の必要性を思い始めていた。一方で自民党は3月17日、20年度をめどにプライマリーバランス（基礎的財政収支）を黒字化するため、消費増税も視野にいれた「財政健全化責任法案」を国会に提出していた。

「菅さんは自民党に抱き着きたいと語っていました。もっぱら増税の話で、僕もそれしか方法はないと伝えた。帰りがけに、菅さんに『先生、ご協力お願いします』と言われたけど、僕は『嫌

です』と言って帰ってきたよ（笑）」（権丈）

その場で年金の話は出なかった。だが民主党の年金改革案を「毛針で魚を釣るような詐欺話」とこき下ろしていた、反民主党の象徴のような権丈を招いた事実は、菅本人が、改革案実現は不可能と考えていた証左と言えた。

その菅が、２０１０年６月４日の民主党代表選で小沢一郎が推す樽床伸二《たるとこしんじ》に勝利し、総理となった。

17日夕、菅内閣で官房副長官に就いた古川元久がホテルニューオータニで経済人と会食をセットしていた。前菜を食べ終えたあたりで、携帯電話が鳴った。相手は総理秘書官の山崎《やまさき》史郎《しろう》だ。

１９７８年厚生省入省の山崎は、２０００年施行の介護保険制度の策定過程にかかわり、「ミスター介護保険」と呼ばれ、次官候補と目されたエース官僚である。従来、総理秘書官は財務、外務、経産、警察で独占してきたが、菅は厚生大臣時代から目をかけてきた山崎を、最側近の政務秘書官に起用しようと考えた。しかし霞が関の論理をわきまえる山崎は固辞し、事務の秘書官に〝格下げ〟して就任する。

厚労省本流官僚の異例の官邸入りもまた、菅が現行の年金制度を変えるつもりはないシグナルと言えた。

その山崎が慌てている。

「大変です。総理が消費税を10％にすると言っちゃいました！　すぐ官邸に戻ってきてください！」

古川はコース料理を味わうことなく、官邸に戻り、5階の総理執務室に飛び込んだ。

「何を言ったんですか？　消費税を10％にすると言ったのですか？　大騒ぎになってますよ」

菅に悪びれる様子はない。

「俺はそんなこと言ってねえよ。消費税どうするんですかと聞かれて、自民党が10％に上げると言うんだから、それを参考にして考えると言っただけだよ」

「それって、言ったってことですよ！」

菅は午後5時、ラフォーレミュージアム六本木で開かれたマニフェスト発表会で登壇し、こう口にしていた。

「2010年度内にあるべき税率や改革案の取りまとめを目指したい。当面の税率は、自民党が提案している10％を一つの参考にしたい」

翌18日の新聞各紙は軒並み一面トップで「菅首相『消費税10％』検討　年度内に税率改定案『自民案、参考』自ら言及」（朝日新聞）などと報じた。

このサプライズは、大蔵省出身の古川の振り付けと疑われたが、古川はこう否定する。

「私は口酸っぱく、まかり間違っても消費税上げると言ったらダメですよと言ってきたんです。菅さんは財務大臣時代から『消費税を上げたい』と言っていた。当時、松井《まつい》（孝治《こうじ》・官房副長官）さんと『消費税を含めた税制改革の議論を行う。ここまでが限界で、ここを外れたことを言ったらダメですよ』と止めていたんです」

前述の「検討会」の「中間まとめ」が6月29日、政権をまたいでようやく出された。「年金一元化の原則」「最低保障年金の原則」など民主党案を堅持したとはいえ、最低保障年金の「7万円」は「一定額」とぼかされ、財源は明記されなかった。

一方で菅は、こんな記述をねじ込ませている。「新たな年金制度を構築するためには、現在、政府において検討を進めている、社会保障と税に関わる番号制度の導入が不可欠です」。後のマイナンバー制度である。

資産の一元管理は、徴税側の財務省にとって悲願だが、個人監視を嫌う反対派の声は大きく、なかなか実現してこなかった。しかし「消えた年金記録問題」で個人情報の「名寄せ」の必要性を国民が実感。その流れに乗り、民主党は2009年選挙のマニフェストで「税と社会保障制度共通の番号制度を導入」と掲げ、2010年2月に閣僚による検討会を本格始動させた。その会長が財務相兼副総理の菅であった。

消費増税と番号制度。気が付けば菅は、財務省の思惑通りの動きを加速させた。

参院選に突入すると、菅は消費税を巡って迷走する。低所得者層に消費税の還付制度を設けるとぶち上げたのはいいが、対象の年収が200万円、300万円、400万円……と、演説会場によって額が違うのだ。選挙戦を追うごとに支持率は急落した。

結果は、現職法務大臣・千葉《ちば》景子《けいこ》が落選するなど、民主党が10議席減の惨敗。参院の議席は過半数を割り、2007年参院選と攻守逆転した「ねじれ国会」に陥ってしまう。

「民主党政権というのはこの段階でほぼ終わったんです。民主党が目玉に掲げたものはすべて国会を通らなくなってしまった」(古川)

年金官僚OBが官邸入り

1994年改正時の年金課長・中村秀一は2008年7月に、社会・援護局長をもって退官。社会保険診療報酬支払基金理事長となった。2年の任期を終える頃は民主党政権となっており、天下りが禁じられたが、厚労省の勧めもあって、中村は公募のルールに従って応募し、再任された。そこに物言いをつけたのが、やはり長妻厚労相であった。一方基金側は、「民間団体に対する恣意的な介入」と反発、膠着状態になる。

2010年9月の内閣改造で、厚労相は厚労副大臣を務めた細川律夫《ほそかわりつお》に代わった。厚労省はそのタイミングを見計らい、再度、理事長人事をプッシュする。だが細川は「前の大臣がダメだと言ったものを覆せない。もう一回公募してくれ」と押し返した。中村は何だか馬鹿らしくなり、公募に申し込まず、理事長を1期で退任した。

中村に電話が入ったのは、そんな最中のことだ。

「馬鹿な大臣とケンカなどしてないで、こっちに来て社会保障改革を手伝えよ」

声の主は、菅内閣の大番頭として君臨する仙谷由人《せんごくよしと》・官房長官だった。仙谷は厚労族でなく、中村との付き合いは政治家と官僚の関係の域を出ない。なぜ声がかかったのか、中村は訝しんだ。

この時、仙谷は厚労省に人材を探していた。

先の参院選のマニフェストで、菅総理は「経済、財政、社会保障を一体として捉える経済政策」を唱えた。いわゆる「社会保障と税の一体改革」である。年金をテコとした消費増税が念頭にあるのは言うまでもない。仙谷はそれを進めるため、内閣官房に社会保障改革担当室をつくろうとした。官邸内に設置するなら、官房長官・副長官を補佐する内閣官房副長官補のラインに置くのが通例だ。しかし副長官補の佐々木豊成《ささきとよなり》は理財局長を務めた元財務官僚。仙谷は、民主党内に財務省アレルギーがあることを懸念し、厚労省出身者をヘッドに据えようと考えたのだ。

こうして10月28日、国家戦略室から仕事を引き継ぐ形で「政府・与党社会保障改革検討本部」が発足した。年金については前述の「新年金制度に関する検討会」から移行することになったわけだが、主役はもはや年金でなく、消費増税になった。そのトップの内閣官房社会保障改革担当室（以下、社保室）長に、中村が翌29日付けで就任した。

社保室はさながら霞が関の「ベスト&ブライテスト」の混成部隊であった。併任が財務省から佐藤慎一《さとうしんいち》、総務省から佐藤文俊《さとうふみとし》、専任参事官に財務省の矢野康治《やのこうじ》、厚労省の吉田学《よしだまなぶ》が就く。彼らはいずれも後に次官となっている。後に年金局長となる香取照幸《かとりてるゆき》・厚労省政策統括官は内閣官房内閣審議官も併任し、官邸官僚の顔も持った。企画官に年金局総務課長の大西友弘《おおにしともひろ》が就いた。

この陣容は、一体改革が菅政権の最重要政策であると同時に、「官僚主導」となったことを表していた。

中でも民主党年金改革案を真っ向から否定したのが香取である。

1980年入省の香取は早くから次官候補と目され、小泉純一郎内閣では内閣参事官として官邸入りし、飯島勲《いいじまいさお》・秘書官率いる「チーム飯島」のメンバーに。フランスOECD（経済協力開発機構）に出向経験があるからか、カラーシャツを着てスタイリッシュな雰囲気を醸し出し、周囲からは「カトリーヌ」と呼ばれる。国会議員や先輩官僚にも臆することのない豪胆な男である。

香取は、官房副長官の古川にこう詰め寄ったという。

「最低保障年金の財源はどうするんですか？　基礎年金の全額税方式は大変な財源がいりますよ。現実的にできるんですか？」

退官後、研究所を設立し、政府の「全世代型社会保障構築会議」メンバーも務める香取は、私の取材依頼に書面で回答してくれた。民主党案をこう一刀両断する。

「後に坂口元厚労大臣が国会質問で発言された通りです。幼稚園児のお絵かき。論評に値しない、一枚紙の絵。政策でも制度でもない、政治的プロパガンダです」

厚労省にとっては、基礎年金の国庫負担の財源確保、財務省は消費増税という思惑が一致していた。香取自身、「戦略的互恵関係」と捉え、財務次官・勝栄二郎《かつえいじろう》と組んで、一体改革の推進役を担っていく。

ほどなく菅総理、仙谷官房長官、野田佳彦《のだよしひこ》財務相、細川厚労相らとの顔合わせを兼ねた勉強会が開かれた。

中村はもちろん民主党年金改革案に賛成はできない。事前に山崎に告げた。

「民主党の年金案はおかしいと言うぞ。1枚ペーパーつくって、この部分とこの部分がやがてガンになると言おうと思う」

山崎は血相を変えた。

「それは止めたほうがいいです。収まりがつかなくなる」

中村は仕方なく、淡々と社会保障制度全般の説明を行った。終了後、仙谷は満足そうに中村に声をかけた。

「当たり前だけど即戦力だよな」

1か月半後の12月14日、今後のスケジュールを決める「社会保障改革の推進について」が閣議決定された。中村は、2011年半ばまでに「成案を得る」との期限を入れることにこだわった。

「民主党がこれまでしてこなかったことです。民主党は組織として気の毒なほど未熟でした。愕然としたのは、私が菅総理に、早く野党の協力をお願いした方がいいと提案した時、菅総理の返事は『それは前から俺は言っているけど、誰も動いてくれないんだ』でした。一国の総理が『動いてくれない』という組織は何なのかと」（中村）

この党の未熟さを実感していたのは、他ならぬ菅自身であった。緻密《ちみつ》な制度設計ができ、前述の「ベスト&ブライテスト」たちを率い、与野党政治家と渡り合える胆力のある人物は民主党内にいない。そこで思いもよらぬベテランの起用を決める。

年金局事業管理課長の更迭
「名官房長官」ともてはやされた仙谷だが、「自衛隊は暴力装置だ」など野党の反発を買う発言を連発し、野党多数の参院で問責決議をくらう。菅はその立て直しのため、2011年1月14日、内閣改造を断行し、官房長官を仙谷から枝野幸男へスイッチ。官房副長官の古川も退任した。

ここで社会保障・税一体改革担当を兼ねた経済財政政策担当大臣に迎えたのが、72歳の与謝野馨であった。

与謝野は安倍内閣で官房長官、福田内閣で経済財政政策担当相、麻生内閣で財務・金融担当相を務めた重鎮。前総理・鳩山の資金管理団体に、個人や献金していない人の名義が使われていた「偽装献金問題」が発覚した際、与謝野は「平成の脱税王」とこき下ろしている。だが野党暮らしに嫌気がさし、2010年4月に自民党を離党していた。

与謝野は、前述した自民党提出の「財政健全化責任法案」を取りまとめた張本人だ。菅が消費増税に舵を切るや急接近。裏切り者と言われようが、菅への協力を惜しむつもりはなかった。

与謝野は就任会見でいきなり、民主党の年金改革案を完全否定する。

「新しい方式に移行するには30年、40年かかる。(民主党案の税方式ではなく)国民が慣れ親しんできた社会保険方式で改革することが合理的だ」

1月21日には菅総理を議長とし、労働界、財界、学会、さらに新聞社幹部などからフルオープンでヒアリングを行う「社会保障改革に関する集中検討会議」の設置を決める。前出の「政府・

与党社会保障改革検討本部」の下部組織の位置づけだ。委員には、自民党政権で厚労相を務めた柳澤伯夫も入った。事実上、民主党案の稚拙さを白日の下にさらす会議であった。

当初、社保室は首相官邸向かいの内閣府本府1階の狭い部屋にあった。一方、与謝野の大臣室は、そこから首都高速都心環状線の道を隔てた中央合同庁舎4号館の5階。与謝野の秘書官・嶋《しま》田隆《だたかし》（後に経産次官、岸田《きしだ》文雄《ふみお》首相の政務秘書官）から「離れていては仕事にならない」と言われ、社保室は与謝野大臣室と同じフロアに引っ越すこととなった。

「社会保障制度改革は『刺身のツマ』になってしまった。私はだんだん孤立無援みたいになった」

古川元久はそう嘆く。

「社会保障改革担当室をつくる時、津島雄二さん、鴨下一郎《かもしたいちろう》さん、尾辻秀久さんら自民党厚労族や、公明党の坂口力（元厚労相）さんに根回しして、事前に了解をとっていた。『先生方の協力がないといけないのでお願いします』と、逐一相談や報告をしていた。ところが与謝野さんが大臣になった。そういう人たちから『なんで与謝野さんなんかがなるんだ。与謝野さんは社会保障には関心がない。関心があるのは財政再建だけだ』と不満を言われました」

2月2日、『朝日新聞』に「スクープ社説」が掲載された。

サラリーマンの妻を対象とし、自分で保険料を払わなくても国民年金に加入したことになる「第3号被保険者」。ただし夫が会社を辞めたり、妻が働き始めて扶養から外れると、通常の国民年金加入者の「第1号被保険者」への変更手続きが必要だ。ところが届出をしないために、3号のままになっている例が数十万人いることが発覚。これを前年3月の長妻厚労相時代、最近2年分の保険料は請求するが、それ以前は3号と認めることとした。いわゆる「運用3号」である。しかしこれでは、正直に1号に切り替えた人が不公平ではないか——との指摘である。

この事例が炙り出されたのは、日本年金機構職員にアンケート調査を行った長妻の功績には違いなかった。ただ問題は、救済したいあまり、法改正をせず、年金事務所による「運用」としたことだった。

官僚は法の執行者だ。とりわけ年金受給というカネに関することを法改正なしで済ませるなど、年金官僚にとってありえないことだ。しかし政治主導に抗えず、２０１０年12月、年金局事業管理課の橋本泰宏《はしもとやすひろ》課長名で、日本年金機構宛てに通達が出されたのだった。

この問題を国会で追及されると、総理の菅は、救済策廃止を決定。さらに細川厚労相は、報告を怠ったとして官僚に責任をかぶせた。事務次官・阿曽沼慎司ら5人を減給処分に、橋本課長を更迭することで幕引きを図った。これには鳩山政権で連立を組んだ社民党・阿部知子《あべともこ》すら呆れた。

「課長が独自で課長通達を出したわけではないですよね。本当に、こういうのをトカゲのしっぽ切りといいますよ」（3月9日、衆院厚労委員会）

年金官僚の民主党政権に対する不信感は、抜き差しならないものとなった。

更迭劇から3日後、東日本大震災が起きた。

ヨソノさん

政府は震災、原発対応に忙殺され、社会保障の議論どころではなくなった。消費増税を、年金ではなく復興財源に使うべきとの論調も出始めた。

中村が振り返る。

「集中検討会議は総理の出席が不可欠でした。ただこの非常時に一体改革の議論はできない雰囲気なので、まずいなとなりました。それでも関係各省のヒアリングは総理官邸の外で、こっそりとやりました」

そんな中、与謝野から一枚のコピーが社保室に届く。

「人の一生に大いなる差が生じて来るのは種々の事情はあるが、まず為さねばならぬことを為すと否とにある……」などと記された、哲学者・三宅雪嶺《みやけせつれい》の言葉であった。

与謝野の一体改革への執念を、中村らは感じ取った。

ゴールデンウィーク直前の4月27日、集中検討会議の再開に漕ぎつけた。

中村らが与謝野のリーダーシップに心酔する一方、肝心の厚労省の動きは鈍かった。2006年に後期高齢者医療制度改革を出したのを最後に、年金記録問題や政権交代の気運の高まりに忙殺され、厚労省の審議会が事実上ストップしていたのだ。年金官僚は、社保室の求めに応じて案を出すだけの、下請け仕事の姿勢になってしまった。

6月2日夕方、集中検討会議で改革案が提示された。

年金は、子育て支援、医療・介護に次ぐ3番目の位置づけ。民主党改革案である「新しい年金制度の創設」は「国民的な合意に向けた議論や環境整備を進め、実現に取り組む」と現実味を持たせなかった一方、低所得者、障害者の年金を増やすといった「現行制度の改善」は「税制抜本改革とともに、2012年以降速やかに法案提出」とずいぶん威勢がいい。民主党案を葬り去りたい年金局の意思は、しっかりと反映された。

「ここから政治プロセスに入ります」

与謝野は神妙に告げた。「2011年半ばまでの成案」、つまり6月末のデッドラインまで1か月を切っており、この後は、中村たち官僚の出る幕はなく、民主党内の政治闘争で決着させねばならないということだ。

そう言わざるを得ないのは、この日午前、党内が混乱の極みにあったからだ。

首謀者は小沢一郎である。

小沢は、民主党議員411人のうち、衆院約90人、参院約30人を占める小沢グループの「数」をバックに、消費増税反対の狼煙《のろし》を上げていた。国会会期末に野党が恒例行事のように提出する内閣不信任案に、同調する姿勢を見せるのだ。衆議院で民主党議員78人の賛成で可決されてしまうため、菅内閣が不信任となる可能性は十分あった。

不信任案の提出日が、この6月2日だった。ここで菅は、市民運動家上がりのしぶとさを見せる。本会議直前の民主党代議士会で「震災対応にメドをつけたら若い人に責任を引き継いでもらいたい」と辞任を表明。内閣不信任案が可決された場合の衆院解散を示唆しており、それで困るのは「風」で当選してきた選挙地盤の弱い若手議員たち。多くが小沢グループだ。

菅の博打《ばくち》は当たり、小沢を含め15人が採決を棄権、2人の議員が賛成票を投じたものの、不信任案可決は回避された。

民主党はもはや〝学級崩壊〟の様相を呈しており、中村は呆れる思いで見ていた。

「民主党議員は自分たちが法律をつくっているという与党の自覚が乏しかった。会合で、ある議員が手を上げて何を発言するのかと思ったら、私たち事務局に『こうしてほしい』といった陳情をするのです。真面目なのでしょうが評論家風で言いっぱなしでした」

説明する与謝野に向かい、

「ヨソノさん」

と、わざと間違えて呼びかける、子供じみた議員もいた。だが与謝野は表情を変えることはなかった。

党の一体改革調査会会長は仙谷由人。官房長官を退任した仙谷は、3・11東日本大震災を機に、官房副長官へ異例の復帰をしていた。それほど民主党の人材は枯渇《こかつ》していた。

仙谷はガス抜きの会を設けて小沢系にさんざん発言させつつ、デッドラインぎりぎりの6月30日、「成案」に漕ぎつける。年金の項目はいじらず、消費税10%への引き上げについて「2015年度までに」を「2010年代半ばまでに」とあいまいにした上、基礎年金の2分の1の国庫負担分に消費税1%分を充てるとの内容だった。

実はこの日、「政府・与党社会保障改革検討本部」が菅肝いりの「社会保障・税番号大綱」を提示している。「社会保障制度や税制を一体的に捉え、社会保障給付の効率性・透明性・公平性を高めようという観点から、それらのために必要な基盤として導入」と記され、この年秋以降に、関連法案を提出し、2014年6月に番号を付番するスケジュールを示した。その後の公募で、名称は「マイナンバー」となる。

こうして菅は、満身創痍《まんしんそうい》となりながら、年金を「刺身のツマ」に追いやりつつ、消費増税、マイナンバーの道筋をつけたのである。

「成案」決定後、与謝野主催で、社保室の打ち上げが行われた。与謝野の馴染みの料亭に、アルバイトの女性職員まですべての関係者を招いた。カメラが趣味の与謝野は、自ら、職員一人一人の写真を撮って回った。

菅は辞任の条件に、3・11の経験から目指した再生可能エネルギーの法案成立を持ち出すなど悪あがきを続けたが、2011年8月、その成立を受けてようやく退任。民主党政権3代目の総理に、財務大臣の野田佳彦が就いた。

年金改革に思い入れのある数少ない一人の古川元久が、与謝野の後任として初入閣する。だが一体改革のレールは敷かれており、出番はほぼなかった。

「9割方決まっていて、12月までにまとめないといけなかった。5%増税のうち、社会保障充実には1%しかあてず、4%は基礎年金国庫負担や財政赤字の穴埋めなどの借金返済にあてるという。私の思いとずれていましたが、その方向性を変えるには手遅れでした」(古川)

情報戦

一体改革担当の内閣審議官と、厚労省社会保障担当政策統括官を併任する香取照幸は、一体改革を進める中で、そもそも社会保障政策とは何なのか、根本の教育の必要性を考えていた。年金を政争の具にするのはもう終わりにしたいとの狙いもあった。

野田政権が発足した9月、香取は、部下である社会保障担当参事官・武田《たけだ》俊彦《としひこ》とともに、慶應大学三田キャンパスに権丈善一を訪ねた。厚労省に「社会保障の教育推進に関する検討会」を立ち上げ、権丈にその座長になってもらうためだ。検討会委員には、細野《ほその》真宏《まさひろ》、宮台《みやだい》真司《しんじ》、増田《ますだ》ユリヤ、研究者では広井良典、宮本《みやもと》太郎《たろう》といった個性あふれる面々がおり、委員の中からも「まとめられるのは権丈先生しかいない」との声が上がっていた。それは在野にいた権丈を発信力のある「応援団」としてチャネルを確保し、一体改革の議論を目の前の政権から自由にしようとする香取の狙いとも一致していた。

相変わらず民主党は党内抗争に明け暮れていた。一体改革の「成案」をさらに法案に落とし込む作業が必要で、野田総理は、党内手続きの期限を仕事納めの12月29日に定めた。

そこに小沢一郎が、消費増税反対の一点突破でゾンビのように立ちはだかる。12月に入り、小沢系議員が次々と離党。その数は11人に上った。

運命の12月29日、衆院議員会館で午後3時にスタートした会合は殺気立っていた。インド訪問を終えたばかりの野田が乗り込んでくる。

「離党者が出たのは極めて残念だ。しかし困難があってもこの国の将来のために避けて通れないテーマに結論を出そう」

などと得意の演説をぶったが、ヤジは止まらず、手がつけられない状況だ。9時間に及ぶ長丁場の末、日付が変わる直前、党税調会長の藤井裕久に一任するという〝胴体着陸〟で収拾を図る。消費税引き上げは「2014年4月に8％、2015年10月に10％」との文案に決定。司会役の党政調会長・前原誠司《まえはらせいじ》は議員会館裏口から逃げるように退散した。

小沢は完敗した。小沢系議員は、溜池山王交差点近くの居酒屋で明け方までやけ酒をあおった。


2012年の年が明けると、年金改革を巡って暗闘が繰り広げられる。

1月21日、内閣府経済社会総合研究所が「社会保障を通じた世代別の受益と負担」と題するペーパーを公表した。

社会保障の生涯純受給率（(受給－負担)／収入）は1950年生まれは1・0％の受益超過だが、若い世代ほど負担が増え、2010年生まれでは13・0％の負担超過に。その構造は年金、医療、介護の3制度に共通しており、「社会保障を通じた世代間不均衡は無視できない大きさ」と指摘する内容だった。

あくまで推計のデータを出したに過ぎないが、抜本改革が必要と受け取れる。注意書きに、同研究所の見解を示すものではないと記されているものの、表紙には内閣府のロゴが刻まれ、紛れもない政府の文書。実際、マスコミ各紙は、内閣府の試算として報じた。さらに筆頭執筆者は、第五章で登場した現行制度に批判的な鈴木亘・学習院大教授だ。民主党年金改革の最後のあがきであろう。

どういうわけかその直後の25日、ある試算がメディア各社に報じられる。民主党案の最低保障年金が実現すると、一体改革による消費税10％への引き上げとは別に7・1％もの消費税アップが必要で、しかもモデル世帯の年金額は現行より月額4万8000円減るというのだ。

実はこの試算、一体改革の議論が本格スタートした2011年3月、民主党が非公式に年金局数理課に打診したものだった。ところが改革案を否定する試算結果が出たために、あわてて蓋《ふた》をしたという。

それが絶妙なタイミングで明るみに出た。厚労省サイドのリークなのは疑いようがない。

前述の「社会保障の教育推進に関する検討会」は2011年10月11日にスタート。高校の教科書などの資料を逐一俎上《そじょう》に載せ、間違いを指摘していく。3回目の検討会で、武田参事官らは先の「内閣府ペーパー」を取り上げようと考えた。年金局としては、以前局内で試算した「将来の給付は負担の2・3倍」を検討会に提出し、内閣府ペーパーのいう「世代間不公平」の土俵には乗らないスタンスで打ち消そうとの思惑があった。

検討会開催の前日、武田が座長の権丈と打合せを行った。すると権丈は「そもそも年金局の計算もおかしい」と言い、このペーパーを議題とすること自体にストップをかける。

その夜、権丈は香取政策統括官に電話を入れた。

「年金局の西岡《にしおか》（隆《たかし》。現内閣参事官）さんと保険局調査課の佐藤《さとう》（裕亮《ひろあき》。現年金局数理課長）さんを、教育検討会に借りたい。内閣府のペーパーやそれに関する本を二人に渡して読んでもらって検討会で報告書をまとめるから、1か月待ってほしい」

ぐうの音も出ないような理論武装が必要と考えたのだ。権丈は、2人に「制度をつくるというような建設的な仕事でなくて申し訳ない」と詫《わ》びた上で、資料づくりに参加してもらった。

1か月後の4回目会合で27ページにわたる「社会保障の正確な理解についての1つのケーススタディ」が披露され、5つの「問題点」が記された。

1番目が「社会保険は、あくまでも保険であり、金融商品ではない」であった。例えば年金なら、いつまで生きるのか全く予測がつかない中で老後を生きていかなければならないというリスク「長生きリスク」や、インフレによる価値減少というリスクがあり、そのリスクヘッジが「保険」である。そのため、年金制度の便益を考える際に、負担と給付の割引現在価値を比較するという金融商品同様の比較方法をあてはめるのは間違えている。この点、年金局がかつて計算していた給付倍率の試算も、内閣府ペーパーと同じ土俵上の話にすぎず、年金保険を語るには適当ではない。

2番目の視点では、保険のリスクヘッジ機能を視野に入れるべきという最重要なポイントを、一歩譲った。仮に給付負担倍率を計算するとしても、保険料を払ってから給付を受けるまで時間差があり、貨幣価値が変わるため名目額の比較は意味をなさない。そこで「割引現在価値換算」

を行うが、その指標によっては世代間格差が大きく違ってくる。内閣府ペーパーは最も値の大きい「利回り」を使っているが、公的年金の給付は賃金との兼ね合いで決まっていくものなので、本来は「賃金上昇率」で比べるべきだ——。

内閣府の資料を厚労省が否定するという構図。検討会に出席した香取は、ペーパーを俎上に載せた理由について、こう語気を強めた。

「いまの社会保障制度に対して世の中がどんな理解をしていて、どういうことがちゃんと理解されていないのかということが非常によくわかる、いろいろな論点がこの中に入っている話なので、このテーマをお示ししたものです」

ここから年金局は「年金は金融商品でなく保険」との理論構築で、世代間不公平の議論を一蹴していく。

民主党年金改革案消滅

一体改革関連法案は3月30日、提出された。最低保障年金はこう記されて骨抜きになった。

「政府は、この法律の施行後3年を目処として、この法律の施行の状況を勘案し、基礎年金の最低保障機能の強化その他の事項について総合的に検討を加え、必要があると認めるときは、その結果に基づいて所要の措置を講ずるものとする」

この3年は、やるともやらないとも決めない、衆院議員任期満了は残り1年ほどだから、その

「検討」は次期選挙次第――という「霞が関文学」の真骨頂であった。そのタイミングで小沢一郎に近い副大臣、政務官4人が辞表を提出した。その中には、厚労副大臣の牧義夫《まきよしお》もいた。

6月15日、民主、自民、公明による「3党合意」が結ばれ、法案成立の体制は整った。小沢は断末魔の反撃に出る。噛みついたのは「年金改革などのマニフェストの後退」という原点回帰。もはや理由は何でもよいのだった。

26日、衆議院で法案は可決された。57人もの小沢系議員が反対票を投じ、小沢は間髪入れず、7月2日、衆参あわせて50人の議員を引き連れて離党。新党を立ち上げるのは4度目だが、「国民の生活が第一」なる冗談のような名称に、真剣みは感じられなかった。

野田は脇目もふらず法案成立に邁進する。8月8日、自民党総裁・谷垣禎一《たにがきさだかず》と公明党代表・山口那津男《やまぐちなつお》と会談し、「近いうちに国民の信を問う」と踏み込んだ。衆院任期満了まで1年近くあるというのにそこまで待たせないと明言したのだ。それを〝約束手形〟とし、10日、可決・成立した。

野田は所属議員の大量離党という返り血を浴び、消費増税への道を完成させた。

2012年9月の人事で、香取は一体改革法成立という実績を引っ提げ、年金局長に昇進した。前任の榮畑潤は医薬食品局長となった。一体改革を粛々と進めていくとあって、特に申し送り事項はなかったという。

9月26日、谷垣の3年の任期満了に伴う自民党総裁選で、安倍晋三がカムバックを果たす。

野田は「近いうち」と述べてから3か月後、11月14日の安倍との党首討論で解散を宣言。12月16日投開票の衆院選で、自民党は294議席（定数480）の圧勝。3年3か月ぶりに政権を奪還した。民主党は改選前の4分の1に減らす壊滅的敗北であった。

「国民の生活が第一」は、選挙前に滋賀県知事・嘉田由紀子《かだゆきこ》らと合流して「日本未来の党」となるなど迷走し、改選前61議席がわずか9議席に。小沢は当選こそしたが、その後、政局の中心に据わることはなかった。「年金」をテコに政治を引っかき回し続けた小沢は、最後は「年金」で敗れた。

政権交代、そして香取の年金局長就任によって、いよいよ民主党年金改革案は〝安楽死〟に追いやられる。

選挙の公示直前の11月30日、慶應義塾長・清家篤《せいけあつし》を委員長とする「社会保障制度改革国民会議」がスタートした。一体改革法により1年の時限で設置され、この場で年金制度の結論を得るという会議。事務局長は社保室長・中村秀一が兼務した。

当然自民党が主導権を握り、民主党の年金改革は歯牙にもかけられない。

並行して自公民の3党協議が開催されるが、民主党側の責任者の長妻昭は「3党協議で早く年金の一元化を協議し、社会保障制度改革国民会議で議論してほしい」などと主張。一向に話は収《しゅう》斂《れん》せず、協議はフェードアウトした。

翌2013年6月、国民会議は民主党の年金改革案を棚上げすることで合意。怒った民主党は、

3党協議からの離脱を通告したが、与党は願ったりかなったり。8月、同会議は安倍総理に報告書を提出し、役割を終える。

その中では年金制度改革について、

「基本的に年金財政の長期的な持続可能性は確保されていく仕組みとなっている」

と、民主党案をスルーし、以下のようにとどめを刺す。

「改善すべき課題は残されているが、現行の制度が破綻していないという認識を、一体改革関連法案の審議の過程で、当時の総理大臣も答弁している」

確かに「当時の総理大臣」野田は、こう述べていた。

「現在の年金制度があと数年で破綻するとかということはございません。マクロ経済スライド等を導入することによって安定化を図っておりますし、平成21（2009）年の財政検証でも将来にわたり年金財政の給付と負担の均衡が図られていることは確認をされています」（2012年3月31日、参院予算委員会）

野田は2004年年金改正の後、舌鋒《ぜっぽう》鋭く「今回の年金改革は明らかに破綻しています」（2004年8月4日、衆院財務金融委員会）と斬り捨てたものだが、あっさり転向していたのだ。

こうして2003年に形づくられた民主党年金改革案は、10年の時を経て、1ミリも前に進むことなく、闇へと葬り去られた。

「支給開始年齢引き上げ」が死語に？

２０１２年11月、慶應大学教授の権丈善一は前出の「社会保障制度改革国民会議」委員に登用された。事務局の数人の年金官僚が、慶應大学三田キャンパスにある権丈の研究室を訪ねてきた。その中の肉付きのいい四角い顔の男が言った。

「支給開始年齢の話を正したい。これを言っているのは先生しかいない。是非、協力をお願いしたい」

終章で詳述する「年金の鬼」と称された度山徹《どやまとおる》・内閣府政策統括官社会システム担当参事官である。

本書ではこれまで、年金官僚が支給開始年齢引き上げを巡り、政治に煮え湯を呑まされてきた経緯を書いてきた。２００４年改正のマクロ経済スライド導入で、保険料引き上げ、年金支給額の引き下げに終止符が打たれた。しかし支給開始年齢の問題はまだ残っていた。

そこに一石を投じたのが、権丈である。

「僕は２００４年改正後も対談などで『支給開始年齢引き上げが大切』などと語っていた。年金局は民主党政権下でその画策をしていた。僕は絵に描いて説明したくなるタイプで、マクロ経済スライドを図にして眺めていた２０１０年ころ『支給開始年齢引き上げの議論は意味がないんじゃないか』と気づいた記憶がある。世の中のみんなが当たり前として論じ、自分も当たり前と信じていたストーリーの間違いに気づくことは、なかなか難しいんだね」

こういうことだ。

2004年改正時以前の支給開始年齢引き上げの議論は、これから年金をもらう人（新規裁定）の給付を下げる目的だった。だが2004年改正で、すでにもらっている人（既裁定）まで範囲を広げ、収支のバランスをとることとなった。そうなると、財政をバランスさせるための支給開始年齢引き上げは不要となる。さらに、旧来型の支給開始年齢の引き上げで浮いた将来世代の人たちの給付カット分は、いまの年金受給者にも分配され、いわゆる「年金の世代間格差」の議論の必要がなくなる。

自身の仕事などの状況によって繰り下げをして、受給開始の時期を決めると良い。日本の公的年金保険制度は、実質的には60歳から70歳までの「受給開始年齢自由選択制」である——。

こうした説明は当時どこでもされておらず、NHKの番組が、この国の公的年金は「受給開始年齢自由選択制」と指摘すると、社会保険労務士から「そうした話は自分が勉強をした本のどこにも書かれていない」とクレームが届いたという話まであった。

権丈は、年金局数理課の佐藤裕亮に、受給開始年齢自由選択制の図を描いたメールを送った。佐藤は一瞬、「これはなんだろう?」と思ったという。ただ言われてみれば、60歳から70歳までの「受給開始年齢自由選択制」であり、年齢と給付額の関係を結ぶ年齢・給付線が下方にシフトしていくのがマクロ経済スライドであり、新規裁定者に対して年齢・給付線が右にシフトするのが従来の支給開始年齢の引き上げだ——と理解した。この抽象化は、65歳を起点に、繰り上げ率、繰り下げ率を表で示していた年金局にはなかった発想だった。2004年改正時の年金局幹部は権丈に「私がつくった制度は、こういう意味があったんですね」と感心したほどだ。

年金局が支給開始年齢引き上げの〝呪縛《じゅばく》〟から解放される、願ってもないロジックである。

こうして「支給開始年齢引き上げの話は無意味」と、権丈と同じ考えに達していた度山が訪ねてきたのだ。年金局を離れ、長く内閣府などにいた度山も、支給開始年齢の引き上げをまだ言っていた年金局、そして支給開始年齢の引き上げに関する世論の誤認を正す必要性を感じていた。

権丈は快諾《かいだく》したものの、人が信じ切っている考えを変える前途の難しさは予感していた。しかも「社会保障制度改革国民会議」会長は、自身が所属する大学の塾長・清家篤。66歳や67歳といった支給開始年齢引き上げをすべきとの考えの持ち主だ。

年金官僚は巧妙に軌道修正を図る。官邸2階大ホールで行われた会議では、議題の一つに支給開始年齢が挙げられた。序盤は踏み込んだ議論はあえてせず、中盤を過ぎた第12回で、大臣官房審議官の蒲原基道《かもはらもとみち》（後に次官）がこう発言した。

「一律の見直しというよりも弾力化という意味合いも含めて、繰り上げ、繰り下げ受給の設計も考えていかなければならない」

「弾力化」のワードを使い、「支給開始年齢」の議論から逸らすことを狙ったのだ。ここまでこの問題に触れてこなかった権丈も、13回会合で口を開く。

「（マクロ経済スライド下で繰り上げ・繰り下げ受給を利用すれば）低い年金給付を長くもらうか、あるいは高い年金給付を短くもらうかの「縦」掛ける「横」の面積というものは変わらなくなってきます。この国は60歳から年金をもらえると言っているのですけれども、早く、年金の繰り下げ受給ということが自然に起こっていけば支給開始年齢の引き上げと同じ形になってくる」

ただし会長の清家は、その場でこう釘を刺している。

「年金の支給開始年齢については、やはり老後にしっかりとした年金給付を維持するためにも支給開始年齢、標準的な年金を受け取り始める年齢という意味かもしれませんけれども、支給開始年齢の引き上げというものも考えていく必要がある」

清家は事務方に不信感を抱き始めたようだ。事務局の中村秀一・社保室長や審議官・吉田学（後に次官）が会議の打合せに出向くと、清家から「僕に支給開始年齢を言わないように来たんだろ。官僚は信用できない」と嫌味を言われるのだった。

そしてついに2013年8月に出された報告書「確かな社会保障を将来世代に伝えるための道筋」で、こう盛り込むことに成功する。

> これまで、年金の支給開始年齢については、将来の年金の給付規模の伸びを抑制する観点から、専ら年金財政上の問題として議論されてきた。しかし、2004（平成16）年の制度改革によって、将来の保険料率を固定し、固定された保険料率による資金投入額に年金の給付総額が規定される財政方式に変わったため、支給開始年齢を変えても、長期的な年金給付総額は変わらない。
>
> 以上のような状況を踏まえると、今後、支給開始年齢の問題は、年金財政上の観点というよりは、平均寿命が延び、個々人の人生が長期化する中で、ミクロ的には一人一人の人生に

おける就労期間と引退期間のバランスをどう考えるか、マクロ的には社会全体が高齢化する中での就労人口と非就労人口のバランスをどう考えるかという問題として検討されるべきものである。

つまり、マクロ経済スライドの導入によって、旧来型の給付規模の伸びを抑制する観点からの支給開始年齢引き上げの話は不要になったことが、初めて公に明記されたのだった。何歳から年金を受給し始めるかという問題は、年金財政と関係なく、「一人一人の人生」の選択と位置付けた。これで年金官僚は、政治パワーの必要なこの問題から、ようやく逃れることに成功する。

2004年改革の意味をいち早く気づいた権丈は、結果的に、支給開始年齢引き上げの〝呪縛〟に苦しめられていた年金官僚を、救う形となった。しかし、「いい思い出ではない」と私の取材に振り返った。

「あの頃、度山さんは、記者たちもみんな理解してくれない中、とてもよく頑張っていたと思う。でも僕と一緒に民主党の年金改革案や積立方式案などを批判していた人たち、吉原（健二・元次官）さんや坪野（剛司・元数理課長）さんたちは、最後まで理解してくれなかった。支給開始年齢引き上げの話を現役は言えないだろうから、自分たちが言ってあげようという感じだった。

仲間と思っていた彼ら『年金綜合研究所』（2012年に設立されたシンクタンクで設立シンポジウムでは権丈が記念講演）主催の定期的な記者達との勉強会にも突然呼ばれなくなり、邪魔者扱いされるようになったよ（笑）。支給開始年齢の話では、かなり嫌な思いをしたね」

2014年1月、第一次安倍政権を苦しめた「消えた年金記録問題」の幕引きも図られた。厚労省の社会保障審議会年金記録問題特別委員会が、持ち主の特定は約2983万件、未解明は約2112万件と最終集計を公表し、安倍内閣が了承。オンライン記録との照合はほぼ終わり、今後は「申し出があれば対応する」ことに。予想されたことだが、「最後の1人、最後の1円」は掛け声倒れに終わった。この問題対応に投じられた税金は、4013億円に及んだ。

2月、中村秀一は社保室長を退任した。

中村には、官僚たちが、民主党政権下の政務三役主導の政策決定によって、萎縮しているように映っていた。

「役人が外部と接触することは否定的に捉えられ、内向きの傾向が強まった。厚労省が特に顕著でした。大臣に命じられてでしょうが、民主党政権下で幹部たちが唯々諾々と法的根拠のない文書を発出していた。典型的な行政指導であり、違和感を持ちました」（中村）

「モノ言う」年金局長・香取の就任もあって、年金官僚は息を吹き返すかに思われた。

そこに年金記録問題で煮え湯を飲まされた塩崎恭久が、厚労大臣として乗り込んでくる。秀才で鳴らし、こだわりの強い、似た者同士の二人が相まみえることとなる。

第八章　ＧＰＩＦ改革の真相

世界最大の年金ファンド

地下鉄虎ノ門駅のすぐ北側に、茶色のタイル張りの広場がある。そこに佇めば、自然と目線は国道1号の向こう側にある1933年建設の庁舎と、地上33階の超高層庁舎から成る文部科学省に向くだろう。それに比べ、広場に面した地上17階のオフィスビルは、印象に残らない。日土地ビルといい、竣工は1974年8月だ。

かつてその2階のフロアに、年金積立金管理運用独立行政法人（ＧＰＩＦ）が入居していた。読んで字のごとく、年金積立金を運用する法人で、2023年末時点で運用資産額は約225兆円。公的年金を扱うファンドでは世界最大で、アメリカのブラックロックに代表される民間の資産運用会社に交ざってもトップ30にランクインするほどの規模だ。少しでも資金を動かすと大きな波紋を呼ぶことから、「市場のクジラ」と呼ばれる。

年金積立金は大蔵省資金運用部に全額預託され、一部を厚生省所管の特別法人・年金福祉事業団（年福）が運用してきたが、財政投融資改革で預託制度は廃止。その経緯は第六章で詳述した。2001年4月から、年福は「年金資金運用基金」に衣替えして、積立金の全額運用を担った。2004年の年金法改正時、積立金の運用手法の見直しが求められたため、2006年4月、独立行政法人としてスタートしたのがGPIFである。それまで理事長ポストは歴代、厚生官僚の天下り先で、基金最後の理事長は年金局長を務めた近藤純五郎《こんどうじゅんごろう》・元厚生次官だが、GPIF初代理事長は、日本銀行監事の川瀬《かわせ》隆弘《たかひろ》で、以降、民間人が就いている。

ただしこの改革は、年福がグリーンピア（大規模年金保養基地）などで積立金を無駄遣いしてきたことに端を発しているだけに、徹底したコスト削減が求められた。理事長の年収は2100万円、理事は理事長を含めて2人、職員は70人ほど。家賃の安い神奈川県に移転するという計画もあった。前出の世界最大の運用会社・ブラックロックは、CEOの年俸が数十億円、従業員は1万8000人いるから、GPIFは「クジラ」と呼ぶにはあまりに貧弱だった。

民主党の国会議員たちが、GPIFに視察で乗り込んだ時のこと。古びたビルの1フロアだけで、ひっそりと業務が行われているのを見て、ある議員が苛立った。

「ディーリングルームはどこだ！」

担当者はこう答えた。

「すみません。自分でやっていないので、ディーリングルームはありません」

GPIFは、運用といっても、職員自らが行っているわけでなく、外部の運用機関に委託しているからだ。

証券会社のような熱気をイメージしていた国会議員たちは、拍子抜けしたのだった。

2012年12月26日、安倍晋三《あべしんぞう》は政権に返り咲いた。「大胆な金融政策」「機動的な財政政策」「民間投資を喚起する成長戦略」の「3本の矢」を打ち出す。市場は反応し、12月28日の東京株式市場大納会では、日経平均株価1万0395円で年内最高値を記録。この年の1月4日の大発会が8560円と29年ぶりの安値だったことを考えれば、安倍の経済政策は見事なスタートであった。

この「アベノミクス」をテコに、GPIFは真の「市場のクジラ」となるべく翻弄《ほんろう》されていく。主導したのは、年金が所管外の官僚であった。

金融庁の執念

年の瀬の政権交代劇とあって、霞が関官僚に2013年の正月休みはなかった。1月2日が事実上の仕事始めで、元日に出勤した官僚もいた。

1月3日、経済政策の司令塔となる「日本経済再生本部」が内閣官房に発足。部屋は、首相官邸前の合同庁舎8号館2階。民主党政権時の国家戦略室をそのまま引き継いだ。

同本部を所管するのは、経済産業大臣を経験した「商工族」の甘利明《あまりあきら》・経済再生担当相。同本部の事務局は、初代内閣情報官を務めた元警察官僚の杉田和博《すぎたかずひろ》・官房副長官をトップに据え、各省エースが「人狩り」された。次長に財務省から飯塚厚《いいづかあつし》・理財局次長、経済産業省から赤石浩《あかいしこう》一《いち》・官房審議官、内閣府から田和宏《たわひろし》・人事課長の3人が就いた。ただ蓋《ふた》を開ければ、スタッフ50人ほどのうち3分の1が経産省出身で、安倍内閣が「経産省主導」であることを印象づけた。

この日、月内発表の緊急経済対策づくりに追われる内閣府政策統括官・石井裕晶《いしいひろあき》の元を、財務省や金融庁の幹部が訪ねた。

「公的年金の問題をきちんと考えるべきではないか。リスク管理やガバナンスの問題がある。リスクマネーの供給という観点からもＧＰＩＦについて成長戦略の中に位置づけることはできないのか」

そう要請したのが、金融庁総括審議官の森信親《もりのぶちか》である（軽部謙介『官僚たちのアベノミクス』岩波新書）。

学生時代に国際問題に関心を持ち、東大の理科二類から教養学部（国際関係論）に「文転」したという森は、１９８０年に大蔵省に入省。配属先は国際金融局国際機構課だった。米州開発銀行財務局次長や、ニューヨーク総領事として海外の現場を踏み、２００６年に金融庁に移る。

２０１２年の日銀の統計によれば、日本人は金融資産のうち55％が現金・預金、株式や投資信託などの有価証券は14％。米国はその逆で、有価証券が5割超、現金・預金は15％だ。アメリカ人の家計資産は１９９５年に比べて２・５倍に増えているのに、日本人は１・５倍にとどまっているのは、日本がデフレだったこともあるが、そのポートフォリオ（金融商品の組み合わせ）も要因の一つだ。

日本人はカネの運用方法が根本的に間違っている。成長分野への資金配分が十分行われていない。日本全体のポートフォリオを見直すべきだ――。そうした考えを森たち金融庁は持ち、発信もしてきた。「貯蓄から投資へ」である。

その典型的なケースがＧＰＩＦである。ポートフォリオは、安全確実な国内債券が67％、残りを国内株式、外国債券、外国株式それぞれ約10％ずつ分けていた。これは、２００１年の基金設立時からほぼ変わっていない。

もっとも、ＧＰＩＦの資産をリスクマネーにまわすべきとの議論は新しくない。

民主党政権時代の２００９年11月、厚労相・長妻昭《ながつまあきら》の下に「年金積立金管理運用独立行政法人の運営の在り方に関する検討会」が設置された。メンバーは２０２３年に日本銀行総裁となる植《うえ》田《だ》和男《かずお》・東大教授を座長とした有識者で、事務局は年金局総務課が務めた。長妻が安全運用派ということもあって、12回に及ぶ議論でも結論は出なかった。

だが２０１２年７月、「財務省寄り」と目される野田佳彦《のだよしひこ》首相の下で閣議決定された「日本再生戦略」ではこう記された。

約１００兆円ある年金積立金管理運用独立行政法人の資金を始めとする公的・準公的な資

金について、我が国の運用立国としての地位の確立といった観点も含め、資金の性格を考慮した上で、成長性のある分野に活用していくことの可能性について検討する。

民主党政権のパワー不足もあってGPIF改革に着手できなかったものの、後ろ向きの厚労省と、前向きな財務省・官邸という構図が浮き彫りとなった。

金融庁は、アベノミクスの機を捉え、一気呵成《いっきかせい》に動き始める。

森の問題提起を内閣府は積極的に受け止め、日本経済再生総合事務局では、経産省出身の赤石浩一次長がこの問題の担当となった。1月11日閣議決定の「『日本経済再生に向けた緊急経済対策』について」では、「年金・共済等の公的・準公的資金のより高度な運用・リスク管理体制の構築に向けて、各資金の規模や性格に見合った改善策を検討する」と記された。

3月20日、アベノミクスの「大胆な金融政策」を体現すべく、アジア開発銀行総裁の黒田東彦《くろだはるひこ》が日銀総裁に就任。4月4日、就任後初の金融政策決定会合で大規模緩和を決めた黒田は、「2%、2年、2倍」というパネルを出し、「物価目標2%を2年で達成し、マネタリーベース（資金供給量）を2倍に増やす」旨を打ち出した。「異次元緩和」である。

安倍官邸のすさまじいロケットスタートに、自民党本部も呼応する。

安倍の〝お友達〟高市早苗《たかいちさなえ》・政調会長を本部長とする「日本経済再生本部」は、GPIF、厚労省、投資顧問業協会、ベンチャーキャピタル企業を呼び、ヒアリングを行った。

出席議員からは、「公的年金のカネでベンチャー市場育成は本末転倒、やりすぎ」との声も上

がったものの、

「日銀が異次元緩和という大きな政策選択をして金融市場が大きく動いている。長期金利も動いている、上昇トレンドが続いてインフレになったら年金はどうするつもりだ！　運用利回りも運用目標も根本的に変えるべきだ」

「いまのままでは低コスト低リスク低リターン。市場競争力のある処遇条件で人材を登用して積極的に運用すべき」

と前のめりの発言が目立った。

この場に出席しながら、今後、金融庁、内閣官房、自民党がどう攻め込んでくるのか、それにどう「受け身」をとればいいのか、冷静に考えを巡らせていたのが、ＧＰＩＦを所管する年金局長・香取照幸《かとりてるゆき》であった。

同期のバトル

香取は、以下のような整理をしていた。

ＧＰＩＦ改革は「３本の矢」の３つ目の「成長戦略」なのだろう。その中身は、民間主導の成長を目指した規制緩和など多種多様な改革の束であり、ＧＰＩＦ改革がアベノミクス全体の理論的バックボーンや政策体系・政策哲学とどのように関わり、どういう時間軸・因果律・起承転結関係になるのか、ということについて、アベノミクスを主導する経済産業省だけでなく、内閣府、金融庁からも体系的な解説は行われていない。

なぜ資金の性格上も法令上も運用に制約のある年金資金が、率先してリスクマネーへの資金シフトをせねばならないのか。それこそ民間主導でやるべきではないのか。公の金を動かして民間に追従させる発想は、あまりに20世紀的ではないか、との議論もある。

しかしながら、金融庁の政策意図は理解できる。来年、2014年には財政検証が行われ、年金運用のあり方についても議論することになるのだから、現政権の推進するアベノミクスによって資金運用の局面が大きく変わるのであれば、その外在的要因の変化に合わせて運用の見直しを行うことはむしろ当然であり、アベノミクスにより実現される「『緩やかなインフレ基調への経済環境の変化』に対応した資金運用の見直し」を行うことによって、「アベノミクスの果実を確実にゲットするための改革」を行うことそれ自体は、公的年金資金の運用のあり方としておかしくない――。

2013年4月下旬、香取は森信親と正式に対峙した。二人は、1980年の霞が関入省同期とはいえ、個人的な付き合いはなかったという。前掲の『官僚たちのアベノミクス』によれば、初めは香取が金融庁に出向くはずだったが、金融庁サイドは「こちらからお邪魔させていただく」と返答。森が厚労省年金局長室に乗り込む形になった。

金融庁側の言い分はこうだった。

「GPIFもそうだけど、国債に過度に依存している運用は実は非常にリスクが高い。国債は国の信用がついているからリスクフリーだというけど、このまま財政赤字がどんどん大きくなって国債の信認が下がったら国債だっていつ吹っ飛ぶかわからない。金融市場全体のリスク軽減という意味でもバランスをとらなければいけないんだ」

香取は理解を示しつつ、森に対しこう言い返した。

「財政赤字が拡大したときのリスクというのは確かにありますから、それはその通りです。でも、『国債だってリスクフリーじゃないですよ、財政赤字が拡大すると国債が飛ぶかもしれないんだから、国債をあまり持っていると危ないですよ』って、政府の一員である金融庁が大きな声で言って歩くんですか？」

安倍官邸、すなわち内閣官房日本経済再生総合事務局は着々と手を打っていった。6月14日、「JAPAN is BACK」という自己陶酔的な副題をつけた「日本再興戦略」を閣議決定し、こう記した。

> 公的・準公的資金について、各資金の規模・性格を踏まえ、運用（分散投資の促進等）、リスク管理体制等のガバナンス、株式への長期投資におけるリターン向上のための方策等に係る横断的な課題について、有識者会議において検討を進め、提言を得る。

さらに「本年秋までに結論」と尻を叩いた。民主党政権と雲泥の差のスピード感である。

この記述を受け、「公的・準公的資金の運用・リスク管理等の高度化等に関する有識者会議」が設置される。

香取は、受けて立つなら、自分が事務局になって受けられる議論は一緒にやろう、と意気込んだ。実際、総理決裁「有識者会議の開催について」では「会議の庶務は、内閣官房日本経済再生総合事務局及び厚生労働省において処理する」と記され、金融庁との共同事務局となった。

会議座長は伊《い》藤《とう》隆敏《たかとし》・東大大学院教授。伊藤は、２００８年の経済財政諮問会議専門調査会の会長として、公的年金を高い利回りで運用するよう進言していた。メンバーは、経団連（日本経済団体連合会）と連合（日本労働組合総連合会）から入れたとはいえ、ＪＰモルガン証券、大和総研、野村総合研究所の面々で、方向性は決まったようなものだった。

通称「伊藤委員会」は、閣議決定通り、11月20日に報告書を出す。

「デフレからの脱却を図り、適度なインフレ環境へと移行しつつある我が国経済の状況を踏まえれば、国内債券を中心とする現在のポートフォリオの見直しが必要」

「新たな運用対象（例えば、ＲＥＩＴ・不動産、インフラ、ベンチャー・キャピタル、プライベート・エクイティ、コモディティなど）の追加により運用対象の多様化を図り、分散投資を進めることを検討すべき」

「公的資金」には郵便貯金もあるはずなのに、検討会のターゲットはＧＰＩＦに絞っていた。まさに森ら金融庁が考えていることを、明文化する内容だ。伊藤委員会はキーワードとして「フォワード・ルッキングな（先行きを見据えた）」を使った。日本銀行の政策で使われてきた金融用語だが、改革を進めるには、新鮮な響きであった。

（フォワード・ルッキングでない運用なんてあるのかな……）

香取はそう思わないでもなかった。

ここから新たなフェーズに移っていく。リスクをとった運用を扱う組織をどうするか、という組織改革である。今のような貧弱な組織体系で良いわけはなかった。

1年後、この問題に強いこだわりを持つ政治家が香取の前に立ちはだかる。

フォワード・ルッキング

第一次安倍政権で官房長官を務めた塩崎恭久《しおざきやすひさ》は、第二次政権では、高市早苗政調会長の下、政調会長代理を務めた。

安倍は、塩崎を入閣させるつもりでいたが、第一次政権失敗の〝戦犯〟扱いされていたこともあり、思いとどまったという。周囲にはそんな解説をしていた。

「塩ちゃんの能力が高いのは誰もが認める。ただ頭が良いことを鼻にかけ、嫌う人も多い。代理として汗をかいて『意外といい人なんだ』と評価されたら、大臣に相応しいと思ってもらえる」

塩崎は、党経済再生本部長代行として、政府の「日本再興戦略」をバックアップする役割を担った。

年金積立金の運用をどうすべきか。塩崎の脳裏には、若手議員だった頃の風景が刻まれていた。

1998年、議題が金融機関の不良債権処理一色となった「金融国会」で、塩崎が自民党・石原伸晃《いしはらのぶてる》、民主党・枝野幸男《えだのゆきお》らとともに「政策新人類」と呼ばれた頃、ミレニアム改正に向け、年金不安が巻き起こっていた。

塩崎は若手ながら、ニューヨークへ行ってCNNのインタビューを受ける幹事長・加藤紘一《かとうこういち》のサポートをしたり、加藤や政調会長・山崎拓《やまさきたく》らと、対策案を練ったりしていた。

塩崎が振り返る。

「山崎さんを見ていると、ご自分では言わなかったけど、PKOの臭いがするんだよね。本能的、直感的に自分たちの年金掛け金が、株の道具に使われているのではないかと心配になった」

PKO（Price Keeping Operation）とは、公的資金を使って株を買い支える経済対策だ。当時、年金積立金の大蔵省への預託制度は残っていたが、20兆円以上を年金福祉事業団が運用していた。金融不安で株価が下落する中、どうやら年金積立金で買い支えをしていた節があった。

ただ世間では、それはあってはならないと考えられていた。実際、1998年6月の厚生省の「年金積立金の運用の基本方針に関する研究会」報告書では、PKOに積立金を使わない方針を盛り込んでいる。

時を経て、塩崎は第一次安倍政権の官房長官として、年金記録問題対策に忙殺され、国民の年金に対する不信を嫌と言うほど思い知らされる。

「政治と年金は、変なかかわりは絶対したらいかんと思った。GPIFに政治が手を突っ込むような仕組みは、絶対やめたほうがいい」

一方で、積立金を効率よく運用し、最大限の運用益を上げ、年金原資の充実に努めることも重要だ。何という保守的な運用をしているのか、との金融関係者からの声も、塩崎は直に聞いていた。

ガバナンス改革が不可欠。それは運用改革とセット――。塩崎はそんな思いを強くした。

「ガバナンスのためのガバナンスをやってもしょうがない。経済の伸びに合わせて運用するのは常識。伸びがストレートに出るのは株。日本企業はそう伸びていないから、外国株の比率を上げる必要がある。みんなが信頼して、透明性のある良い運用をするための、ガバナンスだ」

明けて2014年1月22日、スイスの雪深い山村でのダボス会議（世界経済フォーラム年次総会）で安倍は基調演説を行った。日本の歴代総理で初めてであった。そこでこう語った。

「1兆2000億ドル（約130兆円）の運用資産をもつGPIFについては、そのポートフォリオの見直しを始め、フォワード・ルッキングな改革を行います。成長への投資に、貢献することとなるでしょう」

「フォワード・ルッキング」は、GPIFを巡る合言葉となり、運用改革が「国際公約」にまで昇華された。

2度目の数理課長

年金制度の5年ごとの〝健康診断〟「財政検証」は、年金局数理課にとって最も重要な仕事だ。公表される日本の将来推計人口などを受け、1年以上にわたり、どのような経済前提とするか専門家の議論を受けながら計算していく。年金法改正の根拠となるため、ミスは許されない。公表後も、政権や国会議員からの問い合わせに応じなければならず、その激務から、歴代の数理課長が携わるのは、制度黎明期をのぞけば、一度きりだ。

だが、2014年6月3日公表の財政検証を担った山崎伸彦《やまざきのぶひこ》・数理課長は2度、経験している。東大大学院の数学専門課程修了後、1981年に厚生省入省。主に数理課に籍を置き、2001年1月、前出の坂本純一数理課長の下で数理調整管理官に。2004年改正を終え、坂本の後を継いで数理課長となった。

2009年の財政検証を指揮して退任したが、後任の安部泰史《あべやすし》が体調を崩したため、2012年9月にカムバックする（安部は厚労省を退官、2018年に亡くなった）。

2004年改正によって、財政再計算は財政検証に名を変えるのだが、その初回と2回目を山崎は率いたのだった。

2014年財政検証で初めて取り入れられたのは、制度改革を行うと仮定して試算を行う「オプション試算」だ。これまでは、出来上がった制度改正案をもとに計算が行われており、順序が前後することとなった。つまり年金局が「こう改正してほしい」との意思を示せる場とも言えるが、2009年財政検証でそれは盛り込まれていない。その理由を、山崎は『年金時代』（2019年9月25日）の対談でこう明かしている。

まさに政権交代前夜の状況で、いわゆる年金記録問題が盛んに取り上げられていたころです。その意味では制度の抜本改革という民主党案があたかもバラ色の夢であるかのような思いをマスコミにも持っている方がいたし、そういう時代だったので、そのころにオプション試算と言っても取り上げられることもなく、いわゆる民主党案が究極のオプションであったわけです。

そして2014年の検証では、以下の3ケースが提示された。①デフレ下では発動されないマクロ経済スライドをフル発動する、②短時間労働者にも厚生年金を適用する、③保険料を支払える最大期間を40年から45年に延ばす。いずれも将来の給付水準は現行より上がる――だからこれらを進めてほしい――という試算結果となった。

検証の経済前提では積立金の運用利回りが明記される。2014年は「名目賃金上昇率＋α」と幅を持たせた。それは2009年検証で4・1%と設定し、非現実的な数字だとして、ただでさえ年金記録問題で劣勢に立たされていた厚労省が袋叩きにあったという反省からだった。「＋α（イールド・スプレッド＝利回り差）」の考え方を取り入れたに過ぎないのだが、名目賃金上昇率2・5%＋スプレッドの中央値1・6%とし、その「4・1%」の数値だけが独り歩きしてしまったのだ。

今回数値を決めなかったことは、長期保有を前提としたポートフォリオで、経済成長の果実を確実に得られる運用をすべきというごく当たり前の年金局のメッセージと言えた。

「基本的に今の仕組みをベースとしつつ、どこをどう直していけばより良い制度になるのか、落ち着いて議論できるような環境になってきた」

山崎は前述の対談で、2014年検証をそう振り返った。それは年金官僚が民主党年金改革案を葬り去った「功績」でもあった。

塩崎VS年金官僚

政調会長代理の塩崎は、自民党の提言「日本再生ビジョン」にGPIFをいかに盛り込むべきか思案していた。それは政府が6月下旬に策定する「日本再興戦略」改訂2014の骨格となる。党の公式文書は、法律的な齟齬《そご》がないか等、担当省庁に目を通してもらうのが慣例だ。原案は年金局に投げられた。

4月半ば、年金局から返答が来たのだが、「日本経済の今後の期待成長率から導き出して長期的・安定的な利回りを設定してきた」などと記され、つまりはGPIF関連の記述を削除してほしいとのことだった。党の文書と「伊藤委員会」に記載されるのとは訳が違うのだ。

塩崎はそれを突っぱねた。5月23日に公表された「日本再生ビジョン」では、「GPIF改革」と明言してこう記した。

「国内債券を中心とする現在の基本ポートフォリオを見直す等といったフォワード・ルッキングな運用改革を進めているところであり、これは総理のダボス会議演説にも盛り込まれた既定路線である」。さらに「運用の見直しはリスク管理を含むガバナンス体制の見直しとセットで進めることが重要」と、塩崎の思いも注がれた。

こうして6月24日には、「日本再興戦略」改訂2014が閣議決定された。ただし、運用とガバナンスの関係性は、わずかに塩崎の考えと異なる。

運用について「適切な見直しをできるだけ速やかに実施する」と急がせている一方、ガバナンスは「今後の法改正の必要性も含めた検討を行うなど必要な施策の取組を加速すべく所要の対応を行う」。典型的な「霞が関文学」だが、要はそれほど急いではいない。運用を「主」とすればガバナンスは「従」の位置づけだった。

この塩崎と官邸のズレが、後に混乱を巻き起こしていく。


運用改革は、7月18日、ＧＰＩＦの運用方針を決める「運用委員会」委員に、水野《みずの》弘道《ひろみち》が任命されたことによって本格始動する。

48歳の水野は、大阪市立大卒業後、ノースウェスタン大ケロッグ経営大学院でＭＢＡ取得、住友信託銀行でニューヨーク支店勤務などを経て、２００３年からイギリス投資会社・コラーキャピタルに転職。アジア統括のパートナーとなっていた。

切った張ったの海外投資家の荒波に揉《も》まれてきたとは言え、日本では無名。その水野を引き入れたのは、官房副長官・世《せ》耕《こう》弘成《ひろしげ》である。

世耕と水野は、リーダー育成スクール「グロービス」で知り合い、水野は世耕が理事長を務めていた近畿大学の客員教授に招かれる。２０１３年３月には内閣官房健康・医療戦略参与を委嘱され、官邸や霞が関のお墨付きを得た。

安倍や金融庁が進める運用改革には水野の力こそ必要と考えた世耕。ＧＰＩＦに新たに最高投資責任者（CIO）ポジションを設置し、そこに水野を据える案が浮上した。そして官房長官・菅義偉《すがよしひで》、厚労相・田村憲久《たむらのりひさ》、財務相・麻生太郎、財務省国際局長・浅川雅嗣《あさかわまさつぐ》らに周到に根回しをしていく。

「こういう人事案がある。一緒に仕事をするのは君だから、君が納得できる人でないといけない。まず会ってみてほしい」

香取にそう連絡してきたのは菅であった。

香取は水野を「しっかりした方」と感じ、受け入れを了解した。まずは水野を運用委員入りさせただけでなく、新設された「アドバイザー」を兼務する特別扱いに。年金局はがっちり官邸とタッグを組むのである。

その後も香取は、水野をCIOとして迎える前提で、二人三脚でGPIF改革を進めていく。給与・業務規程の見直しに着手し、2013年12月の閣議で、理事長、理事の年収を、日本銀行や資産運用業界の報酬を加味し、3000万円前後と、これまでより1000万円アップすることが決まった。

塩崎と香取の蜜月時代

2014年9月3日の内閣改造で、田村憲久に代わって厚労相に就いたのは、1年8か月にわたり、政調会長代理としてたっぷり汗をかいた塩崎であった。

塩崎の大臣就任にあたり、安倍はこう指示した。

「できるだけ安定的に、利回りが高くなるように」

ただし、ガバナンスの話は出ていない。

安倍の主眼はGPIFの運用改革である。水野を投入し、香取も同調したことで、道筋は出来たも同然。ただしリスク資産の運用という転換に、法案審議の際、元厚労相・長妻昭ら野党からの激しい追及は必至だ。それらに理論立てて対抗するには、GPIF改革論者である塩崎がベスト、と安倍は考えたようだった。この人事を市場は好意的に受け入れ、日経平均株価が200円近く上がった。

塩崎と、待ち受ける香取・年金局長のバトルをこれからつぶさに見ていくが、もともと二人の関係は悪くなかった。

2004年7月、塩崎は地元・愛媛県松山市で介護保険に関するパネルディスカッションを開催した。その時、パネラーの一人として招いたのが老健局振興課長の香取である。介護保険は塩崎にとって思い入れが強い。当選1回生だった自社さ政権の1994年ごろ、福祉プロジェクトチームメンバーとして介護保険創設の議論に加わった経験がある。香取との議論では、予想以上に費用が増大している、高齢者の尊厳・自立に結びついていない、といった問題点を共有した。

ただこの日、台風が松山上空を通過したために、飛行機は欠航、瀬戸大橋も通行止めとなった。やむなく香取は帰京できずに、松山にもう一泊せざるをえず、塩崎は詫《わ》びを入れたという。

この会は好評だったようで、翌年も香取は松山に呼ばれ、同じく介護保険のパネルディスカッションに参加している。

さらに塩崎は、水野とも接点があった。日本・イギリスによる民間レベルの対策対話フォーラム「日英21世紀委員会」で、塩崎が日本側座長、水野がイギリス側のメンバーという会議があった。金融の規制改革について、親しく議論をしたものだった。

塩崎はしかし、年金を巡って香取や水野と折り合うことはないのだった。

ポートフォリオ見直し

塩崎は大臣就任1か月後、2014年10月15日の社会保障審議会年金部会で、動き始める。

「オレは行くぞ」

そう言って、塩崎は部会に乗り込むことに決めた。何せ所管の多い厚労省には、審議会や協議会といった類が20以上あり、さらに部会などの下部組織がある。大臣自ら出席する余裕などない。この日の年金部会で、ガバナンス体制の議論が始まるため、塩崎は意気込みを見せるのである。

官僚たちは、あっけに取られつつ、習性として表情に出すことはない。

塩崎は衆院厚労委員会にみっちり張り付いた後、秋の陽が暮れかけた午後5時過ぎ、日比谷公園南側にあるイイノホール&カンファレンスセンターに滑り込んだ。部会は午後3時から始まっていたが、途中休憩を入れ、「塩崎待ち」となっていた。

15人の委員、それに香取局長以下の15人ほどの年金官僚、報道陣が待ち構える中、塩崎は、神《じん》野《の》直彦《なおひこ》部会長（東人名誉教授）の隣の空いた席に立った。GPIF改革を「アベノミクスの最重要改革の1つ」と指摘した上で、こう語った。

「運用改革とガバナンス改革は一体不離のもので、いわば車の両輪でございます」

そして「年金積立金の管理運用に係る法人のガバナンスの在り方検討作業班」が設置されることが決まった。座長は、後に日銀総裁となる植田和男・東大大学院教授だ。

それを受け、GPIF運用委員会委員長でもある米澤康博《よねざわやすひろ》・早稲田大学教授がこう牽制した。

「どうもポートフォリオ策定のほうが先に進んでいる……。基本ポートフォリオのほうはガバナンスのところを待つ必要なくできるのかどうか」

「両輪」になっていない、との指摘である。

香取はこう答えた。

「GPIFの側で動いていることについて何か制約がかかるということで恐らくなくて、GPIFは文字どおり独立して、運用について責任を持って、今まさに既にもう何か月、半年以上議論されてきて一定のステージまで到達しておられると思います」

ガバナンス改革を待つ必要はない、というのである。

ポートフォリオの見直しには日本銀行との擦り合わせは不可欠だ。GPIFが国債の割合を減らすため、その大量の国債の引き受け手は日銀しかないからだ。

10月31日金曜日、日銀の金融政策決定会合が開かれた。物価目標2％実現のため、年間50兆円だった国債保有残高を80兆円に増やし、ETF（株価指数連動型上場投資信託）買い入れを3倍増の年3兆円とする金融緩和を決定した。それを待っていたかのように、株式市場が閉じた夕方、GPIFは国内株式を12％から25％へ上げる一方、60％の国内債券を35％に下げる、大幅なポートフォリオ見直しを公表した。

両者合わせて「ダブルバズーカ」と称され、この日の日経平均の終値は前日の755円高の1万6413円に急上昇。この年最大の上げ幅となり7年ぶりの高値に沸いた。GPIFが株価を押し上げるために使われたのは明らかだった。

この見事な連携を、私が取材した日銀職員は「偶然」と言うし、塩崎も「たまたまでしょう」と語る。もっとも、香取はこう証言した。

「偶然なわけがないでしょう（笑）。日銀が政策決定会合の日程を後から決めたのです」

年金局長出入り禁止

塩崎肝いりの作業班は11月4日、厚労省18階の会議室でキックオフする。塩崎はそこにも、予算委員会直前のわずかな時間に顔を出している。

「法改正に向けた新たな法人のガバナンスの骨格につきまして、年内に結論を得られるよう、何とぞよろしくお願いを申し上げたいと思います」

と、2か月足らずで、結論を出すよう急かした。

塩崎の腹案とは、以下のような内容だ。

まず独立行政法人であるＧＰＩＦを特殊法人化する。独法は大臣が与える目標に基づいて業務が行われるが、特殊法人は国家的責任を担保しつつ、一定の独立性を持ちうるからだ。より大切なのは、監督と執行を明確に分ける健全なガバナンス構造を取りえるということだった。その上で透明な合議制で運用方針を決める。そうすれば、理事長一人が大臣や政権の顔色をうかがって運用方針を決める、といった事態を防げるというわけだ。

ただしこうなると、ＧＰＩＦの運用を差配しようとする水野の存在に疑問符がつく。

水野はガバナンスのコントロールを好きなようにやりたいのだろう。国民の大切な年金保険料について、それは許せない――。塩崎は水野の動きを封じようと考えた。

だが菅官房長官や世耕副長官の目論見は、独法の建て付けを変えず、法改正を最小限にし、水野を理事ＣＩＯにしようというものだ。アベノミクスを体現するため、高額の収入のあった水野を三顧《さんこ》の礼《れい》で受け入れたのだから、どうにか実現せねばならない。

菅は折に触れて塩崎にこう告げている。

「水野の言うことを聞いてやってくれよ」

その気の遣いようは、菅や世耕が何か弱みでも握られているのか、と勘繰りたくなるほどだった。

これに塩崎は反発した。

「年金原資について、理にかなわないことはできませんよ。理にかなうなら、彼が言ってもやりますよ。大丈夫です。ちゃんとやってますから。ご心配なく」

一方で初回の作業班に出席した香取は、おおむね以下のような発言をしている。

かつて、ポートフォリオは厚労省側でつくっていたが、独法制度ができたことで、GPIFが自分で決めるようになった。しかも今回、厚労省は運用目標とリスクのみを与え、ポートフォリオの中でどういう資金運用をするのかはGPIFの判断に任せることにしている――。

GPIFが独法のままで問題ないというのだ。

そんな不協和音を、作業班で感じ取ったメンバーもいた。出口治明《でぐちはるあき》・ライフネット生命会長はこう指摘した。

「今日の議事次第を見ていますと、GPIFのガバナンス体制についてというタイトルになっていますけれども、普通、これを見たら、まずは今のGPIFのガバナンス体制がどうなっているのかを説明いただいて、あるべき姿を議論していくのかなと思ったのですが」

翌週の11月10日に開かれた2回目会合。そこに香取の姿はなかった。出入り禁止であった。以降、年金担当の蒲原基道・大臣官房審議官が事務局トップを務めた。

塩崎は香取をこう見ていた。

「あっちいったりこっちいったり。途中からはっきり向こう（官邸）だったから。役人って、かわいそうだなと思った。大臣の俺より官邸のほうが大事なんだね。要するにGPIFの独立性や透明性を軽んじ、自分たちの影響下に置きたいんだよ」

一方香取は、私の取材にこう回答した。

「検討作業班については、『審議官に担当させるように、局長は出席するに及ばず』という大臣指示を当時の厚生労働審議官経由でいただきましたので、そこから後は審議官に運営を任せました。

GPIF改革はアベノミクスの一連の改革の中に位置づけられていましたので、官邸との調整は田村大臣時代から続けており、改革の方向性は総理まで上がって決まっていました。塩崎大臣のお考えはそれとは違っていたようですが、大臣ご自身が官邸の方針を覆すことができていない（できなかった）以上、既定の官邸の方針に従うのは霞が関の官僚として当然だと思います」

両者の関係は修復不可能なほど悪化していた。その事態を知った総理の安倍は、こう溜息《ためいき》をついたという。

「塩ちゃんは思い込みが激しい。しかも香取みたいに〝上から目線〟で来る官僚と相性が悪い。香取に説明させたのがまずかった」

安倍、菅からのペーパー

官邸は、塩崎に強烈なブレーキをかけてきた。作業班は第6回をもって解散。その2日後の12月19日、菅官房長官は塩崎を呼び出し、一枚の紙を手渡した。「GPIFについて」との表題がつき、以下の3つが記されていた。

・最小限の法律改正

・運用の責任問題
・責任問題がシンプルな組織

その上でこう記された。

・法人形態を変更する法案は提出しない

塩崎の言う、GPIFを独法から特殊法人に変えるガバナンス改革にNOを突き付けたのだ。塩崎はそこに「世耕・香取・水野連合軍」の意図を強く感じ取った。

翌2015年1月5日、官邸の目論見通り、GPIF理事の大久保要《おおくぼかなめ》を九州厚生局長に転任させ、後任に水野が就いた。水野は自ら「CIO」を名乗った。

塩崎は水野からの面会依頼を拒否。年金局には「水野をCIOと名乗らせるな」と指示を出した。確かに「運用担当理事」の新設には法改正が必要で、この段階では、CIOは水野が勝手に名乗っているに過ぎない。

かといって新任理事を、いつまでも無視するわけにもいかない。塩崎は毎夜、2階建て、3階建ての会合を組んでいたが、その合間を縫って密かに水野と会うことにした。

水野は〝後見人〟の世耕官房副長官を、塩崎は元日銀金融機構局考査企画課長の政務秘書官・野々口秀樹《ののぐちひでき》を同席させた。酒は出ない。バトルトークであった。

塩崎「ＣＩＯは法律にないだろ。その名前をなんで名刺に入れるんだ」
水野「インベストメントについては私が仕切ります」
塩崎「それは違うんじゃないか。ガバナンスは健全性、透明性があるものだろ」

結局、二人の一致点は見いだせなかった。

年金官僚は塩崎と官邸の双方に目くばせしながら法案をつくらねばならなかった。まず、ＧＰＩＦの本部移転と「管理運用業務担当理事」を配置する法案。もう一つは、塩崎の進める合議制の法案である。

官邸の優先度合いが高い人事関連の前者は、２月24日に法案提出され、４月24日にあっさり成立。水野は５月７日付けで、正式にＣＩＯとなることが決まった。

塩崎肝いりの法案はどうするか。

ある日、塩崎は安倍に総理執務室に呼ばれた。いつものように政局話をかわした後、突然、安倍はバツが悪そうに一枚のペーパーを手渡してきた。

塩崎が明かす。

「安倍総理からは、ＧＰＩＦについて『撃ち方止め』の紙をもらった。今後は水野と相談してやれと。私の案通りにやれば、せっかく国民に安心してもらえたのに。安倍さんは優しい人だから、ともあれ一度は、誰かさんの言うことを聞いたんでしょ」

塩崎は、誰が作成したかは容易に推測できた。世耕官房副長官の策略に、塩崎は矛を収めるしかなく、合議制の法案提出を断念したのだった。

一方、水野の進言通り、GPIFはあの築40年のオフィスビル2階から、前年に開業したばかりの地上52階の超高層ビル「虎ノ門ヒルズ森タワー」7階へ移転した。ようやく世界レベルの政府系ファンドの体裁を整えた。

官邸は塩崎を寄り切った。だが、そんな不協和音を嘲笑うような事態が年金局を襲う。

17日間、上司に報告せず

福岡県博多駅前の大博通り沿いのビル2階。日本年金機構九州ブロック本部職員のAは、利用者からメールで寄せられる意見に目を通していた。その中に「『厚生年金基金制度の見直しについて（試案）』に関する意見」という、仰々《ぎょうぎょう》しいタイトルがあった。何の疑いもなく添付ファイルを開封する。2015年5月8日午前、サイバー攻撃の始まりであった。

そこから1000キロ離れた首相官邸——。行政各部の情報システムに対する不正活動を監視するため、この年1月に設置されたばかりの「内閣サイバーセキュリティセンター」（NISC）が、不審な通信をキャッチした。即座に厚労省情報政策担当参事官室係長のBに通報。係長の肩書とはいえ、サイバーセキュリティを担当する職員は、厚労省内でBただ一人だ。しかもマイナンバー制度も兼務している。

Bは、省内のネットワークを運用している統計情報部に発信元の特定を依頼した上で、年金機構を所管する年金局事業企画課庶務係長のCに報告。Cは年金機構に連絡を入れ、機構内で一般的な注意喚起が促された。ようやく九州ブロック本部のAはLANケーブルを抜線した。発生から4時間たっていた。その間、大量に不正なアクセスがあったものの、実害はなく、B、C両係長は上司に報告することはなかった。

だがその後も、年金機構への不正アクセスがやむことはなく、機構本部は19日、近くの警視庁高井戸署に捜査依頼を行った。複数台の端末から外部への不正な通信が発生、インターネット接続を遮断せざるをえなくなり、B、Cは事態の深刻さを認識した。それぞれの上司である情報政策担当参事官、年金管理審議官に報告を上げたのは25日。実に発生から17日間、年金局内で情報は共有されなかったのだ。

年金局事業管理課システム室は、本省に5人、杉並区高井戸西にある年金機構本部に16人も常駐しながら、その間、誰一人サイバー攻撃に対処していなかった。

調査の結果、基礎年金番号、氏名、生年月日、住所の4情報について計125万件もの情報流出があったことが判明する。

「今回の事態に対して深刻に受け止め、事案を早期に解明するとともに国民の年金を守ることを最優先に、情報が不正に利用され、今後の年金支払いへの影響が出ることが万が一にもないように指示をいたしました」

6月1日夜6時40分、塩崎は緊急記者会見を開き、陳謝した。年金官僚の対応の鈍さ、安倍政権下で塩崎が収拾にあたるという点で、「消えた年金記録5000万件」の悪夢そっくりだった。国会で香取局長、年金機構理事長・水島藤一郎《みずしまとういちろう》は集中砲火を浴びる。

年金機構は、社会保険庁廃止を受け、特殊法人として2010年に発足。初代理事長に日本経団連常務理事を歴任した紀陸孝《きりくたかし》が就き、2013年1月、2代目に元三井住友銀行副頭取の水島が就いた。厳しい人事采配で「鬼軍曹」と異名をとった辣腕経営者をもってしても、社保庁から続く放漫体質が変わることはなかった。

水島の顔は見る見るやつれ、質問する議員から「ご健康にご留意の上」（2015年6月18日、衆院予算委員会）と同情されるほどだった。

この余波は、財務省悲願のマイナンバー制度にも影響が出た。この国会で、利用範囲を預貯金の口座などに広げる改正案が提出されていたが、法案審議は延期された。2017年1月にスタートする予定だった年金記録との紐づけは、2018年にズレ込んだ。マイナンバーは、「消えた年金記録」を奇貨として制度化に漕ぎつけたものの、今度は年金に足を引っ張られたのだった。

9月18日に発表された処分では、年金機構は役員全員に夏のボーナスを支給せず、水島理事長は10、11月の給与の2割約45万円を辞退。塩崎以下、政務三役は給与の一部や、ボーナスの全額返納、香取ら幹部4人は2か月分の給与の2割を返納した。塩崎は再び、年金に煮え湯を飲まされたのである。

同期が次官に

２０１５年の通常国会は、安全保障関連法案審議のため史上最長の95日間の大幅延長となった。厚労省にとっても、流出問題の他、派遣社員が働ける上限が3年とする労働者派遣法改正案を抱え、嵐のような日々であった。

そのため、厚労省が夏の定例人事に着手できたのは、国会閉幕後の9月25日だった。

安倍官邸主導のＧＰＩＦ改革の道筋をつくった香取は、年金局長となって3年過ぎ、異動は既定路線だった。塩崎は、香取が何人かいる事務次官候補の一人であることは知っていた。年金局長退任後、省内各局の調整を行う官房長、そして次官というルートもないではなかった。しかし両者はあまりに激突しすぎた。

塩崎が次官に起用したのは、二川一男《ふたがわかずお》・医政局長。香取と１９８０年入省同期である。

香取は雇用均等・児童家庭局（以下雇児局）長に決まった。２００１年中央省庁再編で厚生省児童家庭局と労働省女性局が統合した大規模な局（同局は２０１７年に雇用環境・均等局と子ども家庭局に分割。子ども家庭局は２０２３年からこども家庭庁に吸収された）。香取は厚生省児童家庭局児童手当管理室長、厚労省になって雇児局総務課長を経験しており、子育て政策をライフワークと自任していたから、傑物官僚にふさわしいポジションと言えた。厚労省の人事担当者が挙げてきた案を、塩崎が了承したのだった。

前年にできた内閣人事局は、官邸主導による人事を行うはずだが、厚労省には手を突っ込まなかったということだ。それはGPIF改革で塩崎に我慢を強いたことへの、報いなのかもしれなかった。

安倍が力を入れたのは、例年通り7月に行われた他省庁の人事だ。首相秘書官の柳瀬唯夫《やなせただお》を経産省筆頭局の経済産業政策局長に、山田真貴子《やまだまきこ》を総務省初の女性局長の情報通信国際戦略局長に就かせる。財務省の次官は、第一次安倍政権で首相秘書官だった田中一穂《たなかかずほ》・主計局長が昇進。木下康司《きのしたやすし》、香川俊介《かがわしゅんすけ》と、3代続けて1979年入省組が就く、安倍の「横車人事」であった。同期から次官は2人出ないのが霞が関の不文律。その慣例を安々と破ったことは、香取の次官の可能性はゼロではないとも言えた。

年金局の顔ぶれは一新した。局長に鈴木俊彦《すずきとしひこ》・社会・援護局長、年金担当の官房審議官に伊原和人《いはらかずひと》健康局総務課長、年金課長に間隆一郎《はざまりゅういちろう》・健康局臓器移植対策室長と、別部署からの異動だ。鈴木以下、年金局幹部は、塩崎のGPIFのガバナンス改革案に明確な賛意を示した。2015年12月8日、社会保障審議会年金部会が11か月ぶりに再開、25日にはガバナンス改革の議論をリスタートさせた。香取は審議会に出席すると必ずといっていいほど発言していたが、鈴木は議論を見守るだけである。

安倍は2015年10月、16年8月と2度内閣改造を経ても、塩崎を使い続けた。それは安倍がガバナンス改革にゴーサインを出しているものと、塩崎は受け取った。もちろん、安倍は塩崎のGPIFの資産運用改革に関しては、十分意に沿ったものと納得していた。

塩崎の命を受けた厚労省顧問の野村修也《のむらしゅうや》弁護士が、ガバナンス改革に水を差し続ける水野CIOと交渉して説き伏せ、年金局の法案化作業は進んでいった。

年が明けて2016年2月8日、年金部会で改革案の了承を得た。現行の理事長による独任制を改め、厚労大臣が任免できる経営委員会（計10人）を新設し、監督と執行を分離させるとともに、合議制を導入する内容だ。

概ね塩崎の思惑通り、透明性がある、年金加入者たる国民への説明責任を果たしうるものだった。ただし、一点だけ譲歩した。官邸サイドはGPIFのグリップする余地を残したかったのだろう。突然、内閣法制局長官・横畠裕介《よこばたけゆうすけ》が「独立行政法人でも合議制はできます」と塩崎に告げてきたのだ。前述のように塩崎は特殊法人にしたかったが、時間の制約もあり、ともかく法案を通すために呑みこんだ。

キャリーオーバー

この年金法案には重要な改革が盛り込まれている。マクロ経済スライドの強化だ。

第五章で触れたように、この制度は年金額を徐々に減らしていく狙いにもかかわらず、賃金や物価が下がると、その分の減額改定を行うのみで、それ以上減らさないことが決まっていた。これを「名目下限措置」と呼ぶ。インフレを前提とした設計だったためで、デフレ下ではマクロ経済スライドは使えなかったのだ。これでは将来にツケがまわるばかりで、年金額はいずれ想定より下回る。

だから制度発足後、マクロ経済スライドは使われず、発動されたのは10年たった2015年4月支給分から。アベノミクスの成果であった。

香取局長の時代に遡るが、年金局はそのタイミングを見計らい、2015年1月、社会保障審議会年金部会の審議を受け、デフレ下でも実施できる法案づくりに着手した。しかし前述したGPIFにCIO（管理運用業務担当理事）を設置する法案が最優先であり、国民に不人気な改革に政治サイドは後ろ向きだった。年金局は、支給額が上がった時にまとめて減らす「キャリーオーバー」の仕組みを提示するが、自民党に突っぱねられる。結局、法案提出は叶わなかった。

GPIF改革の道筋さえつけば、安倍は年金にこだわりはないようだった。こうして2016年3月、ガバナンス改革と同時に、名目下限措置は維持しつつ「キャリーオーバー」する法案が提出された。だが7月の参院選を前に、前述の計125万件の情報流出も重なり、第一次政権で「年金」のトラウマを抱える安倍は、継続審議とする。

7月の参院選で、年金にターゲットは当たらず、民主党と維新の党が合流して設立された民進党は伸び悩み、自民、公明、おおさか維新の会など改憲勢力は、憲法改正に必要な全議席の3分の2を獲得した。

こうして9月からの臨時国会で、ようやく年金法案の審議に入った。

これに野党・民進党が噛みついた。9月に新代表となった蓮舫《れんほう》に二重国籍問題が発覚し、精彩を欠いてばかりで焦りもあった。この法案を「年金カット法案」とレッテル貼りし、攻撃を仕掛けるのだ。主導したのは、2007年に年金記録問題を、長妻昭とともに追及して成功体験を持つ山井和則《やまのいかずのり》・国対委員長だ。

民主党は、政権をとり、マクロ経済スライド導入によって年金制度は破綻しない旨、共有していたはずだ（第七章参照）。だが山井は、私と話した際、

「臨時国会前に、法案の勉強をする合宿をした。その場で『これ、カット法案じゃん』とひらめいた。俺たちは与党だったことを忘れないといけない。野党に徹しないといけない」

と開き直ったものだ。

もっともメディアは、民主党年金改革の失敗で、年金不安を煽《あお》ることは不毛と〝学習〟していた。「カット法案」というキャッチーなネーミングが支持されることはなかった。

12月14日、一連の年金法案が成立した。年金官僚はマクロ経済スライド強化策、塩崎はGPIFガバナンス改革による国民の年金資産を守る、という悲願をついに実現させたのである。

「最後は総理が味方になってくれた。大臣を3年やらせてもらえて、ガバナンス改革ができたのは安倍さんのおかげだ」（塩崎）

香取、次官の芽が摘まれる

香取雇児局長は、子ども虐待防止のオレンジリボンを胸につけ、生き生きと働いた。

ここでも二人はぶつかり合うのである。前出の年金法案から2週間ほど遅れて2016年3月

29日に提出された、児童福祉法改正案を巡ってだ。

親元で暮らすことのできない子どもたちが、児童養護施設などの「施設」ではなく、里親などの「家庭」で優先的に養育される原則を盛り込む、大転換であった。

さらに塩崎は、各児童相談所に弁護士を必置とすることにこだわった。子が虐待を受けていた場合、その子を親から引き離そうとすると、親と子の権利がぶつかり合って司法の問題になるからだ。

これに香取は反発した。

「弁護士の設置は一番抵抗が強いんです」

もちろん塩崎は譲らない。

「抵抗が強くても必要なものはやるんだ」

しかし、結果として弁護士の原則配置からほど遠いものとなった。今日でも「常勤・常駐」弁護士配置の児童相談所は圧倒的少数だ。

香取が振り返る。

「児相に弁護士（法曹の専門家）がいることが望ましい、ということに反対する人はいないと思いますが、法律で義務づければできるというものではありません。児相は厚労省の組織ではない（地方自治体の機関）のですから、厚労大臣が命令することもできません。地方団体は必置規制に反対ですし、総務省も交付税措置（地財計画上の定員措置）をしません。日弁連にも話を通していません。

ステークホルダーに何の根回しも調整もせず、（日弁連には大臣ご自身が話を持ち込んでやんわり断られました）いきなり法律に書いて弁護士を置け、とやっても実現できませんし、そもそもそんな法律は閣内を通りません。なので、無理です、と申し上げました。

物事というのは、筋道を立て、手順を踏んで組み立てなければ実現できません」

霞が関トップの杉田和博官房副長官は見かねて、二人を酒席に誘って手打ちをさせた。それでも両者の溝が埋まることはなかった。

香取が次官になる可能性はゼロではなかったはずだ。香取の後任の雇児局長・吉田学《よしだまなぶ》は、後に次官となっている。前述の財務次官のように1年ごとに同期でまわす例もある。だが塩崎は、自身の改革路線を基本的に支える二川次官を2年使うことで、その芽を摘んだ。

「秀才で、政策にこだわりがあって、似た者同士。認め合っていた分、近親憎悪のような関係になってしまった」

二人をよく知る厚労省幹部の分析である。

香取は雇児局長を1年で退任、厚労省を去ることとなった。

塩崎によれば、厚労省は、退官する香取に、ある国の大使を提示していた。年金官僚から大使のラインは珍しくなく、元年金局長・渡邉芳樹《わたなべよしき》がスウェーデン大使、元社保庁長官・横尾和子《よこおかずこ》がアイルランド大使になっている。しかし香取は申し出を蹴ったのだという。

官僚が退官する際、大臣室で辞令が交付される。２０１６年6月21日、香取は他の退官者とともに塩崎から辞令を受け取った。「ご苦労様でした」と塩崎は声をかけたが、香取は何も言わず部屋を出て行ったという。

　ただし香取の記憶では、事実関係が異なる。

「退官辞令以外、塩崎元大臣から人事についていただいたものはありません。退職辞令を受け取る時、何も言わなかった、かどうかは記憶にありませんが、大臣から何のお言葉も（労いの言葉も何も）かけられなかったことは記憶しています」

　小泉政権時の首相秘書官・飯島勲《いいじまいさお》は、『週刊文春』（2016年6月30日号）の連載コラムで、香取を「国有財産」と称えた上で、暗に塩崎を批判した。

「最近は政策論争を自分への批判と勘違いして逆恨みする度量の狭い政治家が、大臣でございと威張ってるから、始末が悪いぜ」

　香取は退官半年後の翌2017年2月、アゼルバイジャン大使となった。旧ソ連を構成したカスピ海に面した小国で、安倍政権の「地球儀を俯瞰する外交」で重要視する未踏《みとう》の地であった。塩崎は香取と交わることなく、2017年8月の内閣改造で、3年弱に及んだ厚労大臣を退任した。

　次官になれなかった香取は、一連の人事をいま、どう思っているのか。

「人事のことはコメントしません。人事というのは他言するものでもなく、聞くものでもないというのが官僚世界の不文律です。役人たるもの、命を受けたらそのポジションがその時求められていることをやるのが職責と私は考えています。大事なのは『やりたいこと』ではなく『やるべきこと』です」

終章　残された者たち

新幹線通勤する長官

ＧＰＩＦ（年金積立金管理運用独立行政法人）改革の「勝ち組」となった官僚が、香取照幸《かとりてるゆき》と入省同期でカウンターパートだった金融庁の森信親《もりのぶちか》である。ポートフォリオ変更の道筋をつけた森は、２０１３年６月に検査局長、翌年に監督局長、そして香取が年金局長を退任した時期の人事で、金融庁長官へと昇り詰めた。

森は地方銀行再編で大鉈《おおなた》をふるい、「史上最強の金融庁長官」と称された。ガバナンス改革を進めた点で、塩崎恭久《しおざきやすひさ》とはかねてからウマが合った。さらに２０１６年４月にＧＰＩＦ理事長に起用された元農林中央金庫専務理事の高橋則広《たかはしのりひろ》とは、東大の同級生。塩崎肝いりのガバナンス改革は、このトライアングルが功を奏した。

その森が2016年5月、金融審議会の有識者会議「市場ワーキング・グループ」を発足させた。コンピューターを使って高速の株式売買を繰り返す超高速取引（HFT）が、株価の乱高下の要因になっていると指摘され、その規制に乗り出すためだった。グループは、同年12月に報告書を提出。高速取引を行う業者を登録制とする翌2017年5月成立の改正金融商品取引法へとつながった。

2018年7月、森は在任3年で長官を勇退。退任直前の7月3日、置き土産のように「高齢社会における金融サービスのあり方（中間的なとりまとめ）」を打ち出している。

森たち金融庁が、日本の家計の金融資産が伸びないのは、投資にまわっていないためと考えていることは前述した。その行動は、60歳の人の4分の1が95歳まで生きる時代にリスクでしかなく、公的年金だけで生活する人が多くなってしまう。だからこの年1月にスタートした「つみたてNISA」を活用したり、投資教育を通じて金融リテラシーを高めることが重要――といった提言であった。

森の後継に2年後輩の遠藤俊英《えんどうとしひで》が就いた。1982年に大蔵省入省、金融庁証券取引等監視委員会特別調査課長、監督局銀行第一課長など権限の強いポストを歩み、本省に残っていても次官になれたエースである。

一方で、遠藤は、我が子の健康に配慮し、2006年に官舎を出て、軽井沢に居を構えるという浮世離れした所があった。危機管理上、幹部はすぐに駆け付けられるよう都心に住まねばならないが、そんな批判を物ともしない。毎日、新幹線で1時間半ほどかけて通い、夜の会合は1次会で抜けるため「9時半の男」と揶揄《やゆ》された。財務相兼金融担当相の麻生太郎《あそうたろう》は、「森に比べれば、人柄はなんとなく優しいんじゃやねぇの」と物足りない様子である。

そんな遠藤の、文字通り永田町の喧噪から距離を置く感覚が、やがて問題を引き起こすこととなる。

小泉進次郎と「人生100年時代」

遠藤は、報告書を出して以降2年弱、休眠状態だった前述のワーキング・グループを２０１８年9月21日、再スタートさせた。主題は、前回の金融のプロたちによる専門的な内容とは打って変わり、「人生１００年時代」に高齢者の資産形成をどう考えるか。

「人生１００年時代」のワードはこれまでないわけではなかったが、人口に膾炙《かいしゃ》したのは当選3回の衆院議員・小泉進次郎《こいずみしんじろう》が２０１６年2月に発足させた「２０２０年以降の経済財政構想小委員会」、通称「小泉小委員会」がきっかけである。

父・純一郎《じゅんいちろう》譲りの切れ味ある弁舌で頭角を現した小泉は、「将来の首相候補」ともてはやされ、マスコミ各社が「番記者」をつけるほど人気絶頂。小委員会入りした国会議員たちは「小泉に近い」ことを売りにする政治家としての下心もあったろうが、「安倍一強」で大量の与党議員が生まれ、若手に発言の機会がない苛立ちもあった。

会合内で飛び交った言葉が「人生100年時代」である。その年の10月には「人生100年時代の社会保障へ」を公表。「ポスト安倍」に色気を見せる政調会長・茂木敏充《もてぎとしみつ》が食いつき、翌2017年4月、「人生100年時代の制度設計特命委員会」を立ち上げる。さらに8月の内閣改造で経済財政担当相に就いた茂木は、官邸内に「人生100年時代構想会議」を設置する。

11月17日の所信表明演説で安倍は、

「『人生100年時代』を見据えた経済社会のあり方を大胆に構想し、我が国の経済社会システムの大改革に挑戦します」

と述べ、総理演説に初めて「人生100年時代」が登場するのだ。小泉を中心とした若手からのボトムアップの成果だった。

金融庁はその流れに乗ったわけだが、ワーキング・グループの目的は、法案提出より世論喚起で、あえてこのグループが行う必要はなかった。森の〝遺志〟を継ぐ姿勢を見せたということだろう。

年金も絡《から》んでくるだけに厚労省も巻き込まれ、年金局企業年金・個人年金課長の吉田《よしだ》一生《かずなり》（現大分県副知事）が、オブザーバー参加した。

ただし年金に暗雲が垂れ込めていた。翌2019年2月、GPIFが前年10〜12月期で14兆円もの運用損が出たことを公表。過去最大の損失額となったのだ。イギリスのEU（欧州連合）離脱などで世界経済の先行きが不透明となり、世界同時株安となったのが理由とはいえ、額の大きさは、金融庁が主導したポートフォリオ改革が要因なのは言うまでもない。

だがその危機感は、グループの議論には追い風となるのだった。

差し替えられた記述

2019年5月22日のグループ会合で51ページにわたる「『高齢社会における資産形成・管理』報告書（案）」が提示された。翌月に麻生金融担当相に手渡す原案である。その中で「公的年金だけでは望む生活水準に届かないリスク」との小見出しで、以下のように危機を煽《あお》った。

少子高齢化により働く世代が中長期的に縮小していく以上、年金の給付水準が今までと同等のものであると期待することは難しい。今後は、公的年金だけでは満足な生活水準に届かない可能性がある。

マクロ経済スライドによって徐々に年金額が目減りしていくことを指している。年金だけでは「満足な生活水準」に達しないから資産形成をせよ、というのだった。

会合で、その記述に関し意見を言う委員はいなかった。社会保障の専門家、駒村康平《こまむらこうへい》慶應大学教授も「私としては特段、加筆修正する必要は感じておりません」と発言している。つまり何も記述に問題はないということだ。

ところが、会合最終日となる10日後の6月3日に出された報告書案では、これらが丸ごと削られ、以下のように変わる。

少子高齢化により働く世代が中長期的に縮小していくことを踏まえて、年金制度の持続可能性を担保するためにマクロ経済スライドによる給付水準の調整が進められることとなっている。

小見出しも「公的年金の受給に加えた生活水準を上げるための行動」と、おだやかな書きぶりとなった。

なぜ変わったのか。金融庁の小森卓郎《こもりたくお》・市場課長は、

「当ワーキング・グループとして公的年金制度について正面から議論してきたということではない」

「より客観性の高いものへと修正をしている」

などと説明したが、委員から修正を求められていないわりに、露骨なトーンダウンである。

それはオブザーバーの厚労省年金局から、痛烈な指摘があったからに違いなかった。そして金融庁が「年金」の怖さを知らない表れとも言えた。

老後2000万円問題

1か月半ほど前に遡る。4月12日のグループ会合で、厚労省の吉田企業年金・個人年金課長が説明を行った。

「公的年金の給付につきましては、マクロ経済スライドにより、中長期的な水準の調整が見込まれているのはご案内のとおりで、老後の所得確保における私的年金の重要性が増すものと考えております」

「現在、高齢夫婦無職世帯の実収入20万9198円と家計支出26万3718円との差は月5万5000万円程度となっております」

この「5万5000円の差」は、2017年の総務省家計調査で、夫65歳以上、妻60歳以上の夫婦のみの無職世帯が、実収入と実支出がいくらか出した数字だ。あくまで平均値である。

ここで吉田課長は、年金が「減る」とも、収入が「不足」とも口にしておらず、客観的なデータを示したに過ぎない。

そこから金融庁は何歩も踏み込む。金融庁総合政策局総合政策課長の田原泰雅《たはらやすまさ》は、

「退職後の支出が月25万円と不測の支出のようなものがあるとして、1億円程度必要だと考えた時に、公的年金と退職金、私的年金を、8000万円、それから1000万〜2000万円もらえる世帯でありますと、かなり機械的ではありますけども、1500万〜3000万円程度を資産形成することになってくる」

と、老後につくるべき資産の数字を打ち出したのである。個人差があるとはいえ、意識付けのため視覚化するのは悪いことではない。

これらを受け、経済学者ながら、あおぞら銀行取締役など実務経験のある池尾《いけお》和人《かずひと》・立正大学教授は、厚労省説明のマクロ経済スライドについてこう斬り込んだ。

「はっきり言って削減されるとか、低下するというのが事実だけども、それをやわらかな表現にしているのだけど、やわらかな表現にするということが批判を避けるという意味で賢明なのかもしれませんが、はっきり言うべきことははっきり言わなきゃいけない」

前出の駒村教授も、厳しい見方を示した。

「(所得代替率が)約63%のものが50%に下がるということは、年金の実質水準が20%下がる、対賃金で評価して20%下がるということを意味している。特に基礎年金については、対賃金比で36・8%が26%まで下がるということは、30%の実質年金が下がるということを意味しているということが、国民にこれで伝わるかどうか」

委員は、年金が減ることを明確に知らしめるべきと言う。金融庁にとっては「我が意を得たり」だ。報告書の問題提起は、2025年に団塊の世代が75歳を迎え、30年に団塊ジュニアが60代になり、これを見据えて何をすべきか、「自分ごと」として考えようとの内容だが、年金が減り、毎月いくら不足するか、不安を突き付けた方が効果は増す。こうして5月22日の報告書案につながったのだった。

そして報告書の16ページに以下のような文言が入れられた。

老後の生活においては年金などの収入で足らざる部分は、当然保有する金融資産から取り崩していくこととなる。（略）20年で約１３００万円、30年で約２０００万円の取崩しが必要になる。

これが「老後２０００万円問題」へと連なっていく。

この頃、木下賢志《きのしたけんし》率いる年金局は、安倍官邸から慎重な舵取りが〝期待〟されていた。

２０１９年は、５年に一度の財政検証が行われる年だ。通例なら、厚労省の年金部会が将来の物価上昇率、賃金上昇率、運用利回りの「経済前提」を検討した後、おおむね３か月で公表に漕ぎつける。前回の２０１４年は３月12日に社会保障審議会年金部会で経済前提の報告があり、６月３日に公表された。今回、３月13日に「経済前提」が報告されているから、公表の時期が近づいていた。

だが7月に参院選が控えている。財政検証の公表の仕方によっては、選挙に影響を及ぼす恐れがあった。しかも4年に一度の統一地方選、3年に1度の参院選が重なる「亥年選挙」は、地方議員が自身の選挙に集中するため、地方組織頼みの自民党に不利と言われる。実際、第一次安倍政権で「消えた年金記録」で歴史的大敗を喫したのは、12年前の亥年選挙であった。そのトラウマから、安倍は「参院選前の年金」に慎重になっていた。木下局長も、２００４年改正時を、年金局総務課企画官として経験しており、年金の恐ろしさは身に染みていた。

財政検証を淡々と公表すべきか、年金局は判断が迫られていたのだ。

そんな最中での金融庁の報告書案である。あたかも年金制度が悪いと言わんばかりで、年金局は火の粉を振り払うように、前述のように文言を変えさせたのだろう。ただし、単純計算に過ぎない「2000万円」が問題視されるとは思ってもみなかった。

年金収入のみの世帯44%

報告書の最終案がワーキング・グループに提示される前、金融庁企画市場局長の三井《みつい》秀範《ひでのり》はそれを携え、麻生大臣と面会する。1983年大蔵省入省の三井は、金融庁本流の検査局長を務め、次期長官候補と目されている。

麻生は金融担当大臣であるが、金融庁に寄ることはなく、多くは財務省2階の財務大臣室で執務を行っていた。

役人が政治家に説明する際、文書だと大量なので、官僚用語で「ポンチ絵」と呼ぶ、図を使ったペーパーを示す。麻生に見せたポンチ絵には、「2000万円」や平均寿命の延びなど、資金不足になるリスクも記されていた。ただし三井はその説明はせず、こう述べた。

「高齢期になりますと、認知能力が低下してくる。こうしたものに対して、金融サービスを提供する側が、そうした認知能力が低下してくるという中で、そういう方々が多くなることを踏まえたサービスの改善が必要になります」

当たり前のことだ。麻生は特段、口を挟んでいない。

6月3日、ワーキング・グループで報告書が公表されると、メディアは「2000万円」に飛びついた。

「人生100年『2000万円不足』 金融庁 年金以外の資産形成促す」(『日本経済新聞』2019年6月4日付)

前述した総務省家計調査による収支の「月5万5000円の差」は目新しい話ではない。なぜニュースとなったのか。

老後、どのくらい必要なのか、とりわけ私たち週刊誌メディアは当たり前のように単純計算で報じてきた。ただ政府はそうした打ち出し方をしてこなかった。あまりに大雑把すぎるし、不安を煽る数字でしかないからだ。要は「臭い物に蓋《ふた》」だ。ところがそれを、金融庁は公文書に明記してしまったのだ。

参院選公示日まで1か月という最悪のタイミング。森信親たちがアベノミクスをテコに一気呵成《いっきかせい》にGPIFに手をつけた立ち回りに比べ、遠藤長官率いる金融庁の政治勘は鈍すぎた。

もっともこの時、麻生も問題と感じていなかった。4日の閣議後会見で、記者から報告書について問われると、こんなやりとりをしている。

麻生「人生、俺が生まれた頃の平均寿命は幾つだか知っているか?」

記者「60何歳ぐらいですか」
麻生「俺が生まれた時、47です。47だったのですよ。それが戦後は53になって、それでこの間まで81とか82だったのが100だと言うのだろう。そうすると人生設計を考える時に、100まで生きる前提で退職金で計算してみたことがあるか。普通の人はないよ、多分。俺はないと思うね」

何ということはないが、閣僚資産公開で毎回トップとなる資産家の発言とあって、国民を逆なでしたように捉えられた。政治勘に長けた立憲民主党国会対策委員長・辻元清美《つじもときよみ》はそれを見逃さなかった。

「老後は年金だけでは暮らせないから、投資も含め2000万円かかるぞ、と。まず謝れよ、国民に。申し訳ないと」

と、「投資」の話を、国民の関心の高い「年金」に結びつけるのだ。

6日、立憲民主、国民民主、共産、社民などによる「野党合同ヒアリング」が開かれ、金融庁企画市場局参事官の佐藤則夫《さとうのりお》が吊るし上げられた。「ミスター年金」の長妻昭が、

「10年後いくら不足するのか。自助努力でできるのか。こういう疑問に答えないと無責任になる」

と追及すると、佐藤参事官は、

「総務省家計調査はすべての平均です。具体的な姿は多様。いろんなデータを参考として出し

た」

と弁明した。だが厚労省国民生活基礎調査（2022年）によれば、65歳以上の高齢者世帯のうち「公的年金・恩給の総所得に占める割合が100％の世帯」は44％。つまり高齢者の半数強の人たちが、生活水準はともかく、労働や金融商品による所得など、年金以外の収入を得て暮らしているのだ。そんな「不都合な真実」を、金融庁はあいまいにして乗り切らねばならなかった。

報告書の受け取り拒否

三井局長は改めて麻生大臣にレクチャーし、修正を図る。麻生は7日の閣議後会見で、

「公的年金という話は、これは老後の生活設計の中にあっては基本的には主力、柱になっているので、持続可能な制度をつくっている」

と年金不安を打ち消した上で、

「貯蓄や退職金というのを活用しているということを、あたかも赤字なんじゃないかというような表現をしたというのは、あれは表現自体が不適切だった」

と、報告書の批判に転じた。

だが野党は、

「100年安心がうそだったと、自分で2000万円貯めろってどういうことか」（2019年6月10日、参院決算委員会。立憲民主党・蓮舫《れんほう》の発言）

などと、年金にターゲットを絞っていく。

第五章で書いたように、2004年改正を象徴する「100年安心」について、2009年3月31日の衆院本会議で時の厚労相・舛添要一《ますぞえよういち》が「政府といたしましては、100年安心と謳ったことはありません」と発言した。総理の麻生も「公式に100年安心と言ったわけじゃありません」（同年6月18日、参議院厚生労働委員会）と述べ、年金官僚は、公明党が選挙対策でこしらえたワード（第一章参照）の打ち消しに成功したはずだった。

「100年安心」は「100歳まで安心」なのではなく、5年ごとの財政検証で、その後のおおむね100年間の財政均衡を図っていく趣旨だ。一度は政権を担った野党がそれを知らぬわけはないが、この際、なりふりかまっていられなかった。

総理の安倍は、野党の誘い水に乗ってしまう。

「年金100年安心がウソであったというご指摘でございますが、そうではないということを今申し上げさせておきたい」（前出の参院決算委員会）

年金の恐ろしさを知る安倍官邸はその夜、報告書を「受け取らない」ことを決める。あくまで金融庁に責任をかぶせようというのだ。

参院選で陣頭指揮をとる幹事長・二階俊博《にかいとしひろ》も一気呵成に動いた。翌11日朝、微熱のため党役員会を欠席したが、側近の幹事長代理・林幹雄《はやしもとお》に指示し金融庁を呼び出させた。企画市場局長の三井がおっとり刀で自民党本部に駆けつけた。

林はこう告げた。

「報告書を撤回すべきだ」

ワーキング・グループでは、金融審議会会長でもある神田《かんだ》秀樹《ひでき》・学習院大学大学院教授が座長を務め、約20人の大学教授や金融のプロたちが12回にわたって審議を重ねた。事務方の企画市場局職員らも、資料作成にかかわっている。その膨大な作業を間近で見てきた三井は、あっさりと「撤回」に応じるわけにはいかない。

その上で二階は、風邪を押して党本部に顔を出し、記者を前にコメントを出す。

「2000万円の話が独り歩きしている状況だ。国民に誤解を与えるだけではなく、むしろ不安を招いており、大変憂慮している」

その40分後、連携プレーのように麻生が記者会見を開き、「受け取り拒否」を表明。

「世間に著しい不安とか誤解とかいろいろなものを与えているということでありますので、これまでの政府の政策スタンスとも異なっておりますので、私というか、担当大臣としては正式な報告書としては受け取らないということを決定した」

「政策スタンス」とは、「公的年金で老後の生活がある程度賄《まかな》える」ということらしい。

本書では、年金官僚が社会保障制度審議会を無視するなど、官僚と有識者会議の歴史を辿ってきた。だが、報告書を否定までするのは史上初。識者へのリスペクトのない安倍官邸の暴走であった。

「100年安心」VS年金官僚

年金官僚は、GPIFに続き、またも金融庁に引っ掻き回されたのだった。直面するのは、前述した財政検証の扱い。これ以上、年金のネタをマスコミや野党に提供している場合ではない。

実はすでに公表できる状態にあった。野党合同ヒアリングの席で、数理課長・山内孝一郎《やまうちこういちろう》は「データは全部そろっている」と答えてしまっている。社会保障審議会「経済前提に関する専門委員会」の委員も、当時の私の取材に、

「すでに推計は終わっているはずです。ただ公表は、参議院選挙前だとメディアや野党に突かれるので、時期をずらしたいのでしょう」

と指摘した。

では、遅らせる理由を何にするのか。木下年金局長はこう述べる。

「人生100年ですとかあるいは働き方改革ですとか、そういった問題の中で、在老の問題ですとか繰り下げの問題ですとか、様々な御指摘ございました。そういったことも含めまして、オプション試算として、前回もそうでございましたけれども、様々なケースを検証した上で所得代替率がどうなるかということを今作業しているところでございます」（6月10日、参院決算委員会）

「オプション試算」といって、年金改正が行われると想定した場合の試算を、前回の財政検証で初めて公表した。今回の方が、時間がかかるという説明には無理があった。だが安倍官邸に配慮せざるをえない。

一方で年金官僚が決して譲らない一線があった。「100年安心」という、不誠実なワードの存在を認めないことである。安倍が口にしてしまったため、ジリジリと後退させられる危険があった。

とりわけ、この言葉をつくった公明党は、「ウソ」呼ばわりされて黙っていられなかった。6月14日の衆院財務金融委員会は、この報告書を巡る集中審議となった。公明党の竹内譲《たけうちゆずる》が問うた。

「100年安心プランはウソだったのかとか、そんな批判もありますので、ここはしっかりとちょっと説明をしていただきたい」

年金局ナンバー2にあたる度山徹《どやまとおる》・厚労省大臣官房審議官は、

「100年間の計算を財政検証で行っておりますが、そういうことで均衡をとり続ける形で制度を運営している」

と、「100年安心」とは意地でも口にしない。参院選前だけに公明党も必死だ。竹内はしつこく、

「是非ちょっと簡潔にもう一回言ってほしいんですけれども。100年安心プランは揺るぎのないものである、これが破綻《はたん》しているとか壊れているとかそういうことは全くない、きちっとしたこれまでの想定どおり動いている、機能しているということをちょっと答えてもらいたい」

と、言質《げんち》をとろうとする。しかし度山は、「おおむね100年にわたる給付と負担の均衡が図られるという計算結果は確認をしている」と、鉄壁の守りだ。

この度山の、上手《じょうず》の手から水が漏れた。

秀才年金官僚

本書では、小山進次郎《こやましんじろう》（第二章参照）、山口新一郎《やまぐちしんいちろう》（第四章）、山口剛彦《やまぐちたけひこ》（同）ら、年金に精通した傑物官僚を紹介してきた。近年の厚労官僚の中で、年金の知識では随一で、「年金の鬼」と称されるのが第七章でも登場した、この度山徹である。

富山県の名門・富山中部高から東大法学部に進学し、1988年に厚生省入り。2001年1月から年金局に配属され、2004年改正では年金局総務課課長補佐として、メディア対応を担った。年金課長、総務課長、参事官を歴任し、キャリア官僚としては異例の長さである。

秀才にありがちな変人だそうで、ティッシュ（ネピアの「鼻セレブ」）を食べて、健康のバロメーターにしているとのエピソードもある（『週刊現代』2017年9月9日号）。

報告書に関する衆院参院の集中審議では、度山が答弁を一手に引き受けた。6月18日、参議院財政金融委員会での共産党・小池晃《こいけあきら》とのやりとり。

小池「マクロ経済スライドで基礎年金の給付水準は2043年まで低下が続いていって、最終的には今の給付水準よりも3割低下するということでよろしいですね」

度山「現役の平均的な手取り収入に対する割合という意味でいうと、この表にあります通り36・

8%から、ちょっとケースによっては微妙に異なりますが、26・0%に低下するということになります」

小池「だから素直に言ってほしいんだけど、約3割、給付水準低下しますね」

度山「すみません。算数弱いんでぱっと割り算できないんですが、その程度だと思います」

秀才の度山がニヤニヤしながら言ったものだから、小池は激高。委員会は一時ストップした。こうした態度を度山がしてしまったのは、第五章で記した「世代間格差」以降、将来の給付低下はさんざん批判の対象となっており、いくら反論しても、平行線を辿ることがわかっていたからだろう。マクロ経済スライドの「調整」は人口構成によるから、人口が減っていけば目減りし、増えればその必要はない。年金は社会状況がもたらす結果でしかないのだ。

ただ年金が減るのは政府の少子化対策が理由とは、所管が同じ厚労省だけに、年金官僚が口にするわけにはいかない。とってつけたような説明にならざるをえず、一向に国民に理解されない、堂々巡りとなっている。

小池は、麻生に才先を向ける。

「100年安心なんて言い方はやめて、もうちょっと正直にきちんと説明するようにしたらどうですか」

小池は、社会保障制度審議会（第五章参照）委員を務めた経験もある、年金に精通した論客だ。政府が「100年安心」を使っていないスタンスと知った上での質問だろう。麻生はそれに乗ってしまう。

「私の一存で100年安心という言葉を取り下げるということを希望されておられるんですか。そういうことはいたしません」

「100年安心」を自ら復活させてしまった。

安倍、麻生という政権の2トップが「100年安心」を認めざるをえないのは、選挙を前に、世間が年金制度批判に転じることを恐れたからだろう。

だが安倍官邸はこの報告書を無かったことにして、「不都合な真実」に目を瞑《つぶ》った。制度の本質の議論は深まりようがないのだった。

6月26日に国会が閉会。霞が関恒例の夏の人事では、「老後2000万円問題」の責任を、企画市場局長の三井のみかぶる格好となった。長官候補だったが、金融庁を退官。一方で長官の遠藤俊英は続投となった。厚労省の度山もお咎めなし。問題は矮小化されたのだ（三井は現預金保険機構理事長、遠藤は現ソニーフィナンシャルグループ社長）。

7月21日投開票の参院選は、投票率が24年ぶりに50％を割る低調ぶりだった。安倍の狙い通り、年金に照準は合わなかった。自民党は9議席減だが、6年前の参院選がアベノミクスの勢いがあったためで、3年前の前回選挙より1議席上回った。

年金局が財政検証を公表したのは、参院選後の臨時国会を終え、一段落した8月27日になってからだ。前回より2か月近くも遅かった。「オプション試算」では、パートら短時間労働への厚生年金の適用拡大、在職老齢年金の縮小、受給開始年齢を75歳まで繰り下げられる制度の3点が入り、いずれも翌２０２０年の年金改正に反映されることとなる。

ワーキング・グループの報告書は、なかったことにはならず、いまなお金融庁ホームページで閲覧できる。官僚の矜持《きょうじ》だろう。

一連の騒動で最も旨味があったのは、金融機関だった。「老後２０００万円」を題材にしたセミナーが活況を呈したのだった。皮肉にも、金融庁の役割は果たせたのである。

小泉厚生労働部会長

この問題を、厚労省が「対岸の火事」で済ませたかったのは、足元が大きくぐらつき、それどころではなかったからだ。

前年の２０１８年12月28日、賃金や労働時間などの動きを示す厚労省の「毎月勤労統計調査」が、本来、従業員５００人以上の事業所すべてで調査されなければならないところを、東京都の分は3分の１しか実施していないと朝日新聞がスクープ。統計法で「基幹統計」に位置づけられるこの統計によって雇用保険や労災保険の給付額が決まるのだが、２００４年から15年間、不正な調査が行われたために、延べ２０００万人、総額５３７億円もの過少給付が行われていたことも明らかになった。

この失態に危機感を募らせ、省の解体的出直しを求めたのが小泉進次郎である。小泉は、前述の「小泉小委員会」以降、社会保障に強い関心を示し、自ら志願して2018年10月、自民党厚生労働部会長に就いていた。部会長は「族議員」への登竜門とされ、厚労省が法案をつくる際、必ず通らねばならない関門だ。

小泉は厚労部会長に就くや、年金局の広報体制に「物言い」をつけている。年金の加入者に年金見込み額を通知するハガキの「ねんきん定期便」が、小さな文字や数字だらけでわかりづらい。それを、文字を減らして活字を大きくし、目のひく所に棒グラフを置いた。年金の受給開始年齢には60歳から70歳まで幅があり、繰り下げは最大42%も年金額が増えることを示した（2022年度から繰り下げ受給は75歳まで、最大84%増）。繰り下げ受給を選択する人は1%強に過ぎず、そのメリットをアピールさせたのだ。

ハガキの体裁は2019年4月からガラリと変わるのだが、着想したのは、厚労副部会長の村《むら》井《い》英樹《ひでき》（後に官房副長官）である。元財務官僚で、主税局時代、社会保障と税の一体改革を担当。民主党の機能不全を目の当たりにし、政治家を目指したという30代のエースだ。

小泉は、勤労統計問題で厚労省の体質そのものを問題視した。総務省から不正が指摘されたのが2018年12月13日。だが大臣の根本匠《ねもとたくみ》に報告されたのは、1週間後の20日になってから。トラブルを現場だけで処理しようとする体質は「消えた年金記録問題」（第七章）、「情報流出125万件」（第八章）を経ても、変わっていないのだった。

小泉は2019年2月4日予算委員会で、こう斬り込んだ。

「大臣は、厚労省改革にしっかり旗を振っていただいて、あの時から厚労省が国民生活に責任を持っている組織として信頼されたと思うように、厚労省改革を取り組んでいただきたい」

すでに根回しはできていたのだろう。根本は「私も厚生労働省改革が必要だと思っています」と応じ、省の改革が始まることとなった。

親子2代にわたって、厚労省に斬りこんだ小泉。ただし進次郎のキーワードは、37歳の自身がそうであるように、「若手」であった。

史上初の年金広報の検討会

「年金ブーム」での痛烈な年金官僚バッシングを経験した木下局長や度山審議官が考えたのは、年金広報の重要性だった。しかも若い世代にリーチする必要がある。年金は高齢期の生活を支える支柱だが、若い世代は実感がわかない。そのため政治家は「票」に直結する高齢者に目を向けがちだった。しかし年金が世代と世代の助け合いの代表的な制度である以上、若い世代に自身の問題として考えてもらわねばならない。そこで予算委員会から3日後の2月7日に省内でスタートさせたのが「年金広報検討会」だ。

広報は、年金局にとって昏《くら》い歴史である。第五章で詳述したように、2004年の国民年金保険料納付キャンペーンでは、イメージキャラクターの江角《えすみ》マキコ自身が保険料を納付していなかったというブラックジョークのような不祥事が発覚。これに年金保険料から6億2000万円も投じられていたため、国民の怒りに発火し、後の「年金未納政局」へと連なっていった。

年金不信が燎原《りょうげん》の火のごとく広がる中、年金広報は無力であった。やがて「無駄」のレッテルを貼られてしまう。

民主党政権時の2009年11月、市ヶ谷の国立印刷局市ケ谷センター体育館で開かれた「事業仕分け」で、「年金に関する広報等に必要な経費」の「廃止」が決定された。ヒアリング対象の社会保険庁幹部が発言しようとしても、取りまとめ役の尾立源幸参院議員は「結果についての質問は受け付けない」と突っぱねた。2009年度で、年金の広報関連予算3億4000万円が削られた。

かといって何もしないわけにはいかず、年金局総務課を中心とし、他の予算から捻出しながら、冊子などで広報活動を行った。年金局の特別会計予算に「広報」にかかわる予算事項が復活するのは2015年度からだ。

こうして誕生した年金広報検討会。年金広報に特化した検討会設置は、年金制度の歴史の中で初めてのことだ。メンバーは、「今年の漢字」「ひこにゃん」などを生み出したPR専門家の殿村《とのむら》美樹《みき》、ユニバーサルデザイン（文化、国籍が違っても利用しやすいデザイン）の第一人者の横尾《よこお》良笑《よしえ》・実利用者研究機構理事長ら、年金官僚とは縁遠かった面々を引き入れた。

そのスタートダッシュとして仕込んだのが、「年金ポータル」だ。「年金のホームページ」と言っても、厚生労働省、日本年金機構、GPIFなどが開設し、どのような制度なのか、将来の年金はいくらか、積立金はいくらあるのか、を知るには各々アクセスする必要があった。それを一括して探せる「年金ポータル」の作成を、検討会スタート時点で、すでに広告代理店に発注していた。

「ポータル」は、検討会で細かな文言調整を行った上、4月16日、根本厚労相がデモンストレーションを行いながら、開設を大々的に発表した。負のイメージがついた年金広報を、年金官僚はようやく払拭したのである。

「拘牢省」

小泉の進言を受けて、4月25日、厚労省の総合職（2011年度までの国家一種。いわゆるキャリア官僚）、一般職、技術職、事務職などすべての職種から、20代、30代の若手職員38人が選ばれ、「厚生労働省改革若手チーム」が発足した。代表は2006年入省で36歳の久米《くめ》隼人《はやと》・大臣官房人事課課長補佐。年金局からは古賀《こが》紳介《しんすけ》（事業管理課、10年入省）、鈴木《すずき》晴香《はるか》（年金課、15年入省）が参画している。

長妻昭大臣時代にも若手チームが立ち上がったが、幹部の賛同が得られず、中途半端に終わっていた。その経験から、事務次官から入省直後の職員、それに若くして退職した職員に至るまでヒアリングした他、本省職員へのアンケートを行い、「若手の提言」で終わらないよう心掛けた。

8月に公表された90ページに及ぶ緊急提言で明らかにしたのは、「拘牢省《こうろうしょう》」と揶揄される過酷な労働実態だった。

本省の業務量を比較した自民党行政改革推進本部資料によれば、定員1000人あたりの国会答弁数、所属委員会出席時間、質問主意書答弁数、審議会などの開催回数、すべてにおいて厚労省が最多。しかも国が被告となる訴訟件数は、他省が数件〜数十件にとどまっているのに対し、厚労省は1179件にも及ぶ。

加えて令和の時代とは思えぬオフィス環境である。中央合同庁舎5号館は1983年竣工時から内装はほとんど変わっておらず、特に夏場は冷房が効かない。自前の扇風機を持ち込んだり、Tシャツ、短パンに着替える職員もいるという。職員アンケートのオフィス環境の不満の1位が「夏が暑い」という体たらくだ。

チーム代表の久米が入省した2006年は、「消えた年金記録問題」で社会保険庁バッシングがすさまじかった時期。厚労省が自信を失っているように見えたようだ。

「入省前に官庁訪問として、いろいろな省庁に行ったのですが、厚労省には、とても温かく、優しい職員が多かったのですが、経産省や財務省と比較して、〝ギラギラ感〟がないというか、『ぜひうちに来てほしい』といった学生に対するアピールが弱いという印象でした。『今の社会保障制度はこうなっています』などと説明してくださったのですが、通り一遍の資料を使うだけで……」(m3.com、2019年10月4日)

それでも入省したのは「厚労省は、医療や介護、年金、今は働き方も含めて、大切な行政部門をたくさん担っています」(同)と、国民生活に直結するという、やりがいのある仕事だからだ。

緊急提言の中でも「今この瞬間も、この国のどこかで、厚生労働省の所管行政による支えを求める人々がおり、そうした人々の暮らしを少しでも良くしたいと思ったからである。この国の繁栄と発展に、自分の持てる力の限り貢献したいと思ったからである」と、チームの熱い思いが記されている。

ところが、職員アンケートでは「職員を大事にする職場である」と回答した職員の割合はわずか8%で、「職員を大事にしない職場である」と回答した職員の割合は40%以上。20代後半職員の半数が「辞めたいと思うことがある」と答える有様であった。

60年前の国民年金創設時、若手官僚は水が天井から滴り落ちてくるオンボロ庁舎で毎日終電近くまで働き、小山進次郎が部下を震え上がらせながらリードした。だがいまや、やりがいだけで官僚たちが一丸となる時代ではなかった。

緊急提言は、業務の集約化、国会業務の改革といった「生産性の徹底的な向上のための業務改善」、人事評価や人事配置など「意欲と能力を最大限発揮できる人事制度」、さらに「『暑い、狭い、暗い、汚い』オフィス環境の改善」を具体的に示し、根本大臣に手渡された。すぐにエアコン温度や暗い廊下照明は改善され、大臣説明は原則ペーパーレスとなった。10月には鈴木《すずき》俊彦《としひこ》・事務次官（元年金局長）をトップとする厚生労働省改革実行チームがスタートし、いまも改善を進めている。

年金広報企画室

「老後2000万円問題」直後の2019年7月の人事で、年金局長に高橋俊之《たかはしとしゆき》・大臣官房年金管理審議官が昇進した。2004年から4年間、社会保険庁に在籍し、年金官僚の信頼が失墜し、日本年金機構設置が決まるまでをつぶさに見てきた。広報を担当する総務課長には竹林悟史《たけばやしさとし》が就いた。駆け出しが年金局で、民主党政権時には社会保障担当参事官を務めた年金のスペシャリストだ。

このタッグによって、年金広報部署を新設する予算の獲得に成功。2020年4月、「総務課年金広報企画室」が発足した。メンバーは5人で初代室長に古川弘剛《ふるかわひろたか》が就いた。

古川はドイツ大使館の勤務経験もある国際派である。すでに職員は、スウェーデン、イギリス、フランス、ドイツに派遣され、広報事情を調査していた。これまでの年金広報と全く異なる、グローバルスタンダード基準にするためだった。

メインターゲットは、年金広報検討会がそうだったように、「次世代を担う若い世代」である。参考にしたのは、2014年のOECD（経済協力開発機構）の「Pensions Outlook」で、メインターゲットの設定の必要性を提唱していた。若い世代は将来「公的年金を受け取る世代」であり、ここにリーチしておけば、影響期間が長く、さらに次の世代に継承する「正の循環」になるとの狙いだ。

年金広報企画室発足に先駆けて2019年6月にスタートしたのが「学生との年金対話集会」である。スウェーデンの年金教育をモデルにしたという。

法学部や経済学部など公的年金と関係の深いゼミに出向く（コロナ禍ではオンライン）。スポット的な車座の対話は行ったことはあったが、第一部が係長から局長級による講義、第二部は入省1年目も含めた若手年金官僚と疑問を話し合う形式で、この組み合わせは初の試みであった。

学生からの声には、「iDeCo（個人型確定拠出年金）やつみたてNISAのメリット、デメリット、どのようなライフスタイルの人にそれぞれが向いているのか」と、私的年金について知りたいという内容が少なくなかった。

それは年金広報の狙い通りと言えた。マクロ経済スライドで年金が目減りしていく中、年金官僚は、公的年金だけに頼ってはならないと考えている。「老後2000万円問題」が勃発した際、「公的年金で足りない人がいるのは事実」と開き直ってもよかったかもしれない。しかし前述のように高齢者世帯のうち実に44％が年金収入だけで暮らしており、そうは口にできない。

そこで年金局は、年金広報検討会にも「公的年金・私的年金やその他の資産形成手段について、幅広く情報を提供し、自分に相応しいものを選択できるようにする」との議論を求めている。若いうちに私的年金の存在を知ってもらえば、公的年金頼みの姿勢が変わる。公的年金への注目度が下がれば、「年金不信」から遠ざかる。各人のライフスタイルに任せた「選択」は、都合のいい言葉だった。

2020年11月、熊本大学法学部での集会で、ある学生が「iDeCoに加入しているか？」と質問すると、若手官僚は「検討中」と答えた。場は沸いたとのことだが、官僚ですらそうなのだから、若いうちに資産形成を考えるのは容易ではない。

その他、クイズ王の伊沢拓司率いる「QuizKnock」を起用した、年金制度解説のユーチューブ動画を発信した。その内容は、対話集会で出た質問にヒントを得ていた。こうした活動が評価され、2022年2月、世界159か国が加盟する国際社会保障協会（ISSA）から特別優秀賞が贈られた。日本で初めてのことだ。

逆に言えば、これまでの年金広報は、世界から見ればお粗末なものだったのだ。

年金広報企画室の白眉《はくび》は、2022年4月にスタートした「公的年金シミュレーター」である。「ねんきん定期便」に記載された二次元コードを読み取って生年月日を入力、またはサイトにアクセスして生年月日、年収などを入力すると、将来の年金額が試算できる。目新しいのは、就労完了年数、受給開始年齢をスライドバーで操作することで、年金額の増減が一目でわかる点だ。デジタル社会の象徴的な取り組みであった。

中心となったのは、係長の菊地《きくち》英明《ひであき》、専門官の的羽《まとば》俊弥《としや》、新藤《しんどう》壮一郎《そういちろう》の若手だ。とりわけ菊地は人事院人材局研究推進課が実施する行政官短期在外研究員制度の研究員として、2017年3月から1年間、アメリカ国務省文化教育局のプログラムに派遣されている。年金局と関係ない制度だったが、アメリカの金融リテラシー教育を研究し、結果としてその知見が年金広報立ち上げに一役買うことになる。

菊地らが心がけたのは、わかりやすさだ。年金制度は複雑で、官僚は文言の正確さを求めるので、自然と文字数は多くなり、表現が小難しくなる。そこである程度つくったら、初めて利用する人に操作してもらい、ブラッシュアップするという作業を重ねた。公的年金研究の権威のペンシルベニア大学のオリビア教授ら、海外の専門家にも見てもらい、世界標準に合わせていった。

「つらい時期を知らない世代」

この「公的年金シミュレーター」がいかによく出来ているか、私に教えてくれたのが、年金部会委員であり、かつて「社会保障の教育推進に関する検討会」座長を務めた権丈善一《けんじょうよしかず》・慶應大学教授である。権丈のインタビューは2023年7月、JR武蔵境駅近くの貸会議室で行った。

「開発には30代の若い官僚が配されている。昔の年金のつらい時期を知らない世代が楽しみながらやっているよ。いい時代になったね。僕はいま東京都で『くらし方会議』の座長をやっていて、そこの事務局に公的年金シミュレーターの開発者たちとも会ってもらった。医療保険などと違い、年金保険には『時間軸』が入る。これが年金理解を阻む。時間軸が関わることを理解できないという人間の欠陥を、このシミュレーターは取り払ってくれる。都民1400万人に、公的年金シミュレーターを知ってもらったら大きい」

本書では、小山進次郎以降の年金局長、課長らエリート幹部が、長年の経験を踏まえた手腕で、制度改革を牽引する様子を描いてきた。だがいまや、年金官僚が悪人扱いされた2000年初頭から民主党政権にかけての「つらい時期」を知らない世代がリードしている。「公的年金シミュレーター」にしても、高橋年金局長に進捗を報告するごとに、「しっかりいいものをつくってくれよ」と激励される、ボトムアップだ。

批判の対象にならなくなった現役の年金官僚は、いま何を考えているのか。

まず私は、年金の新たな時代の象徴である年金広報企画室に取材を申し込んだ。電話口で、前出の菊地英明が対応した。それもあって私は菊地本人に話を聞きたいと試みたが、「年金広報に関しては私の一個人としての考えというよりもさまざまな職員や関係者の考えがあって運営しております」と、年金広報企画室としての書面回答となった。

――社保庁時代の広報体制とどう違うか？

「年金は、生活に大きな影響を与え、国民の関心が高い行政分野であり、過去においても現在においても様々なご意見をいただいております。年金広報活動には、高度な専門的知見にもとづくコミュニケーションの設計が必要となります。このような年金広報の特性を踏まえ、当局では広報の専門知見を有する識者からなる年金広報検討会を設置し、広報活動の企画段階から様々な助言をいただくなど、高品質の広報を国民の皆様にご提供できるよう努めております」

――かつてより、いまはバッシングが下火になっている。国民の年金に対する考え方は変わってきたと感じるか？

「国民の皆様が、情報発信内容を容易に理解できるか、不快に感じる点はないか、情報の受け手の観点からより改善できる点はないか等、広報物のリリース前に可能な限り定量分析、定性調査などを実施して課題を把握し、改善した上でリリースしております」

――広報企画室として若い声を吸い上げるため、チーム運営において意識している点は？

「年金広報を制作するにあたっては、若い世代に限らず、様々な年代がターゲットとなります。このため、ターゲット層に応じて局内の様々な年代の職員の協力を得て、年金局一丸となって取り組むようにしております」

続いて私は、年金局長・橋本泰宏《はしもとやすひろ》にアプローチした。小山の時代の年金局の定員は50人で、小山は44歳だった。いまでは定員315人に膨れ上がり、橋本は59歳である。

橋本は「つらい時期」を肌身で知る男だ。

2022年6月、子ども家庭局長から年金局長となった橋本は1987年入省。課長補佐になるまで年金行政とは無縁で、初めて年金局入りしたのは2004年改正成立直後の異動で、年金課企画官としてであった。2006年には、年金保険料収納対策の一環で、国税庁との人事交流第一号として国税庁徴収部徴収課企画官に。社会保険庁最後の企画室長を経て、同庁の保険者としての機能を引き継ぐ形で新設された年金局事業管理課長に。この時の2011年に勃発したのが、第七章で詳述した「運用3号」を巡る橋本の更迭《こうてつ》劇だ。だから橋本は「年金行政に関わる機会は二度とないであろうと思っていた」（『週刊年金実務』2023年1月2・9日合併号）という。

橋本もまた、「書面にてご回答させていただきます」とのことだった。

――局長として、若者向けを意識しているか？　若い世代との、年金への捉え方の違いを感じることはあるか？

「年金制度を将来にわたって持続させていく上で、若い世代の方々のご理解をいただくことは極めて重要です。このため、年金に関する国民への広報を行うに当たり、若い世代の感覚を有する職員の意見を活かしていくことは有効と考えています。若手の職員も、どうしたら効果的な広報ができるのか、真剣に考えてくれています」

――若手年金官僚にどのような心構えを求めるか？

「年金制度は、過去からの長い歴史を持ち、遠い将来に向かって継続していくものです。このため、年金行政を行うに当たっては、過去からの経緯をしっかり把握するとともに、遠い将来を見据えて今何をなすべきか深く考えることが必要であり、職員にはそのような態度を求めていきたいと思います」

国民が気になるのは、今後、「年金ブーム」のような、政治、マスコミを巻き込んで危機が煽《あお》られるような大改正があり得るのか、だろう。年金広報企画室、橋本局長双方に聞いた。

──2004年改正、そして2016年改正のマクロ経済スライドのキャリーオーバーの制度（第八章）導入により、年金官僚の間では当分、大きな改正をする必要がないとの認識となっている。一方で、2021年の自民党総裁選に出馬した河野太郎は、著書『日本を前に進める』の中で、「自分の世代で完結する積立方式の年金制度」が「必要な年金制度」とし、1階部分が消費税を財源、2階部分は積立方式という改革案を提示している。これらについてどう考えるか？

「2024年に予定される年金財政検証、さらにそれを踏まえて行うこととなる次期年金制度改正に向けては、社会保障審議会年金部会やその下に設けられた『年金財政における経済前提に関する専門委員会』において、幅広く議論が行われております。厚生労働省としては、今後の過程におけるさまざまなご意見を踏まえ、国民の皆様のご理解を得ながら、制度改正に向けた検討を進めてまいります」

両者、一言一句同じ回答だった。

「小山学校」ＯＢの諫言

予想していたことだが、「官僚答弁」のオンパレードであった。本として残る以上、後世の年金官僚が読むのに耐えられるものでなければならず、具体性を持たせたくないのは、官僚として当然の思考かもしれない。きっと稟議《りんぎ》に諮《はか》られただろうし、日々の仕事以外に時間を割いていただいたことに感謝したい。

その慎重な文章から読み取れるのは、先輩官僚への配慮だ。過去を否定しかねないニュアンスを回避している。文書回答と聞いた私は、過去との違いを引き出すべくさまざまな角度から質問を投げかけたが、それは叶わなかった。

私が狙ったのは、例えば橋本局長のこんなコメントである。

「保険料上限を固定してその費用の中で給付を行っていく平成16（2004）年改正以降の制度フレームの下では、既に受給している世代が影響を受けず、将来受給する世代だけに影響が及ぶことになる、原則的な支給開始年齢を動かす制度改正が妥当なのか、疑問符がつけられています。……当面の議論の焦点ではないと思っています」（前掲の『週刊年金実務』）

週刊誌でいまもたまに登場する「支給開始年齢引き上げ計画」について、橋本は否定的な見方を示している。第七章で触れた2012年に転換を図った「公式見解」であり、専門誌ゆえに突っ込んだのだろう。私への回答でそう記さなかったのは、年金部会で審議中という配慮に違いない。ただこのように、年金官僚の「意思」は存在するのだ。

この方針に異を唱える大物OBがいる。国民皆年金の礎をつくった「小山学校」の〝生徒〟で、年金局長、厚生次官を務めた吉原健二《よしはらけんじ》だ。いま90歳を超える吉原は私の取材に、「僕の目の黒いうちに方針転換できそうにないけど、最後まで言うだけは言っておきたい」と語気を強めた。

「国難ともいうべき人口の大減少という大津波に対し、滅多に発動されることのないマクロ経済スライドで給付を減らす仕組みだけで乗り切れるという誤った認識を早く改めるべきです」

吉原は、自身が現役の時代に、支給開始年齢引き上げが遅々として進まなかったことをいまなお悔やんでいる。

「原則、支給開始年齢を70歳以上にすべき。いまは70歳か75歳かと選べるんだからいいじゃないかとなっている。悪くないと思っているのは富裕層だけ。国は、自分で選べるなら制度で上げる必要はないと言っており、一般の人もマスコミも賛成しやすい。しかしもらい始める年齢を選ぶって、自分がいつまで元気かわからないから、迷いますからね。支給開始年齢を60歳から75歳まで選べるとは長すぎる。65歳から選択できるようにすればいい」

吉原はこうした論考を、専門誌に寄稿しているので、現役年金官僚は見聞きしているはずだ。だが本書で見てきたように、「支給開始年齢」は政局に巻き込まれる大問題である。そんな「つらい時期」に後戻りする気はあるまい。

若手年金官僚の本音はどこにあるのか。

厚労省ホームページに「総合職入省案内」が掲載されており、その中に現役官僚の声が紹介されているのを見つけた。多くはやはり当たり触りのない記述だが、目をひいたのは、2019年の案内に登場した年金課課長補佐の金沢侑加（2009年入省）の記述だ。

年金制度も新しい局面を迎えています。パートタイムやダブルワークなど働き方の多様化、女性や高齢者など働き手の多様化。様々な「働く」をより一層年金制度に反映し、老後の保障につなげていくための「攻め」の改革が求められています。先輩方が、持続可能性確保に心血を注ぎ作り上げてきた制度に敬意を抱きながら、新しい時代を切り拓いていけることにわくわくしています。

前段は2020年改正に結びつく内容だが、「『攻め』の改革」「わくわく」は、いまの年金官僚ゆえの言葉だろう。

小山進次郎が国民年金を「早産児」と称し、吉原もそうだったように、年金制度は「後悔」の積み重ねでできている。いま風に言えば「アジャイル」で、主にソフトウェア開発で言われる、ともかく制度をスタートさせ、試行錯誤を重ねて価値を高めていく手法だ。

しかし年金は、放っておけば肥大化するやっかいな制度で、修正は容易ではなかった。だから「成功例」と評される1985年改正、2004年改正にしても、前者は山口新一郎局長の〝戦死〟があったし、後者は、社保庁解体など年金官僚の信頼が地に堕ちるという、多大な犠牲を払っている。歴代の多くの年金官僚は、想定以上の少子高齢化の前に茫然と立ち尽くし、歯を食いしばるように対処してきたのである。

年金官僚が「わくわく」を感じるなど、OBからは想像もつかないだろう。しかし他でもない、吉原ら「小山学校」の若き官僚は「意気に燃え」（古川貞二郎）、国民皆年金制をつくり上げた。

2021年、国民皆年金制度は〝還暦〟を迎えた。世の習いでは、年金の第二の時代が始まっている。

年金官僚は、「ベスト&ブライテスト」たちが集ったあの輝きを、取り戻すことができるだろうか。

あとがき

本書の執筆を終えようとする頃、日本政治史に残るニュースが飛び込んできた。

「宏池会（＝岸田派）を解散することを検討しております」

2024年1月18日夜7時、首相官邸のぶら下がり取材に応じた総理・岸田《きしだ》文雄《ふみお》は、自ら率いてきた派閥の解散をぶち上げた。

前年2023年、東京地検特捜部は、自民党各派閥のパーティー収入を巡る「キックバック」疑惑にメスを入れ、標的となった最大派閥・安倍派所属の閣僚更迭に発展。年が明け、「自民党刷新本部」が立ち上がり、お茶を濁《にご》すだけで終わるかに思われた。そんな矢先、1957年に旗揚げされ、池田《いけだ》勇人《はやし》（1960～64年に首相）以降、5人の総理を輩出した自民党最古の名門派閥を、岸田はいともたやすく、他派閥や党幹部への根回しもせず、無くそうと言うのである。

その「岸田の乱」に、永田町はハチの巣を突いたような騒ぎとなった。

だが国民からすれば「コップの中の争い」に過ぎず、疑惑の主眼である「政治とカネ」が解消されるわけではない。

「要は改革の主導権争い。政争だけで政権を維持しようというリーダーを担いでいると、国はおかしくなる」

自民党中堅議員は、私の取材にこう呆れた。

このように岸田には、「聞く耳」の名の下、突拍子もなく、国民受けを狙うところがある。

年金官僚にとってのそれは、「年収の壁」であった。

年収が103万円以内の場合、所得税はかからず、配偶者には「配偶者控除」が適用される。そのため、103万円を超えると、手取りの収入が減るという逆転現象が起きてしまう。これが「103万円の壁」だ。

「130万円の壁」もある。こちらはパート労働者が年収130万円を超えると、年金や健康保険の社会保険料負担が発生するために生じる。前者は1995年、後者は1993年に発生し、さらに2016年の年金改正(第八章参照)により、同年10月以降、従業員501人以上の会社では社会保険の対象が年収106万円以上に拡大され、「106万円の壁」も加わった。

それらは社会保険労務士らによる「マネー術」としては指摘されてきたが、岸田政権になって突然、政治の場に躍り出る。

きっかけは2020年の年金法改正で決まった2022年10月からの「壁の拡大」だ。厚生年金加入要件が、従業員501人以上から101人以上に広がり、新たに約45万人が被保険者となった。

それに呼応して同年9月末、野村総合研究所が、パートタイムで働く女性の6割以上が、年収額を一定の金額以下に抑える「就業調整」を行っているとの調査結果を公表した。翌10月発表のレポートでは、夫の年収を500万円（家族手当月1万7000円）とした場合、妻の年収が100万円だと世帯手取り額が513万円だが、106万円で社会保険に加入すると世帯手取り額が489万円で24万円減少すると試算。妻の年収が4割増の138万円になってようやく、100万円の時の手取りに追いつくという。

同レポートはこれを「働き損」と断じた。「壁」を解消し、パートタイムで働く女性が労働時間を2割増やせば、収入増だけでなく、需要増加による追加生産など計1兆8000億円、GDPを0・3%押し上げる効果がある、とも提言した。

この指摘は、経済界の思いに他ならなかった。企業は、コロナ禍も相まって、ただでさえ人手不足に陥っていた。さらにインフレにより、賃上げが求められている。給料を上げても、「壁」によって就業調整されてしまうという「負のスパイラル」に悩まされていたのだ。

「女性」「経済界」への気遣いは、政権の支持率アップにもつながる――。岸田は、そんな思惑も働いたのだろう。時の総理で初めて、「年収の壁」に言及するのだ。

「いわゆる130万円の壁については、短時間労働者への被用者保険の適用拡大により、これを意識せず働くことが可能になると考えており、全ての方が希望どおり働けるよう、引き続き、こうした取組を進めてまいりたいと考えます」（2022年10月6日、衆議院本会議。国民民主党代表・玉木雄一郎への答弁）

「古くて新しい問題」となった「壁」。岸田が繰り出した解消法は単純だった。助成金を出すのだ。

まず「106万円の壁」では、賃上げを行ったり、労働時間を延ばすための計画の作成に取り組んだ企業に対し、従業員1人当たり最大50万円を支給する。もともと非正規労働者の正社員化などを促すために設けられていた厚生労働省の「キャリアアップ助成金」を拡充し、「年収の壁」対策として2024年度予算で270億円を計上することとなった。一方、「130万円の壁」については、人手不足で残業代が発生した場合、事業主が証明書を健康保険組合などに提出すれば、引き続き被扶養者として認定される。

2023年10月、これを岸田は「年収の壁、突破へ」と大げさな惹句《じゃっく》でスタートさせた。だがこの対策が、付け焼刃で、根本的な解決となっていないことは素人でもわかるだろう。

そもそも、106万円を超えると確かに保険料で手取りは減るものの、将来、厚生年金を受給できる。これまで「第三号被保険者」(夫の扶養に入るため保険料を払わないが、一階部分の年金をもらえる)だった人は、二階部分が上乗せされ、年金受給額はアップするから、「働き損」とは乱暴な表現だ。

パート主婦への優遇で、フルタイムで働いている女性に対して不公平だし、すでに、社会保険料を補塡《ほてん》するなど、従業員の「壁超え」を促す企業努力をしてきた会社にも不公平だ。

事実、2年間の時限的な措置に過ぎない。2024年の財政検証、それを踏まえた2025年の年金法改正で解決しようという。要は問題の「先送り」にほかならない。

企業の競争力低下につながるような「悪手」に、年金官僚は何を思うのか。主役であるはずなのに、動きが見えてこない。

「誰が進んであんな制度をつくるのか。制度的に官邸が強くなって、年金局は押し切られ、やらされているだけ。年金モンロー主義と言われていた時代には、あり得ない状況だと思います」

私にこう指摘したのは、ある年金部会委員である。

年金モンロー主義――。本書のストーリーには取り込めなかったが、1990年ごろ、「年金モンロー主義の放棄」が関係者の間で盛んに叫ばれた。モンロー主義とは、アメリカがアメリカ大陸とヨーロッパ大陸の相互不干渉を提唱した考え方で、年金局が医療・福祉・雇用などと一線を画して政策をつくってきたことを指す。逆に保険局は他の分野に侵略していくことから「帝国主義」と呼ばれ、だから厚生省筆頭局に位置づけられた。

国民の年金不信を取り除くには、「年金の論理」を取っ払わねばならないとの思いが、厚生省内にもあった。第七章に登場した中村秀一《なかむらしゅういち》は1992年7月、年金局の経験がないのに年金課長に抜擢されたが、その際、官房長の古川貞二《ふるかわていじ》郎《ろう》（第二章参照）から「君は年金をしたことがないから年金課長にするので、そのことを忘れないように」と言われたものだった。

実際、年金局のモンロー主義は払拭された。しかしいまや、年金局の存在感を失うほどに官邸が侵略してきているのだ。

「正義を貫けない職場の崩壊が加速するという感じでしょうか。厚労省の離職者は増えるでしょうね」

先の年金部会委員はそう嘆いた。

年金官僚の〝顔〟が見えなくなったのは、週刊誌記者の私も感じてきた。

私が年金取材にかかわり始めたのは、今から20年以上前、『週刊ポスト』（小学館）契約記者だった2002年後半のことだ。2004年改正を前にした「年金ブーム前夜」で、ポスト編集部はいち早く年金を「カネのなる木」と睨み、取材班を組んだ。私は当初のメンバーではなかったが、先輩記者の退職によって、急遽、加わることになった。

その頃、官僚たちは取材に極めて協力的だった。私のように「記者証」を持たない週刊誌契約記者でも、厚労省のある中央合同庁舎第5号館に何の手続きもせず入ることができた。アポイント無しで年金局を訪ねても、官僚たちは嫌がる素振りを見せず、取材に応じてくれた。私は不在の職員の椅子に座って、話を聞いたものである。彼らの姿勢は、制度を国民に理解してもらいたいという切なる思いだろう。

ところが年金ブームが過熱するにつれ、私は門前払いをくらい始めた。アポを入れようとすると、「あなた方は批判しかしないでしょ」と取り付く島もない。あまりにバッシングを受けたものだから、彼らのマスコミ不信は限界に達していた。

2008年、元厚生次官殺傷事件（第七章参照）が起きた。官僚の保護のため、どの庁舎にもセキュリティゲートが設置され、アポなしの訪問は許されなくなった。

そこに民主党政権以降の強烈な官邸主導が加わった。官僚の「意思」はないがしろにされ、〝顔〟は見えなくなる一方だった。

対面取材の機会が減るのは、当然の流れだった。多くが電話での対応となり、ややこしい質問の際は慎重を期すためファックス（やがてメールに）による文書のやりとりだ。終章で記したような年金局の取材対応は、想定内である。

終章で書いたように、年金官僚は、「大改正」はもはや不要との立場をとっている。〝顔〟を出すまでもないと言うことなのかもしれない。

果たしてそれで良いのだろうか。

２０２５年、私たちは、国民の５人に１人が後期高齢者となる「２０２５年問題」に直面するが、それ以降も少子高齢化の問題が解決されるわけではない。

２０２３年４月に公表された、国立社会保障・人口問題研究所による「日本の将来推計人口」によれば、２０７０年には総人口は８７００万人に減少し、65歳以上の総人口に占める割合は２０２０年の28・６％から２０７０年には38・７％まで上昇。65歳以上の人口のピークは２０４３年で、３９５３万人に及ぶという。しかも第一章で見た通り、推計より深刻化する可能性がある。

最新のＡＩ（人工知能）を使い、国民にとって最適解の年金制度が作られるならいいが、審議会、与党部会、国会審議などの手続きを経る以上、そうはなるまい。

傑物官僚として名を馳せた香取照幸《かとりてるゆき》・元年金局長（第八章参照）は、私にメールでこんな指摘を寄せた。

年金に限らず、社会保障改革とは（世の中の人がどう思っているのかは分かりませんが）極めて複雑な利害関係の絡む壮大な多元連立方程式です。当事者によって見える（見ている）風景は異なります。それは、それぞれが『見たい』風景、ということでもあります。であるが故に、合意形成は常に極めて困難であり、その意味で改革の過程は政治そのもの、ということでもあります。

私が本書の取材で感じたことがある。官僚、政治家、識者――全員と言っていい方々が、「自分が行ってきたことは正しかった」と考えていることだ。「できなかった」と悔やんではいても、「間違っていた」と認めた人は皆無だ。

それは「人間の性」とも言うべき思考だろう。誰だって、自分の過去は肯定したい。

制度づくりに携わる人は皆、子や孫の世代を想うに違いない。しかし政治家なら目の前の選挙、権力維持、官僚にしても勉強してきたバックグラウンド、はたまた自身の出世を睨み、「見たい風景」は異なってくる。

政治家とのバトルも辞さなかった香取が、肝に銘じてきた言葉がある。

「政権に終わりがあっても、内閣に終わりはない」

前出の古川貞二郎の言葉だという。時の為政者には栄枯盛衰があるが、国民がいる限り行政機関は永遠に続く。政治に惑わされることなく将来を見据えよ、という行政官への戒めである。

確かに政治家は、「前例」「継続性」に縛られる官僚にはできない「改革」を行ってきた。有限均衡方式への切り替え（第一章）、年金積立金の取り崩し（同）、預託制度の廃止（第六章）、社会保険庁解体（第七章）は、年金官僚が言うに言えなかった転換を、政治家の「手柄」として実現させたものだ。

一方で年金官僚たちが政治に屈したために、その「尻ぬぐい」に時間をかけざるをえない例もある。「100年安心」のネーミング（第一章）、1973年改正、グリーンピア設立（第三章）、民主党年金改革案（第七章）……。前述した「壁」を巡る岸田首相の政策も、その一つに加えられそうだ。

年金は国家がある限り、存続する。ただし人間がつくる政策に、完璧はない。各々が「見たい風景」だけ見ていたのでは、失敗は繰り返される。決して、「大改正は不要」との「思考停止」は許されないのだ。

私は「年金ブーム」の1年半ほど、ほぼ毎号、年金取材に明け暮れた。徹夜もしょっちゅうだったが、20代後半という若さ、知識を吸収する喜びがあり、記者としての手ごたえを感じた時期だ。私の記者人生の〝青春〟であった。

ただし、いくらメディアが激しく批判をしたところで、法律が大きく修正されることはなく、順調に成立したことは第五章で書いた。社会保険庁は解体に追い込まれたが、それで国民生活が良くなったのか、今もって実感がない。

恥を忍んで言えば、「マクロ経済スライド」が人口減少、平均余命の延びによる調整に過ぎないことを、私は本書の取材で初めて理解した。制度の本筋とずれた所を、懸命に掘り下げていたのである。年金取材にどっぷり浸かった私ですらそうだから、一般国民が知るよしもないだろう。2005年に『週刊文春』(文藝春秋)に移籍してからも、編集部は私に、年金の記事を数多く担当させてくれた。年金は、私にとって〝背骨〟のような取材対象であり続けた。

本来、私は記者として何を報じるべきだったのか。こうまでメディアを、私を、惹きつける年金とは一体何なのか——。それを解き明かし、ノンフィクション作品として世に問いたいと決意したのが、本書執筆の動機である。

ただ書店には、すでに年金に関する本が溢れている。「ブーム」の頃は、岩瀬達哉『年金大崩壊』(講談社)に代表される批判本が、最近は、社会保険労務士による「お得なもらい方」といったハウツー本が主流だ。しかし年金の歴史を辿るノンフィクション作品は世に一冊も出ていない。その分野なら、私が本を出す意義はあるだろうと考えた。

コロナ禍真っ只中の2020年夏、私は本書の取材をスタートさせた。最初にインタビューを申し込んだのは吉原健二《よしはらけんじ》(第二章参照)だ。年金局長、社会保険庁長官、厚生次官を務めた大物年金官僚で、『日本公的年金制度史』(中央法規出版)などの大著があり、国民年金創設時を知るギリギリの世代である。当時88歳という高齢が心配だったが、それは杞憂《きゆう》に終わる。かつて理事長を務めていた組織を通じて申し込むと、溌溂《はつらつ》とした声で取材を受ける旨の電話がかかってきた。

日本医療経営実践協会代表理事の職にあり、八丁堀の事務所で2時間近くにわたって応じていただいた。

ノンフィクションの書き手が「間に合った」と表現することがある。

ある事象について書きたい時、その直後だと、多くの人はハレーションを気にして、取材を受けたがらない。一方、時が熟するのを待っていれば、当事者の記憶は薄れていくし、高齢化、さらにはこの世から去り、物理的にインタビューが不可能となる。

吉原の証言を残すことは「間に合った」のである。

元官房副長官の古川貞二郎、元財務大臣の藤井《ふじい》裕久《ひろひさ》、元総評社会保障局長の公文昭夫の3氏は、取材後に亡くなった。その一言一言が、年金にまつわる遺言だったのだろう。ご冥福をお祈りしたい。

一方「間に合わず」、後悔していることがある。

2022年夏、安倍《あべ》晋三《しんぞう》元首相の暗殺事件を受け、週刊文春記者の私は奈良県内の病院へと飛んだ。夫人が遺体とともに病院を後にするまで、徹夜で、100人近い記者・カメラマンらとともに病院前の地べたに座って待った。歴史的事件の現場にいる興奮でちっとも眠くなかったが、時折、頭をよぎったのが本書のことだった。

「厚労族」を自任する安倍なら、年金について熱く語ってくれるという確かな期待があった。しかし大物政治家だけに、出版スケジュールが正式に決まってからインタビューを申し込もうと、後回しにしていたのだ。臆せずアプローチしておけば――。

安倍の死後に刊行され、ベストセラーとなった『安倍晋三回顧録』（中央公論新社）では、「消えた年金記録問題」に数行触れただけで、年金に対する安倍の想いは出てこない。

その他、取材依頼を試みようとしている間に、体調を崩された方、亡くなった方もいた。

これらのインタビューが実現していれば、あるいは本書はもっと奥行きのある物語になっていたかもしれない。ノンフィクション作品の成功は、取材や文章のテクニック以外の要素も決して少なくないことを痛感した。その評価は、読者のご判断に委ねたい。

本書を世に出せたのは、20年来の付き合いである風間直樹・週刊東洋経済編集長のおかげである。風間氏が橋渡ししてくれた東洋経済新報社出版局編集委員の水野一誠氏は、ベテランらしい巧みな手綱さばきで1年半にわたって私を鼓舞《こぶ》し、経済系出版社ならではの作品へと導いてくれた。

最後に、拙稿を読み込み丁寧なアドバイスをくださった編集者の方々、年金との出逢いをくれた週刊ポスト編集部、何より19年にわたり私を育んでくれた週刊文春編集部に感謝して、筆を擱《お》きたい。

２０２４年３月

和田泰明

取材協力者（五十音順）

青柳親房（元厚生労働省九州厚生局長）、香取照幸（元厚生労働省雇用均等・児童家庭局長）、公文昭夫（元総評社会保障局長）、権丈善一（慶應義塾大学商学部教授）、厚生労働省年金局総務課年金広報企画室、坂口力（元厚生労働大臣）、坂本純一（元厚生労働省年金局数理課長）、塩崎恭久（元厚生労働大臣）、鈴木亘（学習院大学経済学部教授）、高山憲之（公益財団法人年金シニアプラン総合研究機構理事長）、坪野剛司（元厚生省年金局数理課長）、橋本泰宏（厚生労働省年金局長）、藤井裕久（元財務大臣）、古川貞二郎（元内閣官房副長官）、古川元久（衆議院議員）、中川雅治（元環境大臣）、中村秀一（元内閣官房社会保障改革担当室長）、宮武剛（元毎日新聞社論説副委員長）、矢野朝水（元厚生省年金局長）、吉原健二（元厚生事務次官）

参考文献（著者五十音順）

青柳親房『社会保障の未来を考える：「改革」の時代を超えて』筒井書房、２００９年
安倍晋三『新しい国へ：美しい国へ 完全版』文春新書、２０１３年
飯島 勲『小泉官邸秘録：総理とは何か』文春文庫、２０１６年
猪瀬直樹『昭和16年夏の敗戦』中公文庫、２０１０年
岩瀬達哉『年金大崩壊』講談社、２００３年
――『年金の悲劇：老後の安心はなぜ消えたか』講談社、２００４年
太田啓之『いま、知らないと絶対損する：年金50問50答』文春新書、２０１１年
岡光序治『官僚転落：厚生官僚の栄光と挫折』廣済堂出版、２００２年
小幡 績『ＧＰＩＦ：世界最大の機関投資家』東洋経済新報社、２０１４年

香取照幸『教養としての社会保障』東洋経済新報社、２０１７年
──『民主主義のための社会保障』東洋経済新報社、２０２１年
軽部謙介『官僚たちのアベノミクス：異形の経済政策はいかに作られたか』岩波新書、２０１８年
岸　宣仁『税の攻防』文藝春秋、１９９８年
工藤美代子『絢爛たる醜聞：岸信介伝』幻冬舎文庫、２０１４年
権丈善一『年金、民主主義、経済学：再分配政策の政治経済学Ⅶ』慶應義塾大学出版会、２０１５年
──『ちょっと気になる社会保障Ｖ３』勁草書房、２０２０年
──、権丈英子『もっと気になる社会保障：歴史を踏まえ未来を創る政策論』勁草書房、２０２２年
河野太郎『日本を前に進める』ＰＨＰ新書、２０２１年
小山進次郎『国民年金法の解説』時事通信社、１９５９年
小山進次郎氏追悼録刊行会編『小山進次郎さん』小山進次郎氏追悼録刊行会、１９７３年
財団法人厚生団編『厚生年金保険制度回顧録』社会保険法規研究会、１９８８年
財団法人厚生問題研究会『厚生省五十年史（記述篇）』中央法規出版、１９８８年
清水真人『小泉進次郎と権力』日本経済新聞出版社、２０１９年
鈴木　亘『年金は本当にもらえるのか？』ちくま新書、２０１０年
──『経済学者、待機児童ゼロに挑む』新潮社、２０１８年
総理府社会保障制度審議会事務局監修『社会保障制度審議会三十年の歩み』社会保険法規研究会、１９８０年
髙木玄追悼集刊行会編『髙木玄さん』髙木玄追悼集刊行会、１９９２年
高山憲之『年金の教室　負担を分配する時代へ』ＰＨＰ新書、２０００年
──『信頼と安心の年金改革』東洋経済新報社、２００４年
竹中平蔵『経世済民：「経済戦略会議」の一八〇日』ダイヤモンド社、１９９９年

田中角榮『日本列島改造論』日刊工業新聞社、1977年
田原総一朗『日本大改造：新・日本の官僚』文藝春秋、1986年
辻元清美『国対委員長』集英社新書、2020年
坪野剛司『公的年金の不信・不安・誤解の元凶を斬る！』日本法令、2004年
中川雅治、乾　文男、原田有造共編『財政投融資』財団法人大蔵財務協会、1994年
中北浩爾『自民党：「一強」の実像』中公新書、2017年
中曽根康弘『天地有情：五十年の戦後政治を語る』文藝春秋、1996年
長妻　昭『「消えた年金」を追って』リヨン社、2007年
――『招かれざる大臣』朝日新書、2011年
中村秀一『2001-2017年ドキュメント社会保障改革：「年金時代」186本のコラムが語る』年友企画、2017年
日本年金学会編『人生100年時代の年金制度：歴史的考察と改革への視座』法律文化社、2021年
――『平成の社会保障：ある厚生官僚の証言』社会保険出版社、2019年
野田卯一『国民年金法と解説』宝文館、1959年
浜田陽太郎『「高齢ニッポン」をどう捉えるか：予防医療・介護・福祉・年金』勁草書房、2020年
早野　透『田中角栄』中公新書、2012年
原　彬久編『岸信介証言録』中公文庫、2014年
藤沢　烈『人生100年時代の国家戦略：小泉小委員会の500日』東洋経済新報社、2017年
古川貞二郎『私の履歴書』日本経済新聞出版社、2015年
――『鎮魂：ハルの生涯』文藝春秋企画出版部、2019年
星　浩『自民党と戦後：政権党の50年』講談社現代新書、2005年

堀　勝洋『年金の誤解』東洋経済新報社、２００５年
牧　久『昭和解体：国鉄分割・民営化30年目の真実』講談社、２０１７年
舛添要一『舛添メモ：厚労官僚との闘い７５２日』小学館、２００９年
宮武　剛『年金のすべて』毎日新聞社、２０００年
矢野　聡『日本公的年金政策史：１８７５〜２００９』ミネルヴァ書房、２０１２年
矢野朝水『新世紀の年金制度：２０００年年金改正の軌跡』社会保険研究所、２００１年
山口新一郎追悼集刊行会編『山口新一郎さん』中央法規出版、１９８６年
吉原健二、畑　満『日本公的年金制度史：戦後七十年・皆年金半世紀』中央法規出版、２０１６年
渡邉芳樹『分岐点（Ⅱ）年金改革：大きな到達点の実像と課題』社会保険実務研究所、２０１６年

その他、新聞、雑誌、ネット記事、官公庁のホームページ、国立印刷局発行『職員録』をはじめとする職員名簿を参考にしました（引用記事の発行日、月号は本文中に記載）。

【著者紹介】
和田泰明（わだ　やすあき）
1975年生まれ。広島県出身。1997年岡山大学法学部卒業後、山陽新聞社入社。上京後、大下英治事務所を経て、『週刊ポスト』記者に。2004年5月、「小泉首相の年金未納は6年8か月」をスクープ。2005年4月から2024年2月まで『週刊文春』特派記者として、主に政治記事を担当した。著書に『小池百合子 権力に憑かれた女：ドキュメント東京都知事の1400日』（光文社新書）がある。

ルポ年金官僚
政治、メディア、積立金に翻弄されたエリートたちの全記録

2024年4月23日発行

著　者——和田泰明
発行者——田北浩章
発行所——東洋経済新報社
〒103-8345　東京都中央区日本橋本石町 1-2-1
電話＝東洋経済コールセンター　03(6386)1040
https://toyokeizai.net/

装　丁………井上新八
D T P………キャップス
印　刷………港北メディアサービス
製　本………積信堂
編集担当……水野一誠

Printed in Japan　ISBN 978-4-492-22416-8